SPÉCIALITÉ

SES

Tle

Objectif BAC

W0267157

Marion NAVARRO
Professeure agrégée de sciences économiques et sociales,
Lycée du Parc (Lyon)

Auteurs du dépliant :

Conseils généraux : **Isabelle de LISLE** et **Sylvie BEAUTHIER**
Exemples de questions : **Marion NAVARRO**

hachette
ÉDUCATION

MODE D'EMPLOI

Ce livre reprend toutes les notions du programme de Sciences économiques et sociales de Terminale et les met en œuvre à travers des exercices simples qu'il est indispensable de maîtriser. Il vous permettra ainsi d'assimiler parfaitement le cours et de savoir l'appliquer dans des exercices de difficulté variée.

Chacun des douze chapitres est organisé en grandes parties :

LE COURS

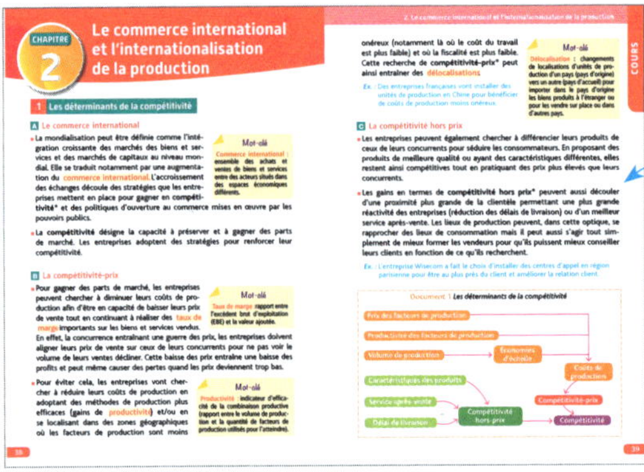

Un cours clair et structuré, comprenant tout ce qu'il faut savoir

COMMENT FAIRE ?

Intitulé de la méthode à acquérir

Explication de la méthode

Application illustrant la méthode

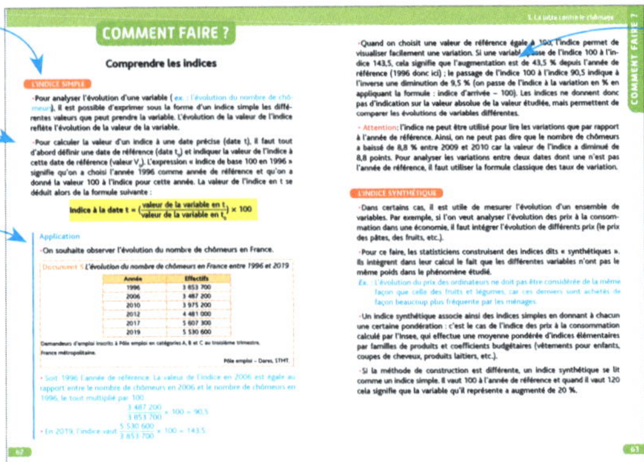

Corrigé détaillé et commenté

Conception graphique
Couverture : Stéphanie Benoit
Intérieur : Alicia Dassonville

Composition, schémas et mise en pages : Médiamax
Dessins, cartographie : Nathalie Guéveneux Nourry (Domino)
Édition : Laurence Lesbre et Justine Massel

I.S.B.N. 978-2-01-726920-5

Achevé d'imprimer en juin 2024 en Slovaquie par Polygraf
Dépôt légal : Juillet 2024 - Édition 01

LES EXERCICES

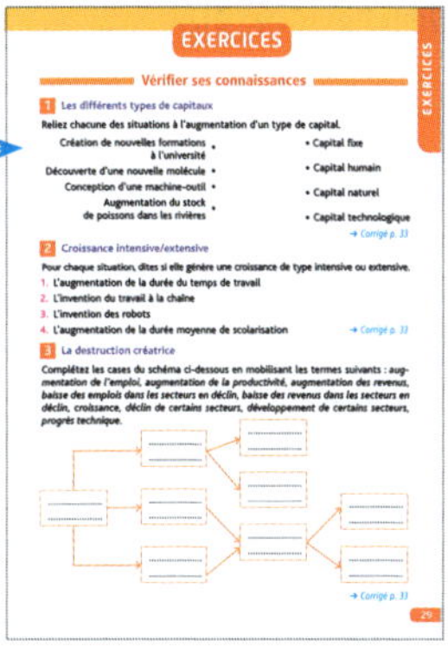

Des exercices progressifs pour bien s'entraîner

SUJET DU BAC

Cette rubrique vous propose des sujets d'entraînement à l'épreuve écrite terminale du baccalauréat.

TOUS LES CORRIGÉS

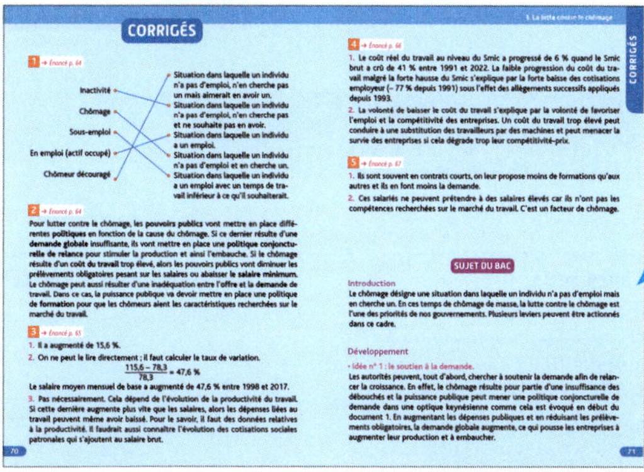

Des corrigés détaillés vous permettent, à la fois, de réviser le cours et de bien comprendre les attendus de l'épreuve écrite.

LE LEXIQUE

Reportez-vous au lexique en page 245 : il définit les mots-clés et les termes usuels de SES (signalés par un astérisque dans les cours).

L'INDEX

Retrouvez l'index en page 253 : il vous permet de repérer en un coup d'œil l'ensemble des notions abordées dans votre livre et de les retrouver au fil des pages.

SOMMAIRE

ÉCONOMIE

1 SOURCES ET DÉFIS DE LA CROISSANCE ÉCONOMIQUE

2 LE COMMERCE INTERNATIONAL ET L'INTERNATIONALISATION DE LA PRODUCTION

3 LA LUTTE CONTRE LE CHÔMAGE

4 LES CRISES FINANCIÈRES ET LA RÉGULATION DU SYSTÈME FINANCIER

5 LES POLITIQUES ÉCONOMIQUES DANS LE CADRE EUROPÉEN

SOCIOLOGIE ET SCIENCE POLITIQUE

6 LA STRUCTURE DE LA SOCIÉTÉ FRANÇAISE ACTUELLE

7 L'ACTION DE L'ÉCOLE

8 LES CARACTÉRISTIQUES CONTEMPORAINES ET LES FACTEURS DE LA MOBILITÉ SOCIALE

9 LES MUTATIONS DU TRAVAIL ET DE L'EMPLOI

10 L'EXPLICATION DE L'ENGAGEMENT POLITIQUE DANS LES SOCIÉTÉS DÉMOCRATIQUES

SOMMAIRE

REGARDS CROISÉS

11 LA COMPATIBILITÉ DES INÉGALITÉS AVEC LA JUSTICE SOCIALE

12 L'ACTION PUBLIQUE POUR L'ENVIRONNEMENT

DÉFINITION DE L'ÉPREUVE

1. L'épreuve écrite

A Les grands principes

Durée	4 heures
Coefficient	16

- Le sujet de l'épreuve écrite de SES vous offre le choix entre **une dissertation** et **une épreuve composée**. Les deux sujets portent sur des thèmes différents du programme.

- Cette épreuve se déroule au **mois de juin** et peut porter sur tous les chapitres étudiés pendant l'année.

- Il est tenu compte, dans la notation, de la **clarté de l'expression et du soin apporté à la présentation**.

B La dissertation s'appuyant sur un dossier documentaire

- Au cours de cet exercice, il vous est demandé :
  - de répondre à la question posée par le sujet ;
  - de construire une argumentation à partir d'une problématique que vous devrez élaborer ;
  - de mobiliser des connaissances et des informations pertinentes pour traiter le sujet, notamment celles figurant dans le dossier ;
  - de rédiger en utilisant le vocabulaire économique et social spécifique approprié à la question et en organisant le développement sous la forme d'un plan cohérent qui ménage l'équilibre des parties.

- Le dossier documentaire qui accompagne le sujet comporte trois ou quatre documents de nature strictement factuelle. Il s'agit principalement de données statistiques (graphique, tableau, carte, radar, etc.) ; un document texte peut figurer dans le dossier documentaire à condition qu'il soit lui aussi strictement factuel (chronologie, extrait d'entretien, monographie, récit de vie, compte rendu d'enquêtes, etc.). Chaque document statistique ne dépasse pas les 120 données chiffrées et le texte éventuel ne comporte pas plus de 2 500 signes.

C L'épreuve composée

- **Cette épreuve comprend trois parties.** Les trois parties de l'épreuve composée portent sur trois questions différentes et au moins deux champs du programme (science économique ; sociologie et science politique ; regards croisés).
  – **Partie 1 – Mobilisation des connaissances (4 points)** : il vous est demandé de répondre à la question en faisant appel à vos connaissances acquises dans le cadre du programme. Cette première partie de l'épreuve se fait sans document d'appui.
  – **Partie 2 – Étude d'un document (6 points)** : cette deuxième partie de l'épreuve est une étude d'un document statistique (graphique, tableau, carte, radar, etc.) de 120 données chiffrées au maximum comportant deux questions. Il vous est demandé de répondre aux questions en mobilisant vos connaissances acquises dans le cadre du programme et en adoptant une démarche méthodologique rigoureuse, de collecte et de traitement de l'information.
  – **Partie 3 – Raisonnement s'appuyant sur un dossier documentaire (10 points)** : le libellé du sujet vous invite à développer un raisonnement, à rassembler et mettre en ordre des informations pertinentes issues du dossier documentaire et de vos connaissances personnelles. Le dossier documentaire mis à votre disposition ne doit ni borner votre horizon (en le détournant du recours à vos connaissances), ni vous servir de prétexte à une paraphrase ou à un commentaire systématique et détaillé. Il comporte deux ou trois documents de nature différente (texte, graphique, tableau statistique, schéma, etc.). Chaque texte ne devra pas dépasser 2 500 signes et chaque document statistique comporter plus de 120 données chiffrées.

Il vous est demandé de traiter le sujet :

- en développant un raisonnement ;
- en exploitant les documents du dossier ;
- en faisant appel à vos connaissances personnelles ;
- en composant une introduction, un développement, une conclusion. Il faut donner dans l'introduction une définition des termes du sujet et expliquer le sens du sujet. Le développement doit être structuré en paragraphes renvoyant chacun à une idée spécifique par rapport au sujet. La conclusion rappelle les arguments qui ont été développés.

2. L'épreuve orale

Durée	20 minutes
Temps de préparation	30 minutes

- **Cette épreuve orale n'est pas le Grand Oral.** Elle concerne les élèves qui ont obtenu entre 8 et 10 de moyenne au baccalauréat et qui décident de se présenter à l'oral de « rattrapage » en SES. Vous avez, en effet, la possibilité de repasser deux épreuves pour essayer d'atteindre la moyenne.

- L'épreuve porte sur la même partie du programme que l'épreuve écrite.

- Vous avez **le choix entre deux sujets** dont les questions principales portent sur des champs différents du programme (science économique ; sociologie et science politique ; regards croisés).
  – **La question principale, notée sur 10 points**, prend appui sur deux documents courts, simples, et de nature différente (texte de 1 300 signes au maximum ; documents statistiques de 65 données chiffrées au maximum).
  – **Le sujet comporte également trois questions simples**, notées sur 10 points. Les deux premières questions sont notées sur 6 points et permettent de vérifier votre connaissance des notions de base figurant dans deux champs différents du programme (science économique ; sociologie et science politique ; regards croisés). La troisième question, en lien avec un des deux documents, porte sur la maîtrise des outils et savoir-faire, elle est notée sur 4 points.

CONSEILS GÉNÉRAUX

1. La dissertation s'appuyant sur un dossier documentaire

- Le libellé du sujet de la dissertation vous invite à poser et à traiter, d'une façon organisée et réfléchie, un problème. Il convient de **commencer votre travail par une réflexion rigoureuse sur le sens du sujet**. Définissez les termes employés, analysez le sens précis de la formulation utilisée pour bien cerner les limites du sujet et ne pas faire de contre-sens.
- Après avoir effectué ce travail, lisez le dossier documentaire. **Les documents doivent obligatoirement être mobilisés dans votre dissertation** et vous devez vous demander comment vous pouvez les exploiter par rapport au sujet. Le dossier ne couvre pas nécessairement tous les aspects du sujet et il est attendu que vous ne limitiez pas votre réflexion aux dimensions qui y sont évoquées. **L'épreuve n'est pas une épreuve de commentaire de documents** et il n'est pas attendu une analyse détaillée de chaque document. **Les documents doivent être mobilisés en lien avec le sujet uniquement**.
- **Le développement doit être structuré en parties et chaque partie doit elle-même être subdivisée en sous-parties. Chaque partie doit renvoyer à une thèse que vous défendez par rapport au sujet.**

2. L'épreuve composée

- Cette épreuve suppose une grande maîtrise du programme car les différentes parties portent sur des points différents de ce dernier. **Attention donc aux impasses** !
- Les questions de cours n'appellent pas une réponse longue mais celle-ci doit être précise. Pensez à **bien utiliser les concepts appris en cours et à justifier vos réponses.** Les questions peuvent porter sur des points très spécifiques du programme, soyez bien attentifs à ne rien laisser de côté dans vos révisions.
- La seconde partie suppose une analyse précise du document. Soyez attentifs au titre, à la source, à l'unité et aux éventuelles notes de lecture qui vous aideront à comprendre le document.
- La troisième partie n'est pas une petite dissertation.
  - D'un point de vue formel, il vous est simplement demandé de **structurer votre réponse en paragraphes**. Il peut y en avoir deux comme cinq. **Chaque paragraphe doit renvoyer à un point particulier. Il faut, à la fois, mobiliser les documents mais faire aussi appel à vos connaissances personnelles.**
  - Soyez attentifs à la **façon précise dont est libellé le sujet**. Le développement attendu n'est pas long (de l'ordre d'une page) car le sujet est assez restreint. **Il vous faut donc bien en étudier les limites pour ne pas faire de hors sujet.**

PANORAMA DU PROGRAMME DE SES DE TERMINALE

1. Science économique

Questionnement	Objectifs d'apprentissage	
Quels sont les sources et les défis de la croissance économique ?	■ Comprendre le processus de croissance économique et les sources de la croissance : accumulation des facteurs et accroissement de la productivité globale des facteurs ; comprendre le lien entre le progrès technique et l'accroissement de la productivité globale des facteurs. ■ Comprendre que le progrès technique est endogène et qu'il résulte en particulier de l'innovation. ■ Comprendre comment les institutions (notamment les droits de propriété) influent sur la croissance en affectant l'incitation à investir et innover ; savoir que l'innovation s'accompagne d'un processus de destruction créatrice. ■ Comprendre comment le progrès technique peut engendrer des inégalités de revenus. ■ Comprendre qu'une croissance économique soutenable se heurte à des limites écologiques (notamment l'épuisement des ressources, la pollution et le réchauffement climatique) et que l'innovation peut aider à reculer ces limites.	→ **Chapitre 1**, p. 19
Quels sont les fondements du commerce international et de l'internationalisation de la production ?	■ Comprendre le rôle des dotations factorielles et technologiques (avantages comparatifs) dans les échanges commerciaux et la spécialisation internationale. ■ Comprendre le commerce entre pays comparables (différenciation des produits, qualité des produits, et fragmentation de la chaîne de valeur). ■ Comprendre que la productivité des firmes sous-tend la compétitivité d'un pays, c'est-à-dire son aptitude à exporter. ■ Comprendre l'internationalisation de la chaîne de valeur et savoir l'illustrer. ■ Comprendre les effets induits par le commerce international : gains moyens en termes de baisse de prix, réduction des inégalités entre pays, accroissement des inégalités de revenus au sein de chaque pays ; comprendre les termes du débat entre libre-échange et protectionnisme.	→ **Chapitre 2**, p. 38

Questionnement	Objectifs d'apprentissage	
Comment lutter contre le chômage ?	■ Savoir définir le chômage et le sous-emploi et connaître les indicateurs de taux de chômage et de taux d'emploi. ■ Comprendre que les problèmes d'appariements (frictions, inadéquations spatiales et de qualifications) et les asymétries d'information (salaire d'efficience) sont des sources de chômage structurel. ■ Comprendre les effets (positifs ou négatifs) des institutions sur le chômage structurel. ■ Comprendre les effets des fluctuations de l'activité économique sur le chômage conjoncturel. ■ Connaître les principales politiques mises en œuvre pour lutter contre le chômage : politiques macroéconomiques de soutien de la demande globale, politiques d'allégement du coût du travail, politiques de formation et politiques de flexibilisation pour lutter contre les rigidités du marché du travail.	→ **Chapitre 3**, p. 56
Comment expliquer les crises financières et réguler le système financier ?	■ Connaître les principales caractéristiques de la crise financière des années 1930 et de celle de 2008 (effondrement boursier, faillites en chaîne, chute du PIB et accroissement du chômage). ■ Comprendre et savoir illustrer la formation et l'éclatement d'une bulle spéculative (comportements mimétiques et prophéties auto réalisatrices). ■ Comprendre les phénomènes de panique bancaire et de faillites bancaires en chaîne. ■ Connaître les principaux canaux de transmission d'une crise financière à l'économie réelle : effets de richesse négatif, baisse du prix du collatéral et ventes forcées, contraction du crédit. ■ Connaître les principaux instruments de régulation du système bancaire et financier qui permettent de réduire l'aléa moral des banques : supervision des banques par la banque centrale, ratio de solvabilité.	→ **Chapitre 4**, p. 73
Quelles politiques économiques dans le cadre européen ?	■ Connaître les grandes caractéristiques de l'intégration européenne (marché unique et zone euro) ; comprendre les effets du marché unique sur la croissance. ■ Comprendre les objectifs, les modalités et les limites de la politique européenne de la concurrence. ■ Comprendre comment la politique monétaire et la politique budgétaire agissent sur la conjoncture. ■ Savoir que la politique monétaire dans la zone euro, conduite de façon indépendante par la Banque centrale européenne, est unique alors que la politique budgétaire est du ressort de chaque pays membre mais contrainte par les traités européens ; comprendre les difficultés soulevées par cette situation (défaut de coordination, chocs asymétriques).	→ **Chapitre 5**, p. 88

2. Sociologie et science politique

Questionnements	Objectifs d'apprentissage	
Comment est structurée la société française actuelle ?	■ Savoir identifier les multiples facteurs de structuration et de hiérarchisation de l'espace social (catégorie socioprofessionnelle, revenu, diplôme, composition du ménage, position dans le cycle de vie, sexe, lieu de résidence). ■ Comprendre les principales évolutions de la structure socioprofessionnelle en France depuis la seconde moitié du XXe siècle (salarisation, tertiarisation, élévation du niveau de qualification, féminisation des emplois). ■ Connaître les théories des classes et de la stratification sociale dans la tradition sociologique (Marx, Weber) ; comprendre que la pertinence d'une approche en termes de classes sociales pour rendre compte de la société française fait l'objet de débats théoriques et statistiques : évolution des distances inter et intra-classes, articulation avec les rapports sociaux de genre, identifications subjectives à un groupe social, multiplication des facteurs d'individualisation.	→ **Chapitre 6**, p. 109
Quelle est l'action de l'École sur les destins individuels et sur l'évolution de la société ?	■ Comprendre que, dans les sociétés démocratiques, l'École transmet des savoirs et vise à favoriser l'égalité des chances ; comprendre l'évolution, depuis les années 1950, des principaux indicateurs mesurant l'accès à l'école et à l'enseignement supérieur (taux de scolarisation, taux d'accès à un diplôme ou à un type de formation) en distinguant les processus de massification et de démocratisation. ■ Comprendre la multiplicité des facteurs d'inégalités de réussite scolaire (notamment, rôle de l'École, rôle du capital culturel et des investissements familiaux, socialisation selon le genre, effets des stratégies des ménages) dans la construction des trajectoires individuelles de formation.	→ **Chapitre 7**, p. 133

Questionnements	Objectifs d'apprentissage	
Quels sont les caractéristiques contemporaines et les facteurs de la mobilité sociale ?	■ Savoir distinguer la mobilité sociale intergénérationnelle des autres formes de mobilité (géographique, professionnelle). ■ Comprendre les principes de construction, les intérêts et les limites des tables de mobilité comme instrument de mesure de la mobilité sociale. ■ Comprendre que la mobilité observée comporte une composante structurelle (mobilité structurelle) ; comprendre que la mobilité peut aussi se mesurer de manière relative indépendamment des différences de structure entre origine et position sociales (fluidité sociale) et qu'une société plus mobile n'est pas nécessairement une société plus fluide. ■ À partir de la lecture des tables de mobilité, être capable de mettre en évidence des situations de mobilité ascendante, de reproduction sociale et de déclassement, et de retrouver les spécificités de la mobilité sociale des hommes et de celles des femmes. ■ Comprendre comment l'évolution de la structure socio-professionnelle, les niveaux de formation et les ressources et configurations familiales contribuent à expliquer la mobilité sociale.	→ **Chapitre 8**, p. 149
Quelles mutations du travail et de l'emploi ?	■ Savoir distinguer les notions de travail, activité, statut d'emploi (salarié, non-salarié), chômage ; comprendre que les évolutions des formes d'emploi rendent plus incertaines les frontières entre emploi, chômage et inactivité. ■ Connaître les principaux descripteurs de la qualité des emplois (conditions de travail, niveau de salaire, sécurité économique, horizon de carrière, potentiel de formation, variété des tâches). ■ Comprendre les principales caractéristiques des modèles d'organisation taylorien (division du travail horizontale et verticale, relation hiérarchique stricte) et post-taylorien (flexibilité, recomposition des tâches, management participatif) ; comprendre les effets positifs et négatifs de l'évolution des formes de l'organisation du travail sur les conditions de travail. ■ Comprendre comment le numérique brouille les frontières du travail (télétravail, travail/hors travail), transforme les relations d'emploi et accroît les risques de polarisation des emplois. ■ Comprendre que le travail est source d'intégration sociale et que certaines évolutions de l'emploi (précarisation, taux persistant de chômage élevé, polarisation de la qualité des emplois) peuvent affaiblir ce pouvoir intégrateur.	→ **Chapitre 9**, p. 168

Questionnements	Objectifs d'apprentissage	
Comment expliquer l'engagement politique dans les sociétés démocratiques ?	■ Comprendre que l'engagement politique prend des formes variées (vote, militantisme, engagement associatif, consommation engagée). ■ Comprendre pourquoi, malgré le paradoxe de l'action collective, les individus s'engagent (incitations sélectives, rétributions symboliques, structure des opportunités politiques). ■ Comprendre que l'engagement politique dépend notamment de variables sociodémographiques (catégorie socioprofessionnelle, diplôme, âge et génération, sexe). ■ Comprendre la diversité et les transformations des objets de l'action collective (conflits du travail, nouveaux enjeux de mobilisation, luttes minoritaires), des acteurs (partis politiques, syndicats, associations, groupements) et de leurs répertoires.	→ **Chapitre 10,** p. 185

3. Regards croisés

Questionnements	Objectifs d'apprentissage	
Quelles inégalités sont compatibles avec les différentes conceptions de la justice sociale ?	■ Connaître les grandes tendances d'évolution des inégalités économiques depuis le début du XXe siècle et comprendre que les inégalités économiques et sociales présentent un caractère multiforme et cumulatif. ■ Savoir interpréter les principaux outils de mesure des inégalités, statique (rapport inter-quantiles, courbe de Lorenz et coefficient de Gini, top 1 %) et dynamique (corrélation de revenu parents-enfants). ■ Comprendre que les différentes formes d'égalité (égalité des droits, des chances ou des situations) permettent de définir ce qui est considéré comme juste selon différentes conceptions de la justice sociale (notamment l'utilitarisme, le libertarisme, l'égalitarisme libéral, l'égalitarisme strict). ■ Comprendre que l'action des pouvoirs publics en matière de justice sociale (fiscalité, protection sociale, services collectifs, mesures de lutte contre les discriminations) s'exerce sous contrainte de financement et fait l'objet de débats en termes d'efficacité (réduction des inégalités), de légitimité (notamment consentement à l'impôt) et de risque d'effets pervers (désincitations).	→ **Chapitre 11,** p. 203

Questionnements	Objectifs d'apprentissage	
Quelle action publique pour l'environnement ?	■ Savoir identifier les différents acteurs (pouvoirs publics, ONG, entreprises, experts, partis, mouvements citoyens) qui participent à la construction des questions environnementales comme problème public et à leur mise à l'agenda politique ; comprendre que ces acteurs entretiennent des relations de coopération et de conflit. ■ Comprendre que l'action publique pour l'environnement articule différentes échelles (locale, nationale, européenne, mondiale). ■ En prenant l'exemple du changement climatique : – connaître les principaux instruments dont disposent les pouvoirs publics pour faire face aux externalités négatives sur l'environnement : réglementation, marchés de quotas d'émission, taxation, subvention à l'innovation verte ; comprendre que ces différents instruments présentent des avantages et des limites, et que leur mise en œuvre peut se heurter à des dysfonctionnements de l'action publique ; – comprendre qu'en présence de bien commun les négociations et accords internationaux liés à la préservation de l'environnement sont contraints par des stratégies de passager clandestin et les inégalités de développement entre pays.	→ **Chapitre 12**, p. 224

ÉCONOMIE

La recherche de la croissance est l'un des objectifs majeurs de nos sociétés contemporaines. La production génère des emplois et permet à la population de disposer de biens et de services. Mais la croissance est-elle compatible avec la préservation de l'environnement ?

Sources et défis de la croissance économique

CHAPITRE 1

1 Le processus de la croissance économique

A Définition

- La **croissance économique*** est l'augmentation du volume de production. Elle se mesure à travers l'évolution du PIB en volume. Elle découle d'une plus grande utilisation d'un ou plusieurs facteurs de production et/ou d'une amélioration de leur productivité.

- Les organisations productives transforment des consommations intermédiaires à l'aide de travail et de capital. Les biens ou services produits ont une valeur supérieure à celle des consommations intermédiaires utilisées. Cette différence de valeur correspond à la valeur créée au cours du processus productif : c'est la **valeur ajoutée***.

Mots-clés

- **Facteurs de production :** moyens mis en œuvre pour produire (capital et travail).
- **Productivité moyenne :** efficacité d'un facteur. Rapport entre le volume de production et la quantité de facteur utilisée.

Mot-clé

Consommation intermédiaire : bien utilisé au cours du processus productif, qui ne peut être réutilisé durablement, soit parce qu'il est détruit par son utilisation, soit parce que son usure est rapide (exemple : la farine utilisée par un boulanger).

Document 1. *Le processus productif*

- **Le produit intérieur brut (PIB)*** est la somme des valeurs ajoutées (mesurées aux prix du marché) de toutes les organisations productives sur un territoire donné au cours d'une année. La croissance économique s'obtient en calculant le taux de variation du PIB en volume au cours d'une année donnée.

B La croissance extensive

- **Une croissance est dite extensive** lorsqu'elle découle principalement d'une **augmentation de la quantité de travail et de capital** utilisés au cours du processus productif.

- **L'investissement*** correspond à l'augmentation du stock de capital utilisé au cours du processus productif. Au niveau macroéconomique, il est mesuré à travers la **formation brute de capital fixe** (FBCF). Le **capital fixe*** renvoie à l'ensemble des actifs utilisés de façon répétée ou continue dans le processus de production pendant au moins un an.

- Pour augmenter la quantité de travail, une organisation productive peut **embaucher plus de travailleurs** et/ou demander à chaque travailleur d'**augmenter son temps de travail**. On constate en France, et dans tous les pays développés à économie de marché (PDEM), d'un côté, une hausse de la population active et, de l'autre, une baisse de la durée annuelle du temps de travail. **En définitive, la quantité annuelle de travail a baissé d'un tiers en France depuis un siècle**.

- En France, sur la période 1985-2010, la croissance moyenne annuelle constatée était de 1,8 %. Selon l'OCDE, l'évolution du facteur travail en expliquerait environ 0,2 point et l'accroissement du volume du capital 0,7 point. Le reste de la croissance (environ 1 point) s'expliquerait par une augmentation de la productivité globale des facteurs (PGF).

> **Mot-clé**
>
> **Productivité globale des facteurs (PGF) :** mesure de l'efficacité globale de la combinaison productive.

C La croissance intensive

- Une croissance est dite **intensive** quand elle découle principalement d'une amélioration de la PGF. La PGF traduit l'influence du progrès technique, de l'organisation du travail, de l'amélioration des savoir-faire et du stock des connaissances. Une augmentation de la PGF peut aussi provenir de l'**existence de rendements d'échelle* croissants** ou d'une modification du contexte institutionnel.

> **Mot-clé**
>
> **Progrès technique :** accroissement des connaissances qui permet l'amélioration des produits, des procédés de production ou des procédés commerciaux.

- En accumulant simplement du capital, la productivité de ce dernier va décroître du fait de la loi des **rendements marginaux*** décroissants. La croissance ne peut, de ce fait, être forte si elle repose simplement sur une augmentation du volume de capital.

- L'amélioration de l'efficacité des facteurs est indispensable à la croissance. Une augmentation quantitative de tous les facteurs de production ne peut, en effet, entraîner durablement une croissance forte car les rendements d'échelle sont limités.

- L'augmentation de l'intensité capitalistique au cours du XXe siècle n'a pas conduit à une baisse de la productivité car les nouvelles machines étaient différentes des précédentes : il y a eu un changement de la qualité de ces dernières. Du **progrès technique était incorporé** dans les machines, elles intégraient de nouvelles technologies, ce qui a permis de maintenir et même de faire croître la productivité des facteurs.

> **Mot-clé**
> **Intensité capitalistique :** volume de capital rapporté au volume de travail.

- L'augmentation de la productivité du travail a aussi joué un rôle important dans la croissance au cours des Trente Glorieuses. On note néanmoins un ralentissement marqué des gains de productivité dans de nombreux pays depuis une cinquantaine d'années.

Document 2. *La croissance de la productivité horaire du travail (en %)*

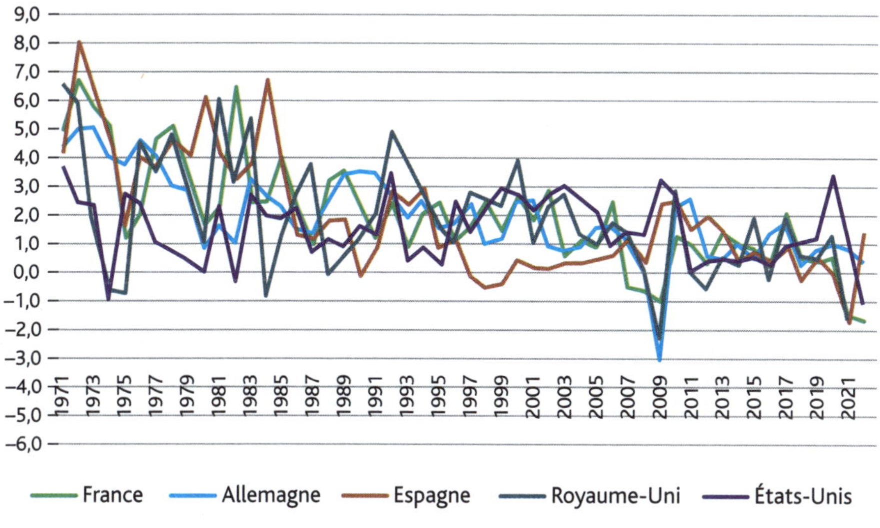

Source : OCDE, Conseil national de la productivité, quatrième rapport, décembre 2023.

- Les pays en rattrapage peuvent se contenter d'adopter les nouvelles technologies existantes pour accroître leur productivité et ainsi soutenir leur croissance mais les pays à la frontière technologique qui utilisent déjà les techniques les plus en pointe se doivent d'innover pour générer du progrès technique et trouver de nouvelles sources de gains de productivité.

> **Mot-clé**
> **Frontière technologique :** situation dans laquelle toutes les connaissances sont mobilisées et où l'innovation est nécessaire pour améliorer les techniques de production ou diffuser de nouveaux produits.

2 Le progrès technique

A Le rôle du progrès technique

- **Le progrès technique est lié à la mise en œuvre d'une innovation*** et constitue la principale source de l'accroissement de la productivité globale des facteurs.

- Joseph Schumpeter montre que les **innovations peuvent prendre des formes variées.** Il en distingue **cinq types** : l'innovation de produits, l'innovation de procédés, l'innovation de modes de production, l'innovation de débouchés et l'innovation de matières premières.

- Les économistes distinguent, depuis Joseph Schumpeter, **trois stades** dans le processus de changement technique.
  – L'invention renvoie à la production de connaissances nouvelles (sans lien obligatoire avec la sphère économique).
  – L'innovation transforme cette invention en application économique. Elle est alors mise en œuvre dans le processus de production et conduit au progrès technique.
  – Enfin, le stade de sa diffusion est atteint quand elle est adoptée à grande échelle par une large population.

B L'origine du progrès technique

- Si le comportement individuel de l'entrepreneur est important pour comprendre la dynamique des innovations, ce dernier agit dans un certain contexte institutionnel et macroéconomique plus ou moins favorable. Ainsi, il est essentiel d'identifier les logiques globales qui sont à l'œuvre pour comprendre la dynamique du progrès technique.

- **Les modèles de croissance endogène** expliquent le progrès technique à partir du phénomène même de la croissance qui génère un **cercle vertueux**. Le progrès technique n'est pas une manne tombée du ciel : il est rendu possible par les financements accordés à la recherche et au développement et à la formation des salariés qui dépendent de la croissance passée. En effet, plus de croissance signifie plus d'épargne et donc plus de capacité de financement. La croissance permet, par ailleurs, de financer l'accumulation de capital fixe, ce qui conduit à de la croissance car les nouveaux biens d'équipement acquis incorporent le progrès technique.

- Cette dynamique est renforcée par l'existence d'**externalités** positives : l'accumulation de **capital humain** va ainsi, par exemple, favoriser l'accumulation de **capital technologique** et l'augmentation de la PGF qui découle de l'investissement en capital humain sera alors plus forte que le simple effet direct d'un capital humain accru. Les acteurs qui ont bénéficié d'une formation vont, par ailleurs, en partie transmettre leur savoir à d'autres individus à travers différentes interactions, ce qui va conduire à accroître la productivité de ces individus. De la même façon, quand une entreprise développe des activités de recherche et développement, le capital technologique qui en découle va profiter à d'autres entreprises.

Mots-clés

- **Capital humain :** stock de caractéristiques physiques et intellectuelles qui permettent à un individu de participer à l'activité productive.
- **Capital technologique :** ensemble d'actifs immatériels constitué de savoirs et de savoir-faire.
- **Externalité :** conséquence d'une activité économique qui n'est pas prise en compte par le prix de marché.

Document 3. *La croissance endogène*

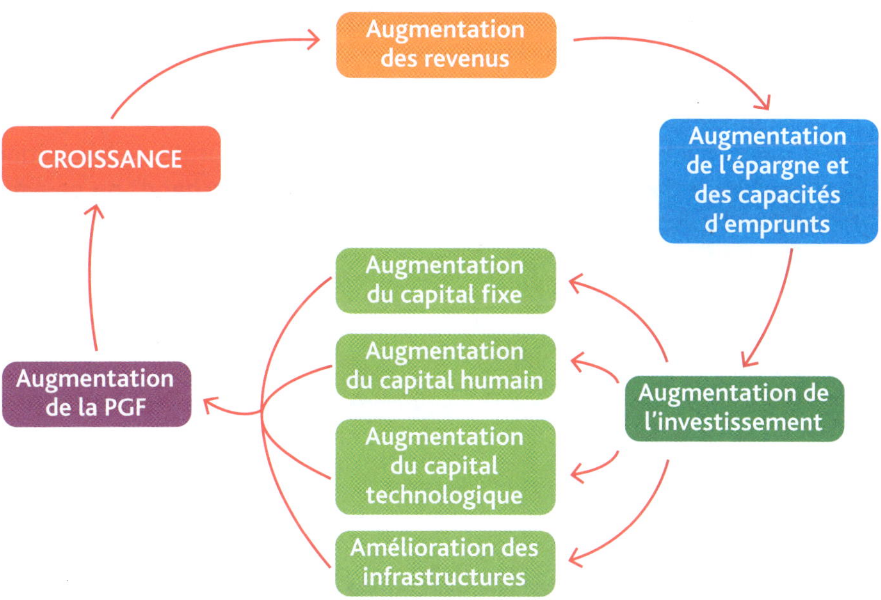

- Un pays peut ainsi connaître durablement une croissance faible : une faible croissance limite les capacités d'investissement, ce qui rend impossible l'augmentation de la production.

C Le poids des institutions

- **Les institutions jouent un rôle essentiel dans la croissance.** En effet, elles peuvent être plus ou moins favorables aux innovations et sont nécessaires à l'existence d'un environnement propice aux développements des échanges. Le **capital institutionnel** désigne l'ensemble des cadres mentaux, juridiques et politiques qui structurent le comportement des acteurs. Cela renvoie à des règles formelles mais aussi informelles. Les normes sociales sont ainsi des institutions au même titre que le droit.

> **Mot-clé**
>
> **Institutions :** ensemble des règles formelles ou informelles qui contraignent le comportement des acteurs.

- Les règles édictées par l'État sont plus ou moins favorables à l'innovation. À travers la politique fiscale, l'existence de subventions à la recherche ou la politique de la concurrence, les entreprises sont plus ou moins incitées à innover. L'État peut lui-même, à travers la **recherche publique**, favoriser les inventions et ainsi les innovations. La **qualité des infrastructures** (réseau routier, écoles et hôpitaux publics, etc.) joue aussi sur la productivité globale des facteurs.

- La **définition des droits de propriété**, l'existence d'un État de droit, la transparence de l'information et l'absence de corruption favorisent aussi l'émergence d'une confiance indispensable à la croissance : un pays dans lequel les droits de propriété seraient mal définis découragerait l'investissement car les investisseurs n'auraient pas de garantie de pouvoir tirer profit de leur action. **Sans confiance dans les institutions, les échanges marchands ne peuvent pas se développer.**

Document 4. *Le rôle des institutions dans la croissance*

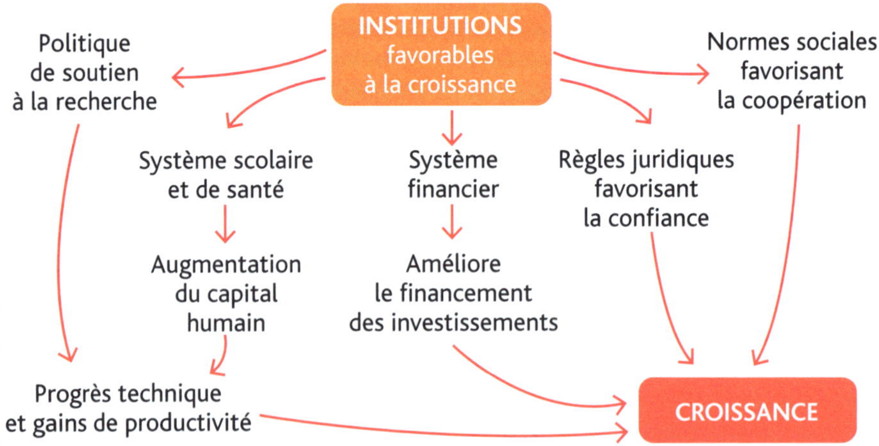

3 La croissance économique en débat

A La destruction créatrice

- Les innovations déclenchent un processus de destruction créatrice qui conduit, à la fois, à la disparition de certaines activités (et des emplois qui leur sont liés) et à la création de nouvelles activités et de nouveaux emplois.

  Ex. des effets du développement du numérique :
  Les ordinateurs équipés d'Internet ont rendu obsolète le minitel. Les producteurs de minitels ont donc été contraints d'évoluer sous peine de faire faillite.

> **Mot-clé**
>
> **Destruction créatrice :** processus qui conduit à ce que la structure économique évolue en fonction des innovations, certains secteurs se développant grâce à ces dernières et entraînant dans le même temps le déclin d'autres secteurs devenus obsolètes.

- La croissance se produit donc à travers un processus inévitable de transformation permanente de la production et, plus généralement, de l'activité économique (emploi, consommation, répartition des revenus, etc.). En effet, pour qu'il y ait de la croissance, des innovations sont nécessaires. Or, elles rendent mécaniquement **obsolètes certains produits ou certains procédés de production**. Ainsi, une croissance globale de la production masque le fait que certains secteurs sont en expansion (ceux qui sont porteurs d'innovations) alors que d'autres sont en déclin. **Il y a donc simultanément création et destruction d'emplois selon le secteur considéré.**

B Inégalités et progrès technique

- **Le processus de destruction créatrice est générateur d'inégalités.** Les travailleurs et les entrepreneurs situés dans les secteurs en déclin voient leur situation se dégrader. Si d'un point de vue macroéconomique le revenu national croît, les gains liés aux développements des échanges ne sont pas répartis également. La forme actuelle que prend le progrès technique est souvent **défavorable aux travailleurs non qualifiés** car il conduit souvent au développement de machines qui permettent de remplacer les tâches qu'ils effectuaient.

  Ex. : Des caisses automatiques remplacent ainsi, de plus en plus, les caissiers des supermarchés.

- On dit que le progrès technique est biaisé. Il génère des pressions à la baisse sur les salaires des travailleurs non qualifiés et une baisse de leur emploi. À l'inverse, les travailleurs qualifiés sont, eux, plus sollicités (exemple : la hausse de la demande d'ingénieurs pour concevoir les caisses automatiques), ce qui les place en position de force pour solliciter des hausses de salaires. **Les inégalités de revenus s'accroissent** donc du fait du progrès technique.

C Les limites écologiques de la croissance

- Le **capital naturel*** est le stock qui produit le flux de ressources naturelles.

  Ex. : La population de poissons dans l'océan qui génère le flux de pêche vendu sur le marché.

- **Le capital naturel joue un rôle majeur dans la croissance**. En effet, pour produire, nous utilisons de nombreuses ressources naturelles. Si ces ressources venaient à disparaître, de nombreux biens et services ne pourraient plus être produits. Par ailleurs, il existe un risque de mise en place d'un **cercle vicieux**. Quand l'environnement est très dégradé, cela freine l'accumulation de capital humain (du fait notamment des maladies liées à la pollution) mais aussi de capital fixe. Il existe ainsi des **limites écologiques à la croissance**. En ne se souciant pas de la préservation des ressources naturelles et des effets des activités économiques sur l'environnement, un contexte très défavorable à la croissance va se développer.

  Ex. : Des inondations dues au dérèglement climatique peuvent détruire des infrastructures.

- Notre modèle de croissance s'accompagne d'une dégradation considérable de l'environnement et nous devons le faire évoluer. En 1987, le rapport Brundtland proposait de définir le **développement durable*** comme « un développement qui répond aux besoins du présent sans compromettre la capacité des générations futures de répondre aux leurs ».

- **Des innovations peuvent aider à préserver l'environnement** en nous permettant de concevoir des méthodes de production qui nécessitent moins de capital naturel ou qui génèrent moins d'émissions polluantes.

  Ex. : La conception d'éoliennes permet l'utilisation d'une énergie renouvelable qui ne génère pas d'émissions carbone.

COMMENT FAIRE ?

Mobiliser les taux de variation

LE COEFFICIENT MULTIPLICATEUR

Le coefficient multiplicateur indique le chiffre par lequel il faut multiplier une valeur de départ pour en obtenir une autre :

$$\textbf{Coefficient multiplicateur} = \frac{\text{valeur d'arrivée}}{\text{valeur de départ}}$$

Application

- Prenons l'exemple de l'évolution de la production française. Elle s'élevait à 2 199,2 milliards d'euros en 2016 contre 2 256,7 milliards d'euros en 2017 (en euros constants, base 2014).
- Le coefficient multiplicateur est égal à $\frac{2\,256{,}7}{2\,199{,}2} = 1{,}026$. La production française a donc été multipliée par 1,026 entre 2016 et 2017.

LE TAUX DE VARIATION

Le taux de variation indique en pourcentage la façon dont une valeur a évolué :

$$\textbf{Taux de variation} = \frac{\text{valeur d'arrivée} - \text{valeur de départ}}{\text{valeur de départ}}$$

$$\textbf{Taux de variation} = \text{coefficient multiplicateur} - 1$$

Application

- En reprenant l'exemple précédent :

taux de variation = $\frac{(2\,256{,}7 - 2\,199{,}2)}{2\,199{,}2} = 1{,}026 - 1 = 0{,}026 = 2{,}6\ \%$.

- Cela signifie qu'entre 2016 et 2017, la production a augmenté de 2,6 %. Cela correspond au taux de croissance.

LE TAUX DE VARIATION CUMULÉ

Un taux de variation cumulé est un taux global de variation. On cherche à calculer le pourcentage total de variation sur une période sachant que l'on connaît les taux de variation pour des sous-périodes.

Taux de variation cumulé = (1 + taux de variation période 1)
× (1 + taux de variation période 2)
× … (1 + taux de variation de la dernière période) – 1

Application

- Par exemple, les taux de croissance par trimestre en 2018 en France ont été les suivants : trimestre 1 : 0,2 % ; trimestre 2 : 0,2 % ; trimestre 3 : 0,3 % ; trimestre 4 : 0,4 %.
- Le taux de variation cumulé correspond au taux de croissance global de la production au cours de toute l'année 2018. Ici, il vaut :
$(1 + 0,2\ \%) \times (1 + 0,2\ \%) \times (1 + 0,3\ \%) \times (1 + 0,4\ \%) - 1 = 0,011 = 1,1\ \%$.
Sur l'ensemble de l'année 2018, la production a augmenté de 1,1 %.

LE TAUX DE VARIATION MOYEN

- Un taux de variation moyen correspond à la moyenne des variations observées sur une période.

Application

Le graphique ci-dessous nous indique les taux de croissance annuels moyens de la productivité totale des facteurs pour différentes périodes.

Document 5. *La productivité totale des facteurs : taux de croissance annuel moyen (en %)*

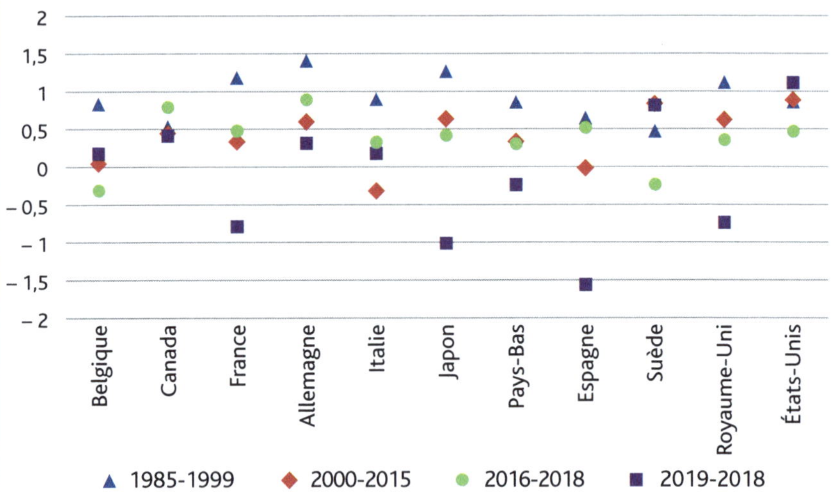

Source : OCDE, Conseil national de la productivité, quatrième rapport, décembre 2023.

Entre 2016 et 2018, la productivité totale des facteurs a augmenté de 0,46 % en moyenne en France chaque année.

- Il faut bien différencier ce taux moyen du taux cumulé. Le taux cumulé correspond au taux de croissance sur l'ensemble de la période alors que le taux moyen renvoie à une moyenne annuelle.

EXERCICES

Vérifier ses connaissances

1 Les différents types de capitaux

Reliez chacune des situations à l'augmentation d'un type de capital.

Création de nouvelles formations à l'université •	• Capital fixe
Découverte d'une nouvelle molécule •	• Capital humain
Conception d'une machine-outil •	• Capital naturel
Augmentation du stock de poissons dans les rivières •	• Capital technologique

→ *Corrigé p. 33*

2 Croissance intensive/extensive

Pour chaque situation, dites si elle génère une croissance de type intensive ou extensive.

1. L'augmentation de la durée du temps de travail
2. L'invention du travail à la chaîne
3. L'invention des robots
4. L'augmentation de la durée moyenne de scolarisation

→ *Corrigé p. 33*

3 La destruction créatrice

Complétez les cases du schéma ci-dessous en mobilisant les termes suivants : *augmentation de l'emploi, augmentation de la productivité, augmentation des revenus, baisse des emplois dans les secteurs en déclin, baisse des revenus dans les secteurs en déclin, croissance, déclin de certains secteurs, développement de certains secteurs, progrès technique.*

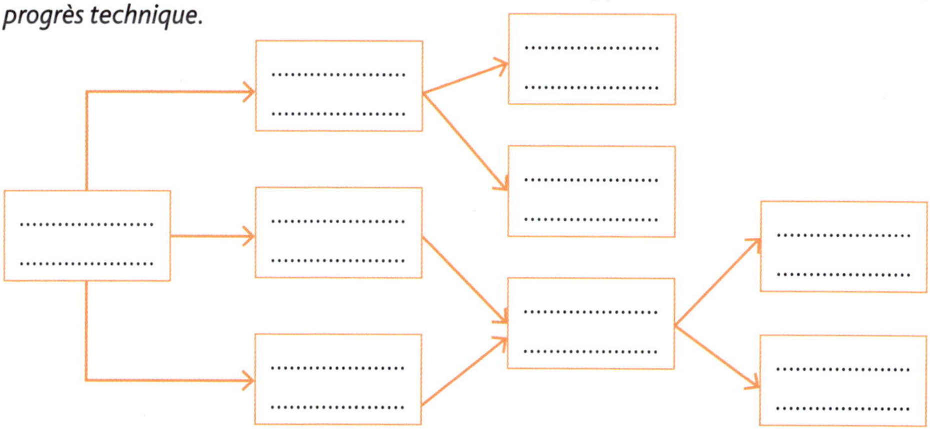

→ *Corrigé p. 33*

S'entraîner

4 Le taux de variation cumulé

Voici l'évolution du PIB en volume (en %) en France entre 2014 et 2018.

Document 6. *L'évolution du PIB en volume en France (2014-2018)*

2014	2015	2016	2017	2018
1,0	1,1	1,1	2,3	1,7

Insee, comptes nationaux, base 2014.

1. Calculez le taux de variation cumulé entre début 2014 et fin 2018.
2. Faites une phrase avec ce chiffre pour en expliquer le sens.

→ Corrigé p. 34

5 Coefficient multiplicateur et taux de variation

On a enregistré pour la France le nombre de brevets déposés chaque année (par les résidents et à l'étranger).

Document 7. *Le nombre de brevets déposés en France entre 2009 et 2018*

2009	60 864
2010	65 726
2011	67 199
2012	69 986
2013	71 081
2014	72 309
2015	72 550
2016	71 509
2017	71 087
2018	69 120

Insee.

1. Calculez le coefficient multiplicateur entre le nombre de brevets déposés en 2009 et en 2018.
2. Calculez le taux de variation du nombre de brevets déposés entre 2009 et 2018.

→ Corrigé p. 34

SUJET DU BAC

Sujet de dissertation

Dans quelle mesure l'accumulation de capital détermine-t-elle la croissance économique ?

Document 1. *Le taux d'investissement dans les machines (secteur marchand)*

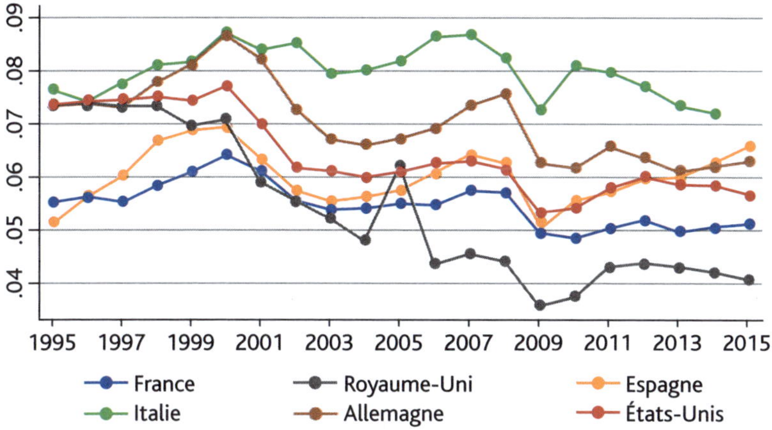

Sarah Guillou, EU Klems.

Document 2. *Part de la FBCF en logiciels et bases de données dans le total de la FBCF du secteur marchand*

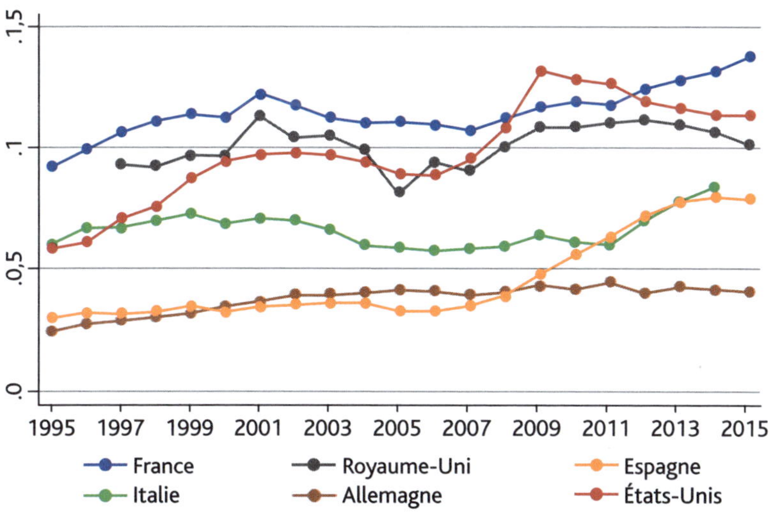

Sarah Guillou, EU Klems.

Document 3. *Contributions en points de pourcentage à la croissance du PIB (en 2015)*

	Heures travaillées totales*	Capital en TIC**	Capital hors TIC	Productivité globale des facteurs	PIB (en %)
France	0,2	0,3	0,2	0,4	1,1
Allemagne	0,7	0,1	0,1	0,8	1,7
Corée du Sud	0,6	0,1	1,2	0,7	2,6
États-Unis	1,4	0,2	0,3	0,6	2,5

D'après l'OCDE, 2017.

* Heures travaillées totales : elles correspondent au facteur travail.
** TIC : Technologies de l'information et de la communication.

Note de lecture : en raison des arrondis, la somme des contributions peut ne pas être égale à l'évolution du PIB.

CORRIGÉS

1 → *Énoncé p. 29*

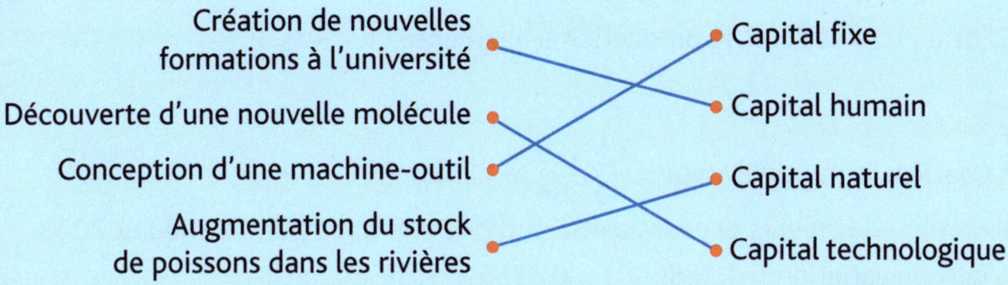

2 → *Énoncé p. 29*

1. Extensive
2. Intensive
3. Intensive
4. Intensive

3 → *Énoncé p. 29*

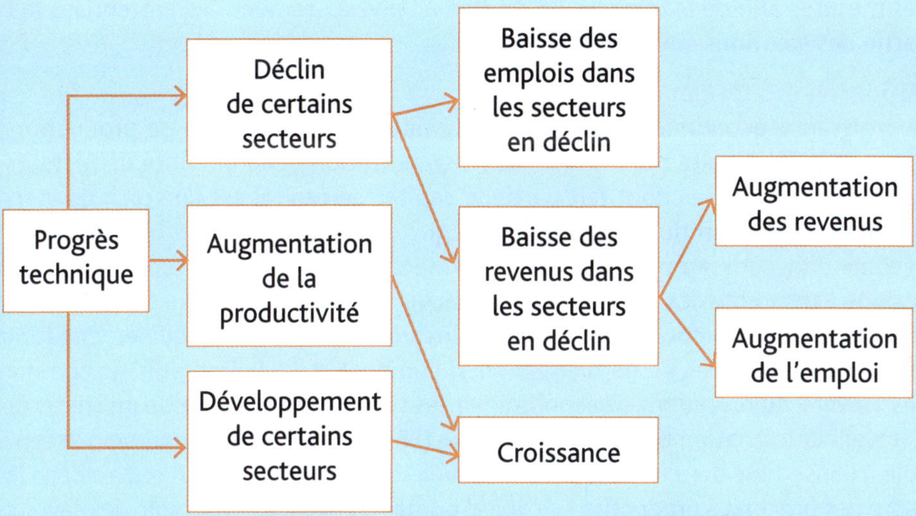

4 → *Énoncé p. 30*

1. Taux de variation cumulé = (1 + 1 %) × (1 + 1,1 %) × (1 + 1,1 %) × (1 + 2,3 %) × (1 + 1,7 %) – 1 = 0,74 = 7,4 %
2. Entre 2014 et 2018, la production a augmenté de 7,4 %.

5 → *Énoncé p. 30*

1. Coefficient multiplicateur = $\frac{69\,120}{60\,864}$ = 1,1356

Le nombre de brevets déposés a été multiplié par 1,1356 entre 2009 et 2018.

2. Taux de variation = 1,1356 – 1 = 0,1356 = 13,56 %

Le nombre de brevets déposé a augmenté de 13,56 % entre 2009 et 2018.

SUJET DU BAC

Introduction

Accroche

En cette période de croissance morose, l'accent est mis sur la nécessité de prendre des mesures afin de la relancer. Le soutien à l'investissement des entreprises fait partie des solutions envisagées.

Définition des termes du sujet

La croissance économique renvoie à l'augmentation du volume de production. Cette dernière résulte notamment de l'augmentation de la quantité de facteurs de production utilisés dont fait partie le capital. Le capital est un stock qui permet de produire un flux durable de revenus ou de services. Son accumulation découle d'investissements. Au sens strict, le capital renvoie au capital fixe, qui désigne l'ensemble des actifs utilisés de façon répétée ou continue dans d'autres processus de production pendant au moins un an. Les biens d'équipement font partie du capital fixe. Ce dernier est aussi composé d'actifs immatériels comme des brevets. Au niveau macroéconomique, les flux d'investissement sont mesurés à travers la formation brute de capital fixe (FBCF). Le capital technologique renvoie à l'ensemble des connaissances et savoir-faire qui sont mis en œuvre dans le cadre des processus productifs. Le capital humain renvoie à l'ensemble des savoirs et savoir-faire qu'un individu peut mobiliser dans le cadre de sa participation à la production.

Problématisation

Dans quelle mesure l'accumulation de capital est-elle déterminante pour la croissance ? Est-elle le facteur principal ? Est-ce un facteur nécessaire ? Peut-elle, à elle seule, permettre une forte croissance sur le long terme ?

Annonce du plan

Nous verrons, dans une première partie, que si l'accumulation de biens d'équipement est essentielle à la croissance, elle ne peut être sa seule source. Dans une seconde partie, nous montrerons que l'accumulation d'autres types de capitaux est nécessaire. Nous soulignerons enfin, dans une troisième partie, le fait que la croissance ne peut reposer que sur l'accumulation de capital.

Développement

Partie 1

→ Objectif : montrer que l'accumulation de biens d'équipements conduit à de la croissance sans pouvoir la porter durablement.

Première sous-partie : explication du principe de la croissance extensive.

En augmentant la quantité de biens d'équipement, on augmente la quantité de facteurs de production utilisés, ce qui conduit mécaniquement à un volume de production plus important. Sans accumulation de biens d'équipement, il est impossible de produire plus, on ne peut uniquement se contenter d'augmenter la quantité de travail utilisé, la productivité serait trop faible. Nous pouvons voir dans le document 3 que l'accumulation de capital joue un rôle non négligeable dans la croissance. L'augmentation de la quantité de capital explique 0,3 point de croissance en 2015 en France. Le document 1 nous montre l'existence d'un lien entre l'évolution de la croissance et le taux d'investissement dans les machines. En effet, après les crises financières de 2001 et 2008 qui se sont propagées dans l'économie réelle, nous constatons une baisse du taux d'investissement dans les machines.

Seconde sous-partie : explication de l'impossibilité d'avoir une croissance durablement forte par une simple accumulation quantitative des biens d'équipement.

En accumulant du capital sans en modifier les caractéristiques (accumulation purement quantitative) et sans augmenter simultanément la quantité de travail, le problème des rendements marginaux décroissants va se poser : à mesure qu'on accumule du capital, l'augmentation du volume de production sera de plus en plus faible.

Transition

L'accumulation de capital fixe ne peut suffire à entretenir durablement une dynamique de croissance, il y a une nécessité de combiner cela avec l'accumulation d'autres formes de capitaux.

Partie 2

→ Objectif : montrer que l'accumulation d'autres formes de capital est nécessaire à la croissance.

Première sous-partie : explication de l'importance de l'accumulation de capital technologique.

Il est nécessaire d'accroître la productivité globale des facteurs (PGF) pour avoir une croissance forte durablement. Pour cela, il faut accumuler du capital technologique qui permet de concevoir des méthodes de production plus efficaces. Ce dernier va être en partie incorporé dans le capital fixe à travers la conception de biens d'équipements plus performants. Ainsi, quand on augmente la quantité de capital fixe utilisé, on en modifie aussi les caractéristiques (incorporation du progrès technique), ce qui est essentiel à la croissance sur le long terme.

Les investissements immatériels en brevets et logiciels occupent une part croissante de l'investissement en capital fixe des entreprises, comme nous le montre le document 2.

Seconde sous-partie : explication de l'importance de l'accumulation de capital humain.

Il est nécessaire que du capital humain soit aussi accumulé à la fois pour que les travailleurs soient en capacité d'utiliser des machines sophistiquées mais aussi car cela conduit à plus de capital technologique et plus de croissance : des individus mieux formés vont être plus aptes à développer des techniques de production plus efficaces. L'accumulation de capital humain est nécessaire à l'existence d'innovations qui sont essentielles à la croissance.

Le document 3 montre le rôle essentiel de l'augmentation de la productivité globale des facteurs (PGF) dans la dynamique de la croissance.

Transition

L'accumulation de capital au sens large du terme est un déterminant essentiel de la croissance et elle ne peut avoir lieu sans elle. Mais la croissance peut-elle se réduire à un processus d'accumulation ou d'autres paramètres doivent-ils être pris en compte ?

Partie 3

→ Objectif : montrer que la croissance ne peut se réduire à un processus d'accumulation de capital et que d'autres éléments doivent être pris en compte pour comprendre les différentes dynamiques de la croissance.

Première sous-partie : explication de l'impact des institutions sur la croissance.

Les institutions créent un contexte plus ou moins favorable à l'accumulation de capital et peuvent aussi expliquer des différences de croissance entre pays alors même que l'accumulation du capital est proche. Les politiques publiques en faveur de la recherche, l'éducation, la santé ou la façon dont les droits de propriété sont définis constituent ainsi des éléments essentiels pour comprendre les écarts de croissance entre les pays.

Seconde sous-partie : explication du fait que la croissance est un processus en partie auto-entretenu.

La croissance appelle la croissance au sens où, en conduisant à une augmentation des revenus, la croissance facilite les investissements et ces derniers génèrent des externalités positives qui amplifient l'effet de l'accumulation de capital. Si on veut comprendre le processus de croissance, il faut ainsi aussi s'intéresser à ces effets en chaîne (modèle de croissance endogène).

Conclusion

Résumé de l'argumentation

L'accumulation de capital au sens large du terme est essentielle à la croissance mais elle ne peut se réduire à un processus d'accumulation de capital, d'autres logiques sont à l'œuvre dont il faut tenir compte si on veut comprendre le phénomène de la croissance.

Ouverture

Alors que la croissance française est faible, le soutien à la recherche et au développement semble essentiel pour relancer la croissance. Soutenir l'émergence d'innovations vertes semble particulièrement pertinent pour connaître une croissance durable.

CHAPITRE 2 Le commerce international et l'internationalisation de la production

1 Les déterminants de la compétitivité

A Le commerce international

- La mondialisation peut être définie comme l'intégration croissante des marchés des biens et services et des marchés de capitaux au niveau mondial. Elle se traduit notamment par une augmentation du commerce international. L'accroissement des échanges découle des stratégies que les entreprises mettent en place pour gagner en **compétitivité*** et des politiques d'ouverture au commerce mises en œuvre par les pouvoirs publics.

> **Mot-clé**
> Commerce international : ensemble des achats et ventes de biens et services entre des acteurs situés dans des espaces économiques différents.

- La **compétitivité** désigne la capacité à préserver et à gagner des parts de marché. Les entreprises adoptent des stratégies pour renforcer leur compétitivité.

B La compétitivité-prix

- Pour gagner des parts de marché, les entreprises peuvent chercher à diminuer leurs coûts de production afin d'être en capacité de baisser leurs prix de vente tout en continuant à réaliser des taux de marge importants sur les biens et services vendus. En effet, la concurrence entraînant une guerre des prix, les entreprises doivent aligner leurs prix de vente sur ceux de leurs concurrents pour ne pas voir le volume de leurs ventes décliner. Cette baisse des prix entraîne une baisse des profits et peut même causer des pertes quand les prix deviennent trop bas.

> **Mot-clé**
> Taux de marge : rapport entre l'excédent brut d'exploitation (EBE) et la valeur ajoutée.

- Pour éviter cela, les entreprises vont chercher à réduire leurs coûts de production en adoptant des méthodes de production plus efficaces (gains de productivité) et/ou en se localisant dans des zones géographiques où les facteurs de production sont moins

> **Mot-clé**
> Productivité : indicateur d'efficacité de la combinaison productive (rapport entre le volume de production et la quantité de facteurs de production utilisés pour l'atteindre).

onéreux (notamment là où le coût du travail est plus faible) et où la fiscalité est plus faible. Cette recherche de **compétitivité-prix*** peut ainsi entraîner des **délocalisations**.

Ex. : Des entreprises françaises vont installer des unités de production en Chine pour bénéficier de coûts de production moins onéreux.

Mot-clé

Délocalisation : changements de localisations d'unités de production d'un pays (pays d'origine) vers un autre (pays d'accueil) pour importer dans le pays d'origine les biens produits à l'étranger ou pour les vendre sur place ou dans d'autres pays.

C La compétitivité hors prix

- Les entreprises peuvent également chercher à différencier leurs produits de ceux de leurs concurrents pour séduire les consommateurs. En proposant des produits de meilleure qualité ou ayant des caractéristiques différentes, elles restent ainsi compétitives tout en pratiquant des prix plus élevés que leurs concurrents.
- Les gains en termes de **compétitivité hors prix*** peuvent aussi découler d'une proximité plus grande de la clientèle permettant une plus grande réactivité des entreprises (réduction des délais de livraison) ou d'un meilleur service après-vente. Les lieux de production peuvent, dans cette optique, se rapprocher des lieux de consommation mais il peut aussi s'agir tout simplement de mieux former les vendeurs pour qu'ils puissent mieux conseiller leurs clients en fonction de ce qu'ils recherchent.

Ex. : L'entreprise Wisecom a fait le choix d'installer des centres d'appel en région parisienne pour être au plus près du client et améliorer la relation client.

Document 1. *Les déterminants de la compétitivité*

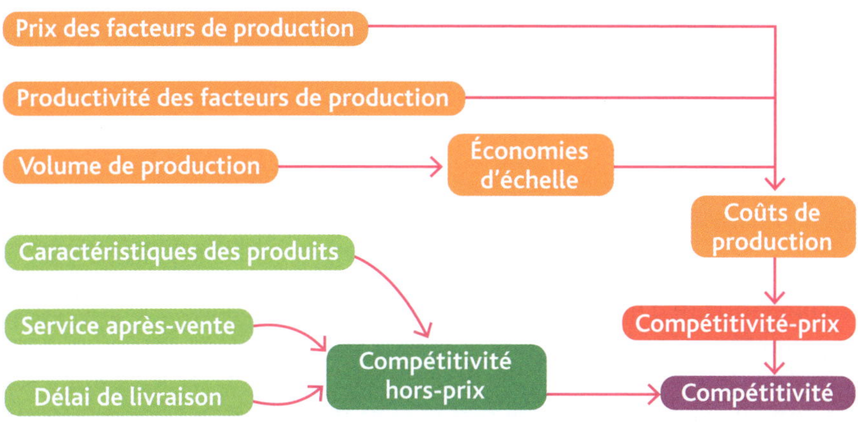

D La compétitivité d'un pays

- Le terme de compétitivité est normalement réservé aux entreprises. La **compétitivité d'un pays** peut être appréhendée à travers la compétitivité des entreprises qui le composent. Un pays sera dit compétitif notamment si les entreprises résidentes parviennent à exporter leur production et sont donc globalement compétitives sur les marchés. Un pays souffre d'un déficit de compétitivité si, au contraire, il voit sa production domestique diminuer au profit d'une augmentation de la production à l'étranger en lien avec des faillites ou des délocalisations d'entreprises présentes sur le territoire national.

- Si les entreprises d'un pays sont très productives, leurs coûts de production seront moindres et le pays sera plus compétitif. Le solde de la **balance commerciale** peut être considéré comme un indicateur de compétitivité bien qu'il ne soit pas nécessairement toujours un bon indicateur de bonne santé économique.

Mot-clé

Balance commerciale : différence entre les exportations et les importations de biens d'un pays.

Document 2. *Le classement des pays selon l'indice mondial de compétitivité (GCI)*

	Indice mondial de compétitivité (GCI)	
	2010	**2023**
Allemagne	5	22
Chine	27	21
Corée du Sud	22	28
Danemark	9	1
Espagne	42	36
États-Unis	4	9
France	15	33
Inde	51	40
Irlande	29	2
Italie	48	41
Japon	6	35
Royaume-Uni	12	29
Singapour	3	4
Suisse	1	3

World competitiveness center.

- La compétitivité d'un pays peut aussi désigner **sa capacité à tirer avantage de son intégration internationale** dans le but d'améliorer sur le long terme le niveau de vie de l'ensemble des citoyens. En effet, les consommateurs peuvent voir leur bien-être augmenter alors même que certaines entreprises nationales constatent le déclin de leur part de marché car ils auront eu accès, grâce au commerce international, à des biens produits à l'étranger moins chers ou aux caractéristiques plus avantageuses. Pour appréhender la compétitivité d'un pays, on ne peut, de ce fait, s'en tenir à une simple analyse de la productivité des entreprises.

2 La spécialisation internationale

A Les avantages comparatifs

- Les entreprises les plus compétitives sont celles qui disposent d'un **avantage comparatif*** dans la production d'un bien ou d'un service. Cela signifie que, pour cette activité, elles sont relativement les plus efficaces par rapport à leurs compétences dans les divers domaines et par rapport aux compétences de leurs concurrents. Le fonctionnement de la concurrence aboutit ainsi à une **spécialisation des entreprises en fonction de leurs avantages comparatifs**. En effet, sur un marché donné, les entreprises, qui possèdent un avantage comparatif, seront plus compétitives que leurs concurrentes, relativement moins performantes. Ces dernières vont alors perdre des parts de marché et leur survie sera menacée. Seules se maintiendront les entreprises les plus performantes qui se sont spécialisées en fonction de leur avantage comparatif.
- La **division internationale du travail** renvoie au fait qu'il y a à l'œuvre une logique de spécialisation au niveau mondial et pas seulement entre les acteurs d'un même pays. La production des biens et services est répartie mondialement, aucun pays ne produit tous les biens que ses consommateurs utilisent.
- Les avantages comparatifs dépendent notamment du pays dans lequel la production a lieu. On assiste donc au niveau international à une spécialisation des pays. Dans certains pays, certains secteurs vont être très développés car l'environnement dans lequel les entreprises du secteur évoluent est propice à leur compétitivité. À l'inverse, ces mêmes secteurs vont être très peu développés dans d'autres pays, les entreprises nationales n'ayant pas d'avantages comparatifs dans la production de ce type de biens ou services. Le développement du commerce international résulte ainsi d'une logique de spécialisation en fonction des avantages comparatifs des différents acteurs.

  Ex. : La France exporte des biens de luxe car les entreprises disposent d'un avantage comparatif dans ce secteur (savoir-faire des travailleurs, qualité des créateurs, etc.) mais importe du textile bon marché car les entreprises nationales ne sont pas compétitives dans ce domaine. L'Allemagne est, quant à elle, spécialisée dans la production de biens d'équipement et l'Italie dans l'agro-alimentaire.

- La spécialisation internationale peut découler des **dotations factorielles** des différents pays. Lorsqu'une ressource est plus abondante qu'une autre, sa rareté relative est plus faible et son prix relatif également plus faible. L'économie nationale possède alors un avantage par rapport à un pays où cette même ressource serait, au contraire, peu abondante. Elle possède donc un avantage comparatif dans les productions qui utilisent relativement plus du facteur relativement le plus abondant. Un pays abondamment doté en travail non qualifié devrait ainsi exporter* des marchandises produites avec du travail non qualifié.

> **Mot-clé**
> **Dotation factorielle** : quantité de facteurs de production disponible dans un pays.

- Les **dotations technologiques** jouent aussi. Ces dernières renvoient au **capital technologique***. Un pays maîtrisant des technologies de pointe aura un avantage comparatif dans la production de biens nécessitant une telle maîtrise.

- **La quantité et la qualité des ressources disponibles dépend pour partie des politiques qui ont été menées dans le passé**. L'histoire montre, en effet, que les pays développent des stratégies d'investissement, de formation de la main-d'œuvre, d'innovations, etc., afin de construire une spécialisation leur permettant d'être performants dans le commerce mondial. C'est ce qu'a fait la Grande Bretagne au XVIIIe siècle ou le Japon au XIXe siècle.

B L'internationalisation de la chaîne de valeur

- Le développement du commerce international va de pair avec le développement des **firmes multinationales**. Ces firmes s'étendent pour se rapprocher des matières premières (*ex.* : le secteur de l'énergie, le secteur minier ou le secteur agricole) ou de leur clientèle (*ex.* : la grande distribution qui ouvre des supermarchés dans les pays émergents) ou pour se procurer une main-d'œuvre moins coûteuse (*ex.* : des entreprises qui vendent des vêtements délocalisent la production dans les pays à bas salaires comme le Maroc ou le Bangladesh).

> **Mot-clé**
> **Firme multinationale** : entreprise possédant au moins une unité de production à l'étranger.

- D'une façon générale, les firmes multinationales cherchent à gagner en efficacité en diversifiant les lieux de production et localisent leur activité là où c'est le plus avantageux pour elles.

- **Le développement des firmes multinationales** contribue à **approfondir la division internationale du travail**. Il a conduit à la **fragmentation de la** chaîne de valeur. Les différentes étapes de la production d'un même bien ont lieu sur plusieurs sites situés dans des pays différents. Au lieu qu'un produit soit intégralement produit dans un pays donné dans une entreprise donnée, certaines étapes de la production sont externalisées (confiées à une autre entreprise qui peut être sur le territoire national ou à l'étranger) ou réalisées par une filiale du groupe (développement du commerce intra-firme) située dans un autre pays. De ce fait, de très nombreux produits résultent aujourd'hui d'un processus productif internationalisé.

Ex. : Un constructeur automobile, qui assemble ses véhicules dans un pays, utilise des composants divers (batteries, rétroviseurs) produits dans plusieurs autres pays par des filiales ou des sous-traitants.

Mots-clés

- **Chaîne de valeur** : décomposition de l'activité d'une entreprise en un ensemble de sous-opérations qui conduisent à de la création de valeur à travers la production d'un bien ou d'un service.
- **Commerce intra-firme** : échanges entre une société-mère et une ou plusieurs de ses filiales ou entre les filiales d'une même entreprise.

Document 3. *La production d'un Boeing 787*

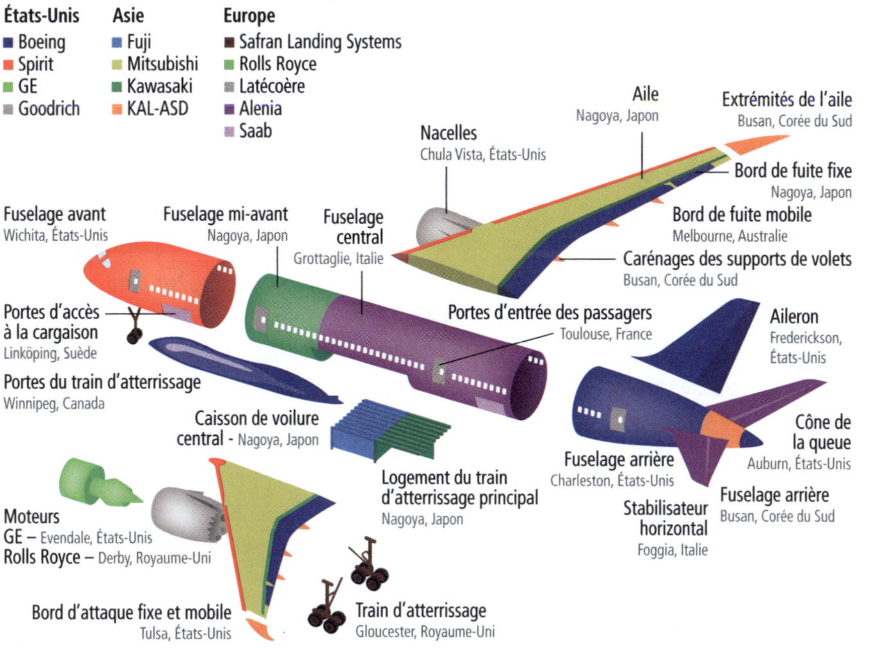

www.aeronewstv.com, 23 mars 2017.

C Le commerce entre pays comparables

- On peut comprendre les échanges entre des pays comparables (notamment en termes de production) par la spécialisation des entreprises.
- Certaines entreprises étrangères peuvent produire des biens qui n'ont pas d'équivalents sur le territoire national (différenciation des produits), les produire d'une façon plus satisfaisante (meilleure qualité des produits) ou disposer de compétences qui leur permettent de les produire à moindre coût (fragmentation de la chaîne de valeur en fonction des avantages comparatifs).

3 Le libre-échange en débat

A Les gains à l'échange

- En permettant une division internationale du travail en fonction des avantages comparatifs, le libre-échange génère des gains qui bénéficient aux consommateurs comme aux producteurs.

> **Mot-clé**
>
> **Libre-échange :** politique commerciale qui vise à supprimer tous les obstacles à la circulation des biens et services.

- **Pour les consommateurs**, l'ouverture au commerce permet d'intensifier la concurrence entre les entreprises en l'étendant au niveau mondial, ce qui réduit les rentes de monopole acquises par certaines industries nationales, et incite les entreprises à accroître leur compétitivité-prix et hors prix au **bénéfice des consommateurs**, dont le **pouvoir d'achat s'améliore** de ce fait. La compétition internationale agrandit, par ailleurs, les marchés, permettant aux entreprises de réaliser des économies d'échelle, ce qui entraîne des baisses de coûts et donc de prix qui sont avantageuses pour les consommateurs. Ces derniers ont, enfin, accès à une plus grande diversité de biens et de services.

Ex. : Une étude de 2014 de la Banque de France parue en 2018 montre que l'achat de produits bon marché venant de pays où le coût de la main-d'œuvre est faible a permis aux Français d'économiser 30 milliards d'euros, soit 1 000 € en moyenne par ménage par an par rapport à ce qu'ils auraient dépensé en l'absence d'ouverture aux pays à bas coûts. Les économies concernent principalement le secteur de l'habillement, des meubles ou de l'électronique. Les produits coûtent en moyenne 40 % moins cher à l'étranger et viennent essentiellement de Chine, du Brésil, du Mexique et d'Europe de l'Est.

Document 4. *La différence de prix entre les produits importés et les produits français*

Les produits importés coûtent bien moins chers que le « *made in France* ».

Alimentation et boissons sans alcool	**– 17 %**	Parmi ces produits, le riz, majoritairement importé de Thaïlande, pèse lourd.
Boissons alcoolisées et tabac	**– 19 %**	L'accès aux vins étrangers, notamment sud-américains, a allégé notre facture d'alcool.
Transports	**– 34 %**	L'arrivée des scooters fabriqués en Chine, voire de marques chinoises, explique cet écart.
Loisirs et culture	**– 41 %**	La majorité de l'électronique grand public vient d'Asie, à des prix deux fois moindres que les produits tricolores.
Santé	**– 42 %**	Les accessoires médicaux importés, comme les cannes ou les attelles de contention, coûtent en moyenne deux fois moins cher.
Vêtements et chaussures	**– 59 %**	En magasin, l'écart de prix moyen entre une chemise fabriquée en France et un modèle importé est de 1 à 3.
Meubles et appareils ménagers	**– 62 %**	Le *made in Vietnam* a fait le succès des enseignes de déco bon marché comme Maisons du monde.
Matériel de téléphonie et copie	**– 89 %**	Neuf téléphones sur dix vendus en France sont fabriqués en Chine, d'où cet écart de prix vertigineux.

Gabriel Haurillon, *Comment la mondialisation nous fait économiser 1 000 € par an*, www.capital.fr, 1er juillet 2019.

- **Les entreprises** peuvent, elles, étendre leur activité au niveau mondial et ainsi accroître leur volume de ventes et leurs profits. En pratiquant la DIPP, elles sont susceptibles de réduire leurs coûts de production et gagnent en compétitivité.
- Du fait des gains liés au libre-échange, les pays ont mis en œuvre des politiques d'ouverture de leurs économies. Les droits de douane ont ainsi nettement diminué dans le monde depuis l'après-guerre.

B Mondialisation et inégalités

- Du fait de l'ouverture des économies, les pays les plus pauvres ont pu accroître leur production, ce qui a contribué à leur développement. **Les écarts de revenus entre pays ont ainsi eu tendance à se réduire.**

- La mondialisation a toutefois conduit à des délocalisations responsables de fermetures d'entreprises et de licenciements. Si des entreprises résidentes ont vu leur activité se développer du fait de l'ouverture au commerce, les salariés de celles qui ferment subissent, eux, un préjudice. Dans les pays développés, les emplois détruits sont, avant tout, des emplois peu qualifiés alors que ceux qui se développent sont qualifiés ; **la mondialisation creuse ainsi les inégalités de revenus entre les travailleurs qualifiés et non qualifiés.** Les destructions d'emplois liées aux délocalisations restent néanmoins limitées et le développement de l'emploi qualifié est avant tout le fruit de la destruction créatrice qu'accélère le développement de la concurrence mondiale. Il n'en reste pas moins que la répartition des gains à l'échange n'est pas égalitaire et que la mondialisation génère des tensions sociales en lien avec des enjeux de répartition.

C Le protectionnisme

- La théorie des avantages comparatifs permet de conclure à l'existence de gains à l'échange car la production est assurée par ceux qui sont relativement les plus performants. Mais lorsque la **concurrence est faussée** du fait de réglementations différentes, les entreprises qui vont accroître leur part de marché sont celles qui opèrent dans des pays où la législation est très souple sur le droit du travail ou la protection de l'environnement. Cela met sous tension les pays désireux de protéger la planète et d'offrir aux travailleurs des conditions décentes d'exercice de leur métier. Il existe donc un risque de ***dumping* social** au détriment de l'efficacité économique.

> **Mot-clé**
>
> ***Dumping* social :** stratégie consistant pour un pays à réduire la protection sociale et les droits sociaux afin de diminuer le coût de la main-d'œuvre et d'améliorer sa compétitivité-prix.

- L'existence de dumping social conduit certains acteurs à prôner la fermeture des frontières dans une optique **protectionniste**. Cela nous priverait, néanmoins, de gains à l'échange et une sortie vers le haut consisterait à harmoniser nos réglementations.

> **Mot-clé**
>
> **Protectionnisme :** ensemble des mesures prises par un gouvernement qui visent à empêcher ou limiter les importations de biens et services.

- Dès le XIXe siècle, des auteurs comme Friedrich List défendent des **mesures de protectionnisme temporaires** le temps que les **industries naissantes** se développent à l'abri de la concurrence des pays plus avancés (comme l'Angleterre). Cet argument peut aussi être mobilisé pour les **industries vieillissantes.** Elles peuvent être protégées pour éviter leur fermeture le temps qu'elles développent un nouvel avantage comparatif.

COMMENT FAIRE ?

Lire et interpréter des diagrammes de répartition et des représentations de séries chronologiques

LES DIAGRAMMES DE RÉPARTITION

Quand on s'intéresse à un ensemble, il est possible de se demander comment il se répartit en différentes dimensions. Pour représenter une répartition, on peut utiliser différents graphiques appelés « diagrammes ». Les plus classiques sont **le diagramme circulaire** et **le diagramme en bandes**.

Application

Le diagramme circulaire

Document 5. *Exportations de marchandises par groupe de produits, 2022 (part en %)*

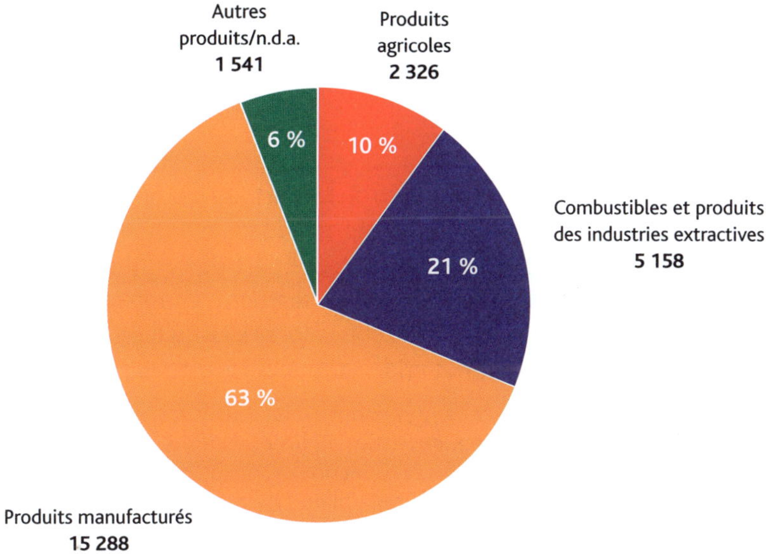

Secrétariat de l'OMC.

La surface occupée par une couleur indique la part de la catégorie dans l'ensemble. Ainsi, on peut lire que 63 % des exportations de marchandises dans le monde en 2022 sont des produits manufacturés et 10 % des produits agricoles. La somme des parts fait nécessairement 100 % car il s'agit d'analyser comment l'ensemble est réparti en différentes catégories.

Le diagramme en bandes

Document 6. *Commerce intra et extra Union européenne de marchandises en 2022 (importations + exportations, en % du total du commerce)*

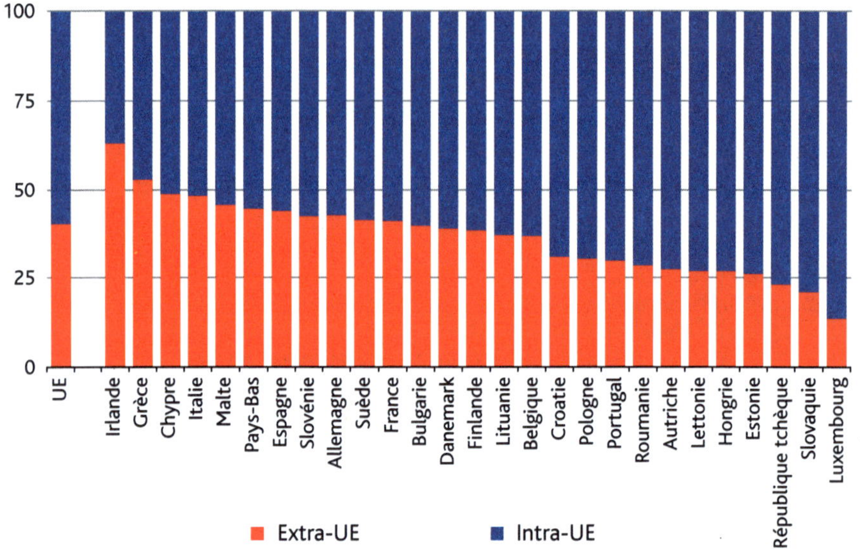

Eurostat, 2022.

• Pour chaque pays, on s'intéresse à la part du commerce intra et extra Union européenne. La hauteur totale représente 100 % car elle renvoie à l'ensemble des échanges. Pour connaître la part du commerce intra-UE pour un pays, il faut regarder la hauteur d'un segment, en regardant ce qu'il vaut quand il commence (en bas d'une zone colorée), ce qu'il vaut quand il s'arrête (en haut de la zone colorée) et en faisant la différence entre les deux valeurs.

Ex. : En 2022, 37,5 % des échanges commerciaux dans lesquels l'Irlande est impliquée sont des échanges intra-UE (importations ou exportations de biens au sein de l'Union européenne). On trouve ce chiffre en faisant 100 (valeur du haut de la colonne bleue) moins 62,5 (valeur où commence la colonne bleue).

LES REPRÉSENTATIONS DE SÉRIES CHRONOLOGIQUES

Il est possible de représenter graphiquement l'évolution d'une variable au cours du temps. La valeur de la variable est indiquée pour chaque année.

Application

Document 7. *Commerce* mondial des biens et des services commerciaux, 2012-2022*

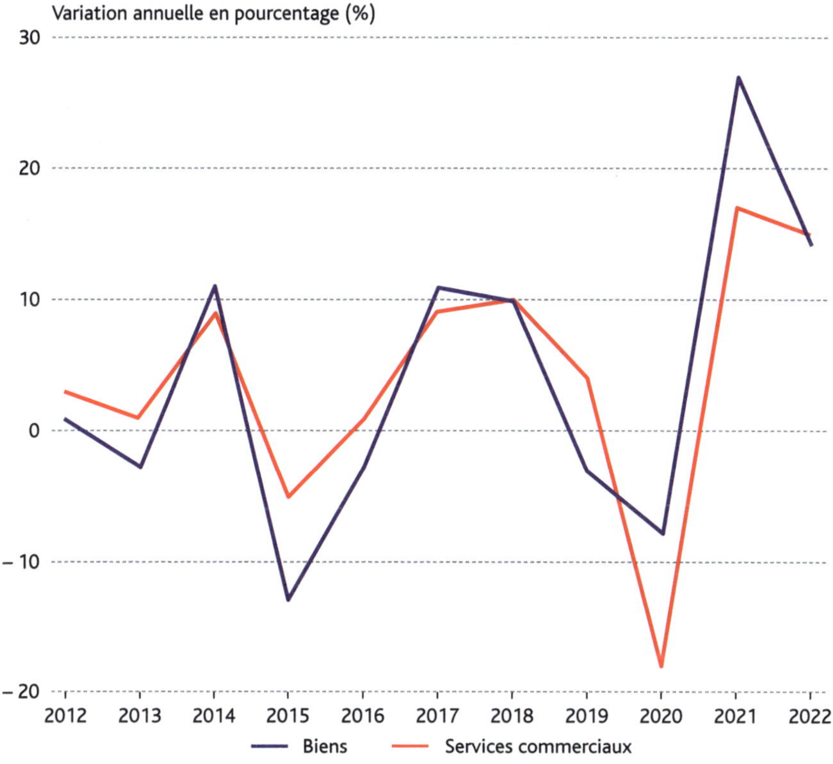

* Le commerce correspond à la moyenne des exportations et des importations.

Estimations OMC-CNUCED.

Ce graphique indique, pour chaque année, la variation annuelle en % du commerce mondial des biens et services commerciaux entre 2021 et 2022. Il faut regarder sur l'échelle de gauche (axe des ordonnées) la valeur indiquée pour chaque année. Ainsi en 2022, le commerce des services a augmenté de 15 %.

EXERCICES

Vérifier ses connaissances

1 Compétitivité prix et hors-prix

Pour chaque situation, indiquez s'il s'agit d'une stratégie visant à améliorer la compétitivité-prix ou la compétitivité hors-prix.

	Compétitivité prix	Compétitivité hors-prix
Une délocalisation pour bénéficier d'une main-d'œuvre moins onéreuse		
Une campagne publicitaire pour améliorer l'image de marque		
Un investissement dans la recherche et le développement pour concevoir un nouveau produit à commercialiser		
L'approfondissement de la division du travail pour gagner en productivité		

→ *Corrigé p. 53*

2 Vrai ou faux ?

1. Une entreprise, qui n'est la meilleure dans aucun domaine, n'a pas d'avantage comparatif.
2. Les dotations factorielles peuvent expliquer l'existence d'un avantage comparatif dans un domaine.
3. En vendant un produit plus cher que ses concurrents, une entreprise va forcément voir ses parts de marché décliner.
4. Le développement du commerce international a permis des baisses de prix pour les consommateurs.
5. Le protectionnisme peut être efficace quand une industrie se développe.
6. Une entreprise qui réduit ses coûts de production peut gagner en compétitivité-prix.
7. La balance commerciale se calcule en comptabilisant la valeur des exportations.
8. Le développement du commerce international est toujours profitable.

→ *Corrigé p. 53*

S'entraîner

3 La compétitivité

La compétitivité-prix de la France s'est dégradée vis-à-vis des pays de l'OCDE entre 2000 et 2010, mais c'est principalement la compétitivité « hors-prix » qui expliquerait le différentiel de performance de la France avec les partenaires de la zone euro. La compétitivité-coût mesurée par les coûts salariaux unitaires[1] suggère une perte de compétitivité avant crise qui a pu conduire – en parallèle d'une stabilisation de la compétitivité-prix – à un effort de marge important des entreprises. Cet effort pourrait avoir nui à la compétitivité hors-prix après crise.

1. Coût du travail rapporté à la productivité du travail.

Rapport du conseil national de productivité, « Productivité et compétitivité : où en est la France dans la zone euro ? », avril 2019.

1. Comment comprendre la moindre performance de la France par rapport à ses partenaires de la zone euro ?
2. Que signifie l'expression « effort de marge » ?
3. Expliquez la phrase soulignée. *Corrigé p. 54*

4 Le solde commercial

Document 8. *Le solde du commerce extérieur français*

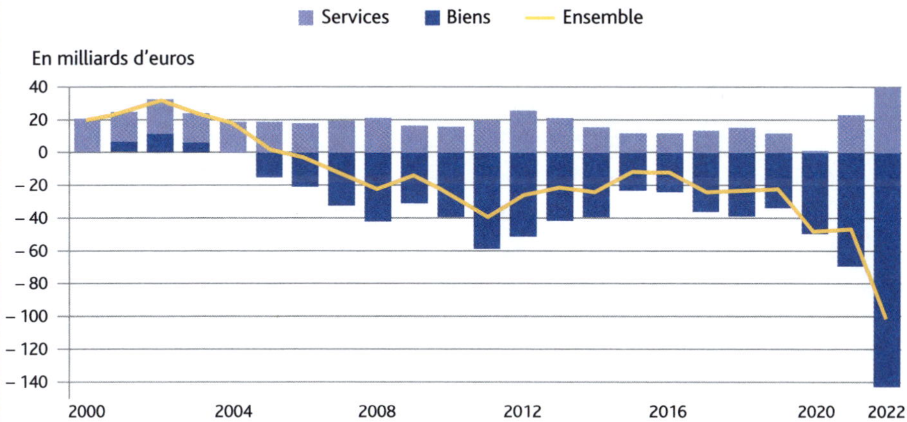

Insee, comptes nationaux, base 2014.

1. Faites une phrase mobilisant les données pour l'année 2022.
2. Analysez les données présentes dans le document. → *Corrigé p. 54*

SUJET DU BAC

Épreuve composée – Parties 1 et 2

Partie 1 – Mobilisation des connaissances

Quels sont les avantages du commerce international pour les consommateurs ?

Partie 2 – Étude d'un document

Document *Exportations de marchandises par région, du premier trimestre (T1) 2012 au quatrième trimestre (T4) 2018*
Indice de volume, base 100 en 2012 T1

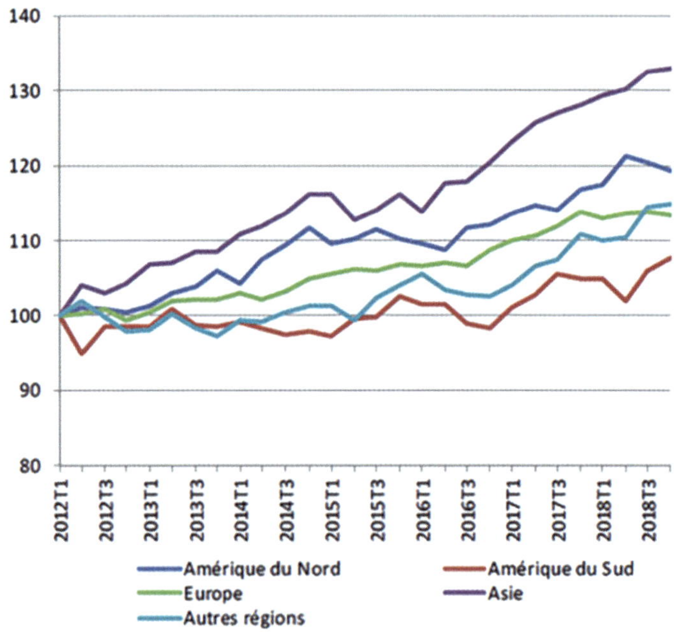

www.wto.org, 2 avril 2019.

1. Faites une phrase qui indique quelle est l'évolution des exportations en Amérique du Nord entre début 2012 et fin 2018.
2. Analysez l'évolution des exportations de marchandises par région.

CORRIGÉS

1 → Énoncé p. 50

	Compétitivité prix	Compétitivité hors-prix
Une délocalisation pour bénéficier d'une main-d'œuvre moins onéreuse	×	
Une campagne publicitaire pour améliorer l'image de marque		×
Un investissement dans la recherche et le développement pour concevoir un nouveau produit à commercialiser		×
L'approfondissement de la division du travail pour gagner en productivité	×	

2 → Énoncé p. 50

1. Faux : un avantage comparatif est relatif. Une entreprise a un avantage comparatif dans le domaine où elle est relativement la meilleure (par rapport à ses compétences dans les autres domaines et par rapport aux compétences des autres). Il y a toujours un domaine où une entreprise est relativement la moins mauvaise.

2. Vrai : les entreprises situées dans un pays relativement bien doté en capital naturel auront un avantage comparatif dans la production des biens qui nécessitent du capital naturel en abondance, comme dans l'agriculture.

3. Faux : cela dépend notamment de la qualité de ses produits ou de son service après-vente.

4. Vrai.

5. Vrai : cela renvoie à la théorie du protectionnisme éducateur de List.

6. Vrai.

7. Faux : elle se calcule en faisant la différence entre les exportations et les importations de biens.

8. Faux : il peut conduire à l'augmentation des inégalités car certains acteurs perdent au développement du commerce international.

3 → *Énoncé p. 51*

1. Cela s'explique par une moins bonne compétitivité-prix mais surtout par une dégradation de la compétitivité hors-prix des entreprises françaises.

2. Cette expression signifie que les entreprises ont baissé leur taux de marge pour pouvoir diminuer leur prix de vente et être plus compétitives en termes de prix.

3. La faible marge des entreprises s'est traduite par une plus faible capacité d'épargne, ce qui a nui aux investissements dans la recherche et développement et ainsi à l'innovation au cœur de la compétitivité hors-prix.

4 → *Énoncé p. 51*

1. En 2022, le solde du commerce extérieur de la France s'élève à – 102,3 milliards d'euros. – 143,6 milliards d'euros pour les échanges de biens et + 41,3 milliards d'euros pour les échanges de services.

2. On observe une tendance à la dégradation du solde du commerce extérieur. La France semble compétitive sur les services mais importe à l'inverse beaucoup plus de biens qu'elle n'en exporte, traduisant une faible compétitivité. On note qu'à partir de 2011 la compétitivité de la France semblait se redresser, mais depuis 2016, on remarque une forte dégradation qui annule les améliorations précédentes.

SUJET DU BAC

Partie 1

Le commerce international désigne l'ensemble des achats et ventes de biens et services entre des acheteurs situés dans des espaces économiques nationaux différents.

Du fait de la division internationale du travail, des gains de productivité sont réalisés. Cela permet de réduire les coûts de production des biens et services. Par ailleurs, la concurrence étant intensifiée, l'ouverture au commerce conduit à une limitation des marges des entreprises. Enfin, la taille du marché étant plus grande, des économies d'échelle sont possibles.

Ces trois phénomènes conduisent à une baisse des prix pour les consommateurs. Le surplus du consommateur augmente, il peut acheter plus à des prix moindres. Le consommateur a, par ailleurs, accès à une plus grande diversité de biens et services. En effet, les entreprises cherchent à gagner en compétitivité en différenciant leur offre et, par ailleurs, la taille du marché étant plus importante, la production de certaines variétés de biens devient économiquement rentable car la clientèle est suffisamment nombreuse.

Partie 2

1. Le volume des exportations a augmenté de 20 % entre le début 2012 et la fin 2018 en Amérique du Nord.

2. Nous observons que les exportations ont tendance à augmenter dans toutes les zones, ce qui traduit un approfondissement de la mondialisation. Les échanges avec l'extérieur s'intensifient. L'augmentation est particulièrement marquée à partir de 2016 en lien avec la reprise de la croissance. Nous observons, néanmoins, que l'augmentation est bien plus forte dans certaines zones que dans d'autres. L'Asie connaît une croissance particulièrement forte de ses exportations alors que l'augmentation des exportations provenant de l'Amérique du Sud est plus modeste. Tous les pays n'ont pas la même compétitivité.

CHAPITRE 3

La lutte contre le chômage

1 Les causes du chômage

A Définitions

- Le **chômage*** désigne une situation où une personne est sans emploi mais cherche à en occuper un. Le **taux de chômage*** désigne le rapport entre le nombre de chômeurs et le nombre de personnes actives dans une population donnée. Les personnes actives sont toutes les personnes qui ont un emploi ou qui en cherchent un. En France métropolitaine, au troisième trimestre 2022, le taux de chômage s'établit à 7,1 %.

- Le **taux d'emploi*** désigne le rapport entre le nombre de personnes ayant un emploi et la population totale. Ce calcul porte généralement sur la population en âge de travailler (personnes âgées de 15 à 64 ans) ou sur une sous-catégorie de la population en âge de travailler (***ex.*** : les femmes de 25 à 49 ans). Le taux d'emploi en contrat à durée indéterminée (CDI) des 15-64 ans atteint 50,6 % au quatrième trimestre 2023.

	Cherche un emploi	**Ne cherche pas un emploi**
A un emploi	Actif occupé	
N'a pas d'emploi	Chômeur	Inactif

- D'apparence simple, la définition du chômage pose des **problèmes importants de mesure**.
  – À partir de combien d'heures de travail considère-t-on qu'une personne occupe un emploi ?
  – Une personne travaillant quelques heures par semaine avec un statut précaire mais qui aurait désiré travailler à temps plein doit-elle être comptabilisée comme chômeuse ?
  – Une personne sans emploi qui, après de longues années de recherche d'emploi s'est découragée et ne cherche plus vraiment un travail alors qu'elle aimerait en avoir un, doit-elle être comptée avec les chômeurs ou les inactifs ?

- Le **halo du chômage*** désigne l'ensemble des personnes qui ne sont pas officiellement considérées comme chômeuses mais qui ont des situations proches du chômage (chômeur découragé, personne à temps partiel qui aurait voulu un emploi à temps complet, etc.). Le **sous-emploi*** désigne une situation dans laquelle une personne effectue un nombre d'heures inférieur à ce qu'elle souhaite (temps partiel contraint) ou à ce qui est prévu dans son contrat (**ex.** : pour cause de chômage technique). Au deuxième trimestre 2019, 5,2 % des personnes en emploi sont en situation de sous-emploi.

Document 1. *Le halo du chômage*

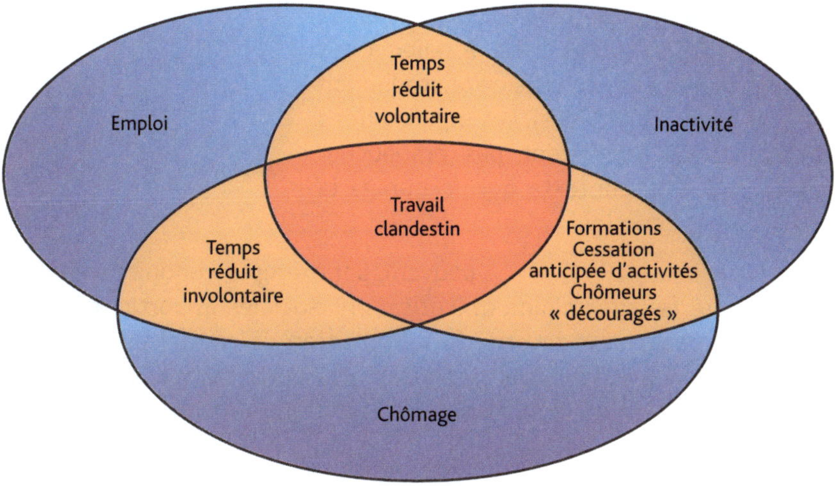

- En France métropolitaine, au second trimestre 2019, parmi les personnes inactives au sens du Bureau international du travail (BIT), 1,5 million souhaitent un emploi sans être considérées comme étant au chômage. La **montée du chômage**, la **précarisation de l'emploi** et l'**augmentation du halo du chômage** suscitent de vives inquiétudes.

Document 2. *L'évolution du taux de chômage en France métropolitaine entre 1968 et 2022*

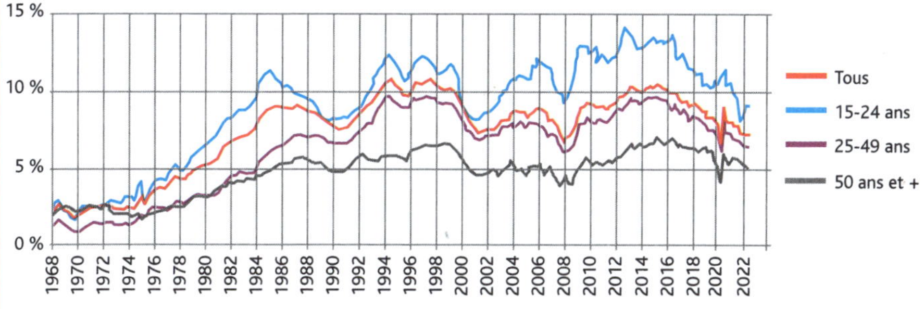

D'après des données de l'Insee, www.france-inflation.com.

B Le chômage structurel

- **Les causes du chômage sont multiples.** Le chômage observé peut découler simultanément de logiques structurelles et conjoncturelles. Les différentes explications permettent chacune de comprendre une partie du chômage.

- Les causes structurelles sont à relier aux **institutions** qui structurent le fonctionnement du marché du travail. On parle alors de **chômage structurel**. Il est à relier à des dysfonctionnements du côté de la production (offre de biens et services). Les organisations productives ne souhaitent pas embaucher plus du fait d'un contexte qui décourage la production et l'emploi.

> **Mots-clés**
> - **Chômage structurel :** chômage qui découle de structures économiques inefficaces.
> - **Institutions :** ensemble des règles formelles ou informelles qui contraignent le comportement des acteurs.

- **Des institutions mal calibrées** peuvent, par exemple, conduire à un **coût du travail élevé** (salaire minimum, cotisations sociales importantes, etc.) qui pénalise l'embauche et favorise la **substitution de capital au travail** (remplacement de travailleurs par des machines) ou la **délocalisation** vers des lieux de production où la main-d'œuvre est moins onéreuse.

Document 3. *Les effets d'un salaire minimum*

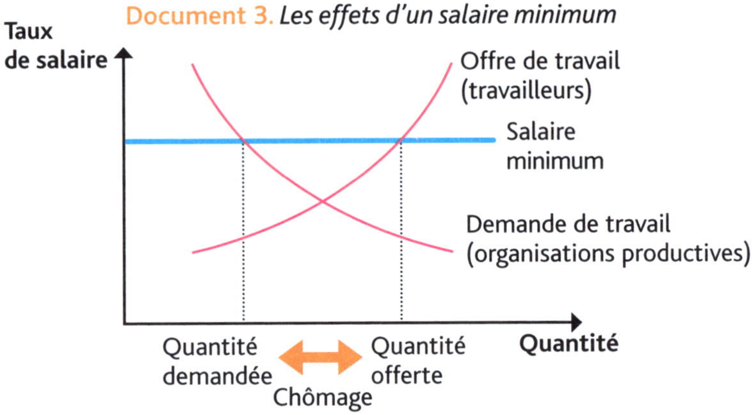

- L'offre de travail est une fonction croissante du prix car plus le taux de salaire est élevé plus les travailleurs souhaitent travailler. À l'inverse, la demande de travail est décroissante car plus le taux de salaire est élevé moins les entreprises désirent embaucher. Si l'État impose un **taux de salaire minimum supérieur au niveau d'équilibre**, les quantités offertes seront supérieures aux quantités de demandées. **L'offre sera rationnée** ce qui signifie qu'il y aura du chômage.

- **Le salaire minimum** n'a pas qu'un effet négatif. En ce qu'il limite les baisses de salaire et ainsi les phénomènes d'exploitation liés à un pouvoir de marché des entreprises, il permet aussi de soutenir la demande, ce qui est essentiel pour assurer des débouchés à la production.
- **La réglementation**, et plus particulièrement les **règles de protection de l'emploi**, peut aussi pénaliser l'emploi si elle est trop contraignante. Par peur de ne pouvoir faire varier librement le temps de travail ou de licencier un salarié en cas de baisse de l'activité ou en cas de recrutement d'un salarié incompétent, un employeur peut être réticent à embaucher et privilégier le recours aux heures supplémentaires.
- Le chômage peut aussi découler de **problèmes d'appariement** entre l'offre et la demande de travail. Cela signifie que la difficulté provient d'une incapacité à associer un travailleur à un employeur alors même qu'il existe des personnes qui cherchent un emploi et des entreprises qui souhaitent embaucher. Cela peut provenir d'un manque d'information sur les offres d'emploi existantes, d'une faible mobilité des chômeurs qui ne résident pas dans les zones où sont les emplois disponibles et/ou d'une inadéquation entre les compétences des chômeurs et les compétences recherchées par les employeurs. On appelle « **chômage frictionnel*** » le chômage correspondant au délai entre le moment où une personne perd un emploi et celui où elle en retrouve un autre. Il faut, en effet, du temps pour recenser les offres d'emploi existantes, postuler, etc.
- L'existence d'**asymétries d'information*** peut aussi expliquer le chômage structurel. Quand un employeur embauche un salarié, il y a un risque de **sélection adverse***. Une fois que ce dernier est embauché, il existe aussi un risque d'**aléa moral***. Pour ces deux raisons, l'employeur peut vouloir proposer des salaires élevés pour attirer les meilleurs candidats et les inciter à être efficaces une fois embauchés. En effet, si les travailleurs sont bien payés par leur employeur, ils vont plus s'impliquer dans leur travail pour être sûr de le garder. Ils vont notamment moins prendre le risque de profiter d'un déficit de surveillance pour ne pas faire leur travail. On parle de salaire d'efficience quand on cherche à stimuler la productivité par le biais de la rémunération. Le problème est, qu'à ces niveaux-là de salaire, le volume d'emploi que les entreprises souhaitent avoir peut être inférieur au volume de travail offert par les travailleurs, ce qui peut générer du chômage.

> **Mot-clé**
>
> **Salaire d'efficience :** salaire qui maximise la productivité des travailleurs.

C Le chômage conjoncturel

- Le chômage peut aussi découler d'une **demande globale** trop faible. On parle alors de chômage conjoncturel. Les débouchés sont faibles et les entreprises réduisent alors leur volume de production pour ne pas accumuler des stocks d'invendus et ont, de ce fait, moins besoin de travailleurs. Dans cette situation, les entreprises embauchent peu car la **conjoncture économique est mauvaise**.

Mot-clé

Demande globale : ensemble des achats de biens et services au cours d'une année donnée dans une économie donnée. Elle comprend la consommation, l'investissement et les exportations.

Document 4. *Les effets d'un ralentissement économique*

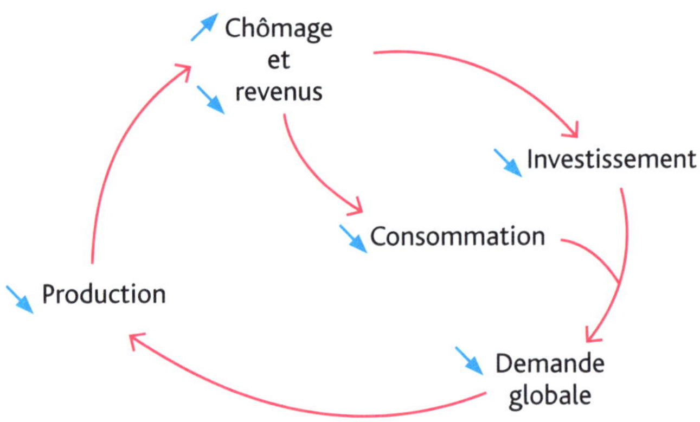

2 La lutte contre le chômage

A Les politiques conjoncturelles

- Pour lutter contre le **chômage conjoncturel**, les pouvoirs publiques peuvent mener des politiques macroéconomiques de relance en période de ralentissement économique. Elles peuvent être des politiques budgétaires et/ou des politiques monétaires. Les deux visent à **soutenir la demande globale** pour accroître les débouchés aux entreprises et casser le cercle vicieux qui s'installe en temps de crise.
  – Les **politiques budgétaires*** de relance consistent à abaisser les prélèvements obligatoires et à augmenter les dépenses publiques.
  – Les **politiques monétaires*** de relance consistent à augmenter la masse monétaire et à abaisser les taux d'intérêt pratiqués par la banque centrale.

B Les politiques d'allègement des contraintes

- Pour lutter contre le chômage structurel, la puissance publique peut prendre des mesures pour **diminuer le coût du travail** en allégeant, par exemple, les cotisations sociales.
- Des politiques de **flexibilisation du marché du travail** ont aussi été mises en place en vue de réduire le chômage. Il s'agit de lutter contre les rigidités du marché du travail en simplifiant le droit du travail pour faciliter les ruptures de contrat de travail et optimiser l'utilisation de la main-d'œuvre. L'idée est qu'en faisant cela, on va favoriser le processus de **destruction créatrice*** et ainsi la compétitivité des entreprises. Le droit du travail ne doit pas empêcher que des emplois soient détruits dans les secteurs en déclin et doit faciliter le développement des secteurs en expansion pour permettre aux innovations de donner toute leur mesure. Ces politiques sont critiquées car elles conduisent à **précariser l'emploi**. Des réflexions existent pour tenter de concilier flexibilité pour l'entreprise et sécurité de l'emploi pour le travailleur.
- L'État peut aussi mettre en place des institutions pour **aider les chômeurs dans leur recherche d'emploi** et limiter ainsi le **chômage frictionnel**. En diffusant de l'information sur les emplois existants, en aidant à la rédaction de CV, et, de manière générale, en aidant les chômeurs dans leur recherche d'emploi, **Pôle emploi** facilite le fonctionnement du marché du travail.
- On considère aussi que les indemnisations versées en période de chômage (sous réserve d'avoir accumulé assez de droits préalablement en étant en emploi) peuvent améliorer la **qualité des appariements**. En effet, si des **allocations chômage** peuvent désinciter à la reprise d'activité, elles peuvent aussi permettre aux salariés d'attendre une offre d'emploi adaptée à leurs compétences dans laquelle ils donneront toute la mesure de leur efficacité.

C Les politiques de formation

- Afin de faciliter l'embauche des chômeurs dans les secteurs en expansion, la puissance publique peut aussi mettre en place des politiques de formation pour que les chômeurs aient les **compétences demandées** sur le marché du travail. La **formation continue** est la formation dispensée au cours de la vie professionnelle. On la distingue de la **formation initiale** qui renvoie aux études faites jusqu'à l'adolescence ou au début de l'âge adulte avant de rentrer sur le marché du travail.
- Des politiques de ce type sont mises en œuvre mais d'une façon encore très largement insuffisante. On considère souvent que les formations proposées sont trop peu nombreuses et pas assez poussées pour que des compétences très spécifiques soient acquises. Une **réforme du système français de formation continue** vient d'être mise en place afin de le rendre plus efficace.

COMMENT FAIRE ?

Comprendre les indices

L'INDICE SIMPLE

• Pour analyser l'évolution d'une variable (***ex.*** *:* l'évolution du nombre de chômeurs), il est possible d'exprimer sous la forme d'un indice simple les différentes valeurs que peut prendre la variable. L'évolution de la valeur de l'indice reflète l'évolution de la valeur de la variable.

• Pour calculer la valeur d'un indice à une date précise (date t), il faut tout d'abord définir une date de référence (date t_0) et indiquer la valeur de l'indice à cette date de référence (valeur V_0). L'expression « indice de base 100 en 1996 » signifie qu'on a choisi l'année 1996 comme année de référence et qu'on a donné la valeur 100 à l'indice pour cette année. La valeur de l'indice en t se déduit alors de la formule suivante :

$$\textbf{Indice à la date t} = \left(\frac{\text{valeur de la variable en } t}{\text{valeur de la variable en } t_0}\right) \times 100$$

Application

• On souhaite observer l'évolution du nombre de chômeurs en France.

Document 5. *L'évolution du nombre de chômeurs en France entre 1996 et 2019*

Année	Effectifs
1996	3 853 700
2006	3 487 200
2010	3 975 200
2012	4 481 000
2017	5 607 300
2019	5 530 600

Demandeurs d'emploi inscrits à Pôle emploi en catégories A, B et C au troisième trimestre.
France métropolitaine.

Pôle emploi – Dares, STMT.

• Soit 1996 l'année de référence. La valeur de l'indice en 2006 est égale au rapport entre le nombre de chômeurs en 2006 et le nombre de chômeurs en 1996, le tout multiplié par 100 :

$$\frac{3\,487\,200}{3\,853\,700} \times 100 = 90{,}5$$

• En 2019, l'indice vaut $\frac{5\,530\,600}{3\,853\,700} \times 100 = 143{,}5$.

• Quand on choisit une valeur de référence égale à 100, l'indice permet de visualiser facilement une variation. Si une variable passe de l'indice 100 à l'indice 143,5, cela signifie que l'augmentation est de 43,5 % depuis l'année de référence (1996 donc ici) ; le passage de l'indice 100 à l'indice 90,5 indique à l'inverse une diminution de 9,5 % (on passe de l'indice à la variation en % en appliquant la formule : indice d'arrivée – 100). Les indices ne donnent donc pas d'indication sur la valeur absolue de la valeur étudiée, mais permettent de comparer les évolutions de variables différentes.

• **Attention** : l'indice ne peut être utilisé pour lire les variations que par rapport à l'année de référence. Ainsi, on ne peut pas dire que le nombre de chômeurs a baissé de 8,8 % entre 2009 et 2010 car la valeur de l'indice a diminué de 8,8 points. Pour analyser les variations entre deux dates dont une n'est pas l'année de référence, il faut utiliser la formule classique des taux de variation.

L'INDICE SYNTHÉTIQUE

• Dans certains cas, il est utile de mesurer l'évolution d'un ensemble de variables. Par exemple, si l'on veut analyser l'évolution des prix à la consommation dans une économie, il faut intégrer l'évolution de différents prix (le prix des pâtes, des fruits, etc.).

• Pour ce faire, les statisticiens construisent des indices dits « synthétiques ». Ils intègrent dans leur calcul le fait que les différentes variables n'ont pas le même poids dans le phénomène étudié.

Ex. : L'évolution du prix des ordinateurs ne doit pas être considérée de la même façon que celle des fruits et légumes, car ces derniers sont achetés de façon beaucoup plus fréquente par les ménages.

• Un indice synthétique associe ainsi des indices simples en donnant à chacun une certaine pondération : c'est le cas de l'indice des prix à la consommation calculé par l'Insee, qui effectue une moyenne pondérée d'indices élémentaires par familles de produits et coefficients budgétaires (vêtements pour enfants, coupes de cheveux, produits laitiers, etc.).

• Si la méthode de construction est différente, un indice synthétique se lit comme un indice simple. Il vaut 100 à l'année de référence et quand il vaut 120 cela signifie que la variable qu'il représente a augmenté de 20 %.

EXERCICES

Vérifier ses connaissances

1 Définitions

Associez correctement chaque terme à sa définition.

Inactivité •	• Situation dans laquelle un individu n'a pas d'emploi, n'en cherche pas un mais aimerait en avoir un.
Chômage •	• Situation dans laquelle un individu n'a pas d'emploi, n'en cherche pas et ne souhaite pas en avoir.
Sous-emploi •	• Situation dans laquelle un individu a un emploi.
En emploi (actif occupé) •	• Situation dans laquelle un individu n'a pas d'emploi et en cherche un.
Chômeur découragé •	• Situation dans laquelle un individu a un emploi avec un temps de travail inférieur à ce qu'il souhaiterait.

→ *Corrigé p. 70*

2 La lutte contre le chômage

Complétez le texte ci-dessous en utilisant les termes suivants : *coût du travail, demande, demande globale, formation, offre, politique conjoncturelle de relance, politiques, pouvoirs publics, salaire minimum.*

Pour lutter contre le chômage, les .... vont mettre en place différentes .... en fonction de la cause du chômage. Si ce dernier résulte d'une .... insuffisante, ils vont mettre en place une .... pour stimuler la production et ainsi l'embauche. Si le chômage résulte d'un .... trop élevé, alors les pouvoirs publics vont diminuer les prélèvements obligatoires pesant sur les salaires ou abaisser le .... Le chômage peut aussi résulter d'une inadéquation entre l'................ et la .... de travail. Dans ce cas, la puissance publique va devoir mettre en place une politique de .... pour que les chômeurs aient les caractéristiques recherchées sur le marché du travail.

→ *Corrigé p. 70*

S'entraîner

3 L'évolution des salaires

Document 6. *L'évolution du salaire moyen mensuel de base (hors secteur agricole) en France*

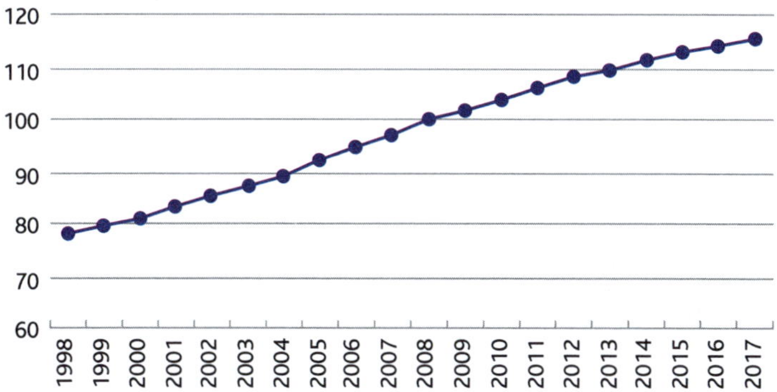

Base 100 en 2008.

Salaire mesuré en décembre pour chaque année.

Le salaire mensuel de base (SMB) ne comprend ni les primes (sauf, le cas échéant, la prime liée à la réduction du temps de travail), ni les heures supplémentaires ; il s'agit d'un salaire brut, avant déduction des cotisations sociales et avant versement des prestations sociales.

Champ : France métropolitaine, salariés des établissements d'entreprises de 10 salariés ou plus.

Dares, enquête trimestrielle Acemo.

1. De combien a augmenté le salaire moyen mensuel de base entre 2008 et 2017 ? (valeur de l'indice en 2017 = 115,6)
2. De combien a augmenté le salaire moyen mensuel de base entre 1998 et 2017 ? (valeur de l'indice en 1998 = 78,3)
3. Peut-on en conclure que les entreprises ont vu leurs dépenses liées au travail augmenter en France ? Justifiez votre réponse.

→ *Corrigé p. 70*

4 L'évolution du coût du travail en France

Document 7. *L'évolution du coût horaire réel du travail au niveau du SMIC et de ses composantes*

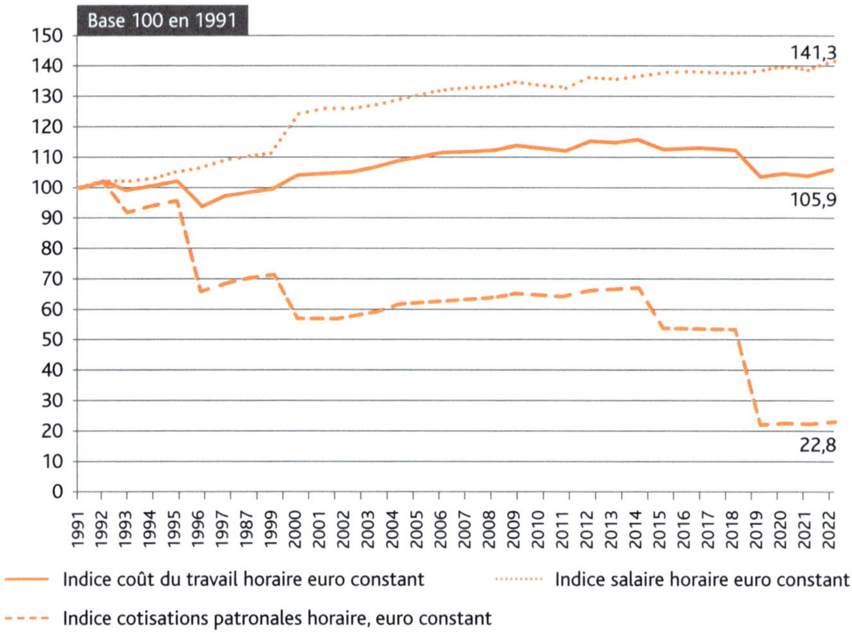

Note de lecture : le coût du travail est composé du salaire brut et des charges patronales. Le graphique ci-dessus présente, en base 100 en 1991, l'évolution de ce coût relativement à celle du salaire brut et des charges patronales.

Direction de la Sécurité sociale, février 2022.

1. Décrivez les évolutions observées.
2. Comment comprendre la volonté de faire baisser le coût du travail ?

→ *Corrigé p. 71*

5 La formation continue

Document 8. *La formation continue en Europe*

L'offre de formation à destination des adultes bénéficie peu aux personnes dont les besoins sont les plus importants : seulement 32 % des adultes ont suivi une formation liée à l'emploi au cours des 12 derniers mois, alors que dans les pays les plus performants (Norvège, Pays-Bas, Suède, Finlande, Danemark et Nouvelle-Zélande), la proportion dépasse 60 %. Comme dans la plupart des pays, la participation aux programmes de formation pour adultes en France est particulièrement réduite parmi les personnes à faible niveau de compétences (17 %). Elle est relativement faible également parmi les seniors (45 ans et plus, 28 %) et les salariés des microentreprises. La structure duale du marché du travail français avec l'importance des contrats courts est un frein à l'accès à la formation professionnelle pour les salariés les plus précaires. S'il apparaît que les salariés occupant les emplois les moins qualifiés expriment, aussi souvent que les autres, le souhait de se former, ils formulent cependant nettement moins de demandes de formation. Le contexte de l'entreprise et ses pratiques en matière de formation, et plus largement de gestion des ressources humaines, jouent à cet égard un rôle majeur.

Conseil national de productivité, *Rapport Productivité et compétitivité : où en est la France dans la zone euro ?*, avril 2019, www.strategie.gouv.fr.

1. Comment expliquer que les salariés aux plus faibles niveaux de compétence sont ceux qui bénéficient le moins de la formation continue ?
2. À l'aide de vos connaissances, indiquez quelles sont les conséquences de ce manque de formation sur le fonctionnement du marché du travail.

→ *Corrigé p. 71*

SUJET DU BAC

Épreuve composée

Partie 3 – Raisonnement s'appuyant sur un dossier documentaire
À l'aide de vos connaissances et du dossier documentaire, vous montrerez que différentes politiques pour l'emploi peuvent se compléter pour lutter contre le chômage.

Document 1.

À la composante keynésienne due à [une] insuffisance de la demande vient se greffer une [autre] composante […] : le chômage de masse en France se concentre avant tout sur les non-qualifiés. Pour impulser l'emploi des non-qualifiés, les gouvernements successifs mènent depuis 1993 une politique d'exonération de charges sociales sur les bas salaires. Le crédit d'impôt[1] pour la compétitivité et l'emploi (CICE) et le pacte de responsabilité s'inscrivent dans cette stratégie, qui, au total, représentera près de 50 milliards d'euros en 2017. Cette politique repose sur la thèse selon laquelle le coût du travail, déterminé par le niveau du SMIC[2] et des cotisations sociales, pèserait sur la demande de travail des non-qualifiés. Les cotisations sociales des employeurs représentent, après prise en compte du CICE et du Pacte de responsabilité, 9,5 % du salaire brut au niveau du SMIC et 43,8 % à partir de 1,6 SMIC. De ce fait, le coût du travail au niveau des bas salaires représente 35 % du coût du travail au niveau du salaire moyen, ratio ramené à celui observé aux États-Unis. Stimuler l'offre d'emploi par la baisse des charges semble désormais avoir atteint ses limites.

Il convient alors de s'attaquer à l'autre versant du problème, à savoir la faible productivité de ces citoyens. Cela passe par une réforme en profondeur du système éducatif français […], de la formation professionnelle […] et de l'apprentissage afin d'améliorer l'appariement[3] entre les besoins des entreprises et la formation des jeunes.

Éric Heyer, « Controverse – Du chômage au plein-emploi : quelles solutions en France ? »,
La Nouvelle Revue du Travail, n° 8, printemps 2016.

1. **Crédit d'impôt** : avantage fiscal accordé sous la forme d'une réduction d'impôt pouvant donner lieu à un remboursement.
2. **SMIC** : salaire minimum interprofessionnel de croissance (niveau légal de salaire minimum en France).
3. **Appariement** : ici, action de rendre compatibles l'offre de travail et la demande de travail.

Document 2. *Coûts salariaux unitaires*, ensemble de l'économie (indice base 100 en 2015)*

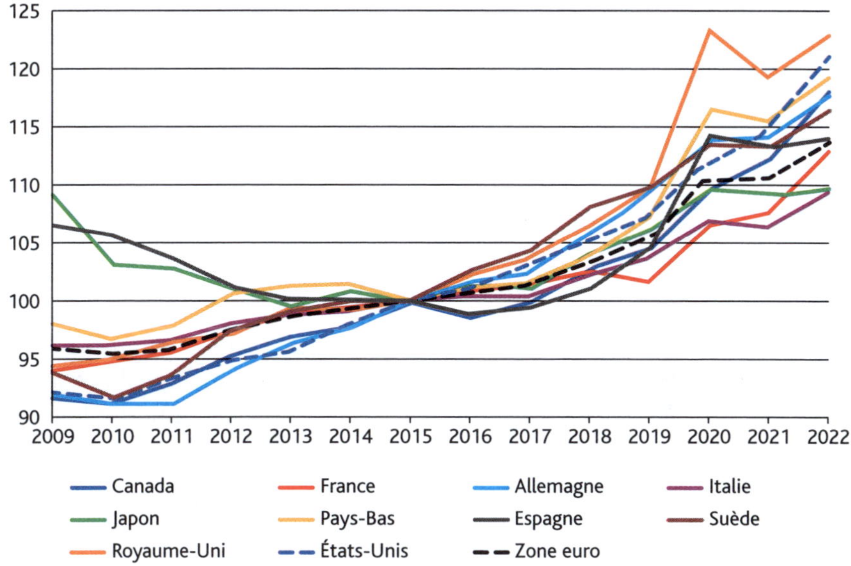

* L'indice des coûts salariaux unitaires est une mesure globale de la compétitivité. Elle correspond au coût moyen du travail par unité produite.

OCDE, 2022.

CORRIGÉS

1 → *Énoncé p. 64*

Inactivité	Situation dans laquelle un individu n'a pas d'emploi, n'en cherche pas et ne souhaite pas en avoir.
Chômage	Situation dans laquelle un individu n'a pas d'emploi et en cherche un.
Sous-emploi	Situation dans laquelle un individu a un emploi avec un temps de travail inférieur à ce qu'il souhaiterait.
En emploi (actif occupé)	Situation dans laquelle un individu a un emploi.
Chômeur découragé	Situation dans laquelle un individu n'a pas d'emploi, n'en cherche pas un mais aimerait en avoir un.

2 → *Énoncé p. 64*

Pour lutter contre le chômage, les **pouvoirs publics** vont mettre en place différentes **politiques** en fonction de la cause du chômage. Si ce dernier résulte d'une **demande globale** insuffisante, ils vont mettre en place une **politique conjoncturelle de relance** pour stimuler la production et ainsi l'embauche. Si le chômage résulte d'un **coût du travail** trop élevé, alors les pouvoirs publics vont diminuer les prélèvements obligatoires pesant sur les salaires ou abaisser le **salaire minimum**. Le chômage peut aussi résulter d'une inadéquation entre l'**offre** et la **demande** de travail. Dans ce cas, la puissance publique va devoir mettre en place une politique de **formation** pour que les chômeurs aient les caractéristiques recherchées sur le marché du travail.

3 → *Énoncé p. 65*

1. Il a augmenté de 15,6 %.
2. On ne peut le lire directement ; il faut calculer le taux de variation.

$$\frac{115{,}6 - 78{,}3}{78{,}3} = 47{,}6\ \%$$

Le salaire moyen mensuel de base a augmenté de 47,6 % entre 1998 et 2017.

3. Pas nécessairement. Cela dépend de l'évolution de la productivité du travail. Si cette dernière augmente plus vite que les salaires, alors les dépenses liées au travail peuvent même avoir baissé. Pour le savoir, il faut des données relatives à la productivité. Il faudrait aussi connaître l'évolution des cotisations sociales patronales qui s'ajoutent au salaire brut.

4 → *Énoncé p. 66*

1. Le coût réel du travail au niveau du Smic a progressé de 6 % quand le Smic brut a crû de 41 % entre 1991 et 2022. La faible progression du coût du travail malgré la forte hausse du Smic s'explique par la forte baisse des cotisations employeur (– 77 % depuis 1991) sous l'effet des allègements successifs appliqués depuis 1993.

2. La volonté de baisser le coût du travail s'explique par la volonté de favoriser l'emploi et la compétitivité des entreprises. Un coût du travail trop élevé peut conduire à une substitution des travailleurs par des machines et peut menacer la survie des entreprises si cela dégrade trop leur compétitivité-prix.

5 → *Énoncé p. 67*

1. Ils sont souvent en contrats courts, on leur propose moins de formations qu'aux autres et ils en font moins la demande.

2. Ces salariés ne peuvent prétendre à des salaires élevés car ils n'ont pas les compétences recherchées sur le marché du travail. C'est un facteur de chômage.

SUJET DU BAC

Introduction

Le chômage désigne une situation dans laquelle un individu n'a pas d'emploi mais en cherche un. En ces temps de chômage de masse, la lutte contre le chômage est l'une des priorités de nos gouvernements. Plusieurs leviers peuvent être actionnés dans ce cadre.

Développement

• Idée n° 1 : le soutien à la demande.

Les autorités peuvent, tout d'abord, chercher à soutenir la demande afin de relancer la croissance. En effet, le chômage résulte pour partie d'une insuffisance des débouchés et la puissance publique peut mener une politique conjoncturelle de demande dans une optique keynésienne comme cela est évoqué en début du document 1. En augmentant les dépenses publiques et en réduisant les prélèvements obligatoires, la demande globale augmente, ce qui pousse les entreprises à augmenter leur production et à embaucher.

• **Idée n° 2 : la réduction du coût du travail.**

La puissance publique peut chercher à réduire le coût du travail. Un coût du travail relativement important est source de chômage car les entreprises substituent du capital au travail. Cela nuit aussi à leur compétitivité et donc à leur activité et ainsi aux embauches qu'elles effectuent. Nous pouvons voir dans le document 1 que la France a voté des mesures d'allègement du coût du travail pour stimuler l'embauche. Le document 2 nous montre que les coûts salariaux unitaires ont tendance à augmenter dans de nombreux pays et des mesures permettant d'augmenter la productivité du travail permettraient aussi de réduire les coûts pour les entreprises et pourraient favoriser l'emploi.

• **Idée n° 3 : l'amélioration de l'appariement entre l'offre et la demande de travail.**

Le chômage résulte pour partie d'une inadéquation entre les caractéristiques de l'offre et de la demande de travail. Il faut favoriser les politiques de formation de la main-d'œuvre, la bonne diffusion de l'information sur les postes disponibles et la mobilité des chômeurs. Nous pouvons ainsi voir dans le document 1 qu'il est nécessaire de revoir notre système de formation pour que les travailleurs aient les compétences recherchées par les entreprises.

Conclusion

Les causes du chômage sont multiples et pour lutter contre ce dernier, il faut jouer simultanément sur plusieurs instruments : soutien à la demande, allègement du coût du travail, politiques pour améliorer la formation des chômeurs.

CHAPITRE 4

Les crises financières et la régulation du système financier

1 Le cycle du crédit

A L'expansion du crédit

- En période d'optimisme économique, les agents économiques tendent à prendre de plus en plus de risques et à s'endetter davantage. Les banques prêtent plus facilement et le **crédit augmente**. Cet endettement soutient la consommation, l'investissement mais aussi la demande de titres sur les marchés financiers. Les acteurs étant en effet **confiants dans la conjoncture à venir**, ils parient sur des évolutions positives du cours des titres et espèrent ainsi réaliser des gains en lien avec leurs placements.
- **Une phase d'expansion** s'ouvre alors, ce qui renforce l'**optimisme général**. La croissance est soutenue par l'endettement qui soutient la demande. Un phénomène cumulatif se met en place car les prévisions optimistes des acteurs ont un caractère **autoréalisateur**. C'est particulièrement le cas sur les marchés financiers. Si de nombreux acteurs anticipent la hausse du cours d'une action et l'achètent en masse, l'augmentation de la demande va conduire à une augmentation du prix de l'action. Le fait que leurs prévisions s'avèrent vérifiées les conforte dans leur optimisme et les incite à effectuer de nouveaux achats. Les acteurs imitent les stratégies gagnantes des autres, ce qui renforce le mécanisme autoréalisateur et crée des phases de **confiance excessive** durant lesquelles les prix des actifs financiers augmentent fortement par rapport à leur **valeur fondamentale.**

> **Mot-clé**
>
> **Valeur fondamentale :** valeur qu'un actif devrait avoir si son prix dépendait de paramètres relatifs à l'économie réelle.

Document 1. *La phase d'expansion*

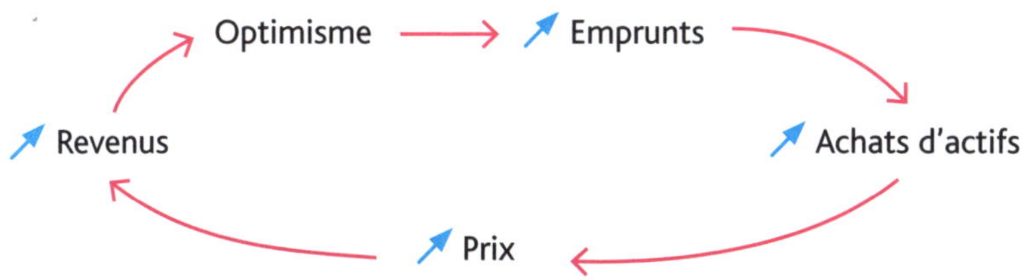

- Quand on considère les périodes antérieures à la crise de 1929 ou à la crise des ***subprimes*** (2007), on remarque à chaque fois qu'elles étaient caractérisées par une forte expansion du crédit. La dette des ménages américains est ainsi passée de 96,2 % de leur revenu disponible net en 1996 à 143,6 % en 2007.

> **Mot-clé**
> ***Subprimes*** : prêts hypothécaires accordés à des agents économiques peu solvables.

B La formation des bulles spéculatives

- **Un climat euphorique** s'installe et les pratiques spéculatives se développent. La **spéculation*** désigne l'action d'achat ou de vente d'un actif (réel, financier ou monétaire) dans le but de réaliser un gain lié aux variations des prix de l'actif et non à son usage. Un acteur peut ainsi acheter une tonne de blé pour ensuite produire des biscuits ou, dans un but spéculatif, dans le seul but de revendre cette même tonne plus chère car il anticipe une hausse du cours.
- Les acteurs anticipant des hausses des cours sur les marchés financiers, les **pratiques spéculatives se développent** et les acteurs s'endettent pour pouvoir acheter des actifs sur les marchés financiers. Des prêts sont accordés dans des proportions de plus en plus importantes et, notamment, à des agents de moins en moins solvables qui ont des projets de plus en plus risqués.
- **Des bulles spéculatives*** se forment. Elles sont dues à des phénomènes d'engouement collectif pour certains actifs qui conduisent à une augmentation très rapide de leurs prix. Le caractère autoréalisateur des anticipations optimistes conduit à ce que les pratiques spéculatives poussent les prix à la hausse et ces derniers tendent à augmenter très rapidement. Tant que les prévisions restent optimistes, la phase d'expansion perdure et les acteurs tirent des gains importants de leurs placements sur les marchés financiers.
- Dans les années 1920 comme dans les années 2000, on a pu observer aux États-Unis de fortes augmentations des prix sur le marché de l'immobilier. Les pratiques spéculatives y étaient très importantes et on a mis en évidence l'existence de bulles spéculatives. Sur les marchés financiers, on a aussi observé un boom (hausse des prix et des ventes) renforçant l'optimisme des acteurs.

Document 2. *La bulle immobilière aux États-Unis*

Indices nationaux des prix immobiliers américains S&P/Case-Schiller 1987-2012 (sources : Standard & Poor's et Moody's)

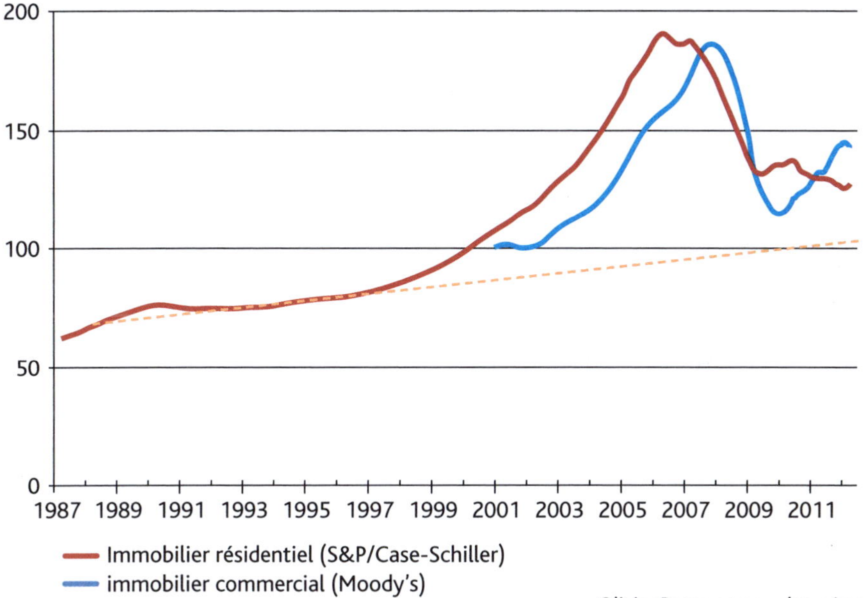

Olivier Berruyer, www.les-crises.fr.

C La crise financière

- Au bout d'un certain temps cependant, le **niveau d'endettement des agents devient trop élevé** et le risque de crédit est trop fort. Les banques diminuent alors leurs crédits, certains agents cherchent à se désendetter, d'autres font défaut et ne remboursent pas leur dette et le **climat des affaires devient pessimiste** : on entre dans une période de récession. Les crises financières sont essentiellement liées à l'**éclatement des bulles spéculatives.** Les opérateurs sur les marchés financiers prennent conscience de la surévaluation du prix des actifs et du niveau trop élevé de risque qui a été pris et décident de revendre leurs titres avant que le cours ne baisse. Au début, peu d'acteurs le font mais, comme cela conduit à limiter la demande de titres, et donc la hausse du prix des actifs, très vite tout le monde tient le même raisonnement et vend en même temps. Le cours s'effondre soudainement : c'est un **krach boursier**.

> **Mot-clé**
> **Risque de crédit :** risque qu'un agent économique ne rembourse pas son crédit.

- Une crise financière résulte généralement de la combinaison d'une **crise boursière** et d'une **crise bancaire**. En effet, si l'effondrement touche en premier lieu les marchés financiers, il affecte vite la situation des banques qui avaient prêté aux acteurs pour effectuer leurs placements et qui avaient elles-mêmes placé une partie de leur épargne sur les marchés. Des banques font ainsi faillite.
- La crise bancaire peut conduire à des phénomènes de **panique bancaire**. Les acteurs craignant que les banques fassent faillite, ils souhaitent retirer leurs avoirs déposés auprès des banques. Ces dernières sont fragilisées par ces retraits auxquelles elles ne peuvent faire face sans l'aide de la banque centrale. Il y a ainsi un **risque de faillites en chaîne des banques** sans l'intervention des pouvoirs publics.
- En 1926, une crise immobilière éclate. En 2006-2007, on observe aussi un ralentissement du marché immobilier aux États-Unis et la multiplication des non remboursements des crédits. Ces événements ébranlent la confiance des acteurs et déclenchent à l'automne 1929 et à l'été 2007 des dérèglements sur les marchés financiers.

Document 3. *L'évolution de l'indice Dow Jones Industrial Average*

L'indice *Dow Jones Industrial Average* indique l'évolution moyenne des cours boursiers de la bourse de New York aux États-Unis.

2 La contagion à l'économie réelle

A La contraction du crédit

- La crise financière se propage ensuite dans la sphère réelle. Les pertes des agents économiques sur les marchés financiers et la fragilisation de la situation des banques se transmettent ensuite rapidement à l'activité économique car les crédits octroyés aux agents (ménages, entreprises) diminuent, ce qui **affaiblit la demande**.

> **Mot-clé**
> Sphère réelle : sphère de la production.

- Hyman Minsky parle de l'existence d'un **cycle du crédit** pour qualifier les mouvements d'augmentation puis de contraction du crédit. Pour les mêmes raisons que l'augmentation du crédit stimule la croissance, la diminution des crédits accordés entraîne un ralentissement économique.
- À l'automne 1930 et en 2008, on observe là encore le même scénario pour les deux crises citées précédemment : la crise financière s'accompagne d'une crise bancaire qui conduit à une forte contraction des crédits.

Document 4. *La dette des ménages américains (en % du revenu disponible net)*

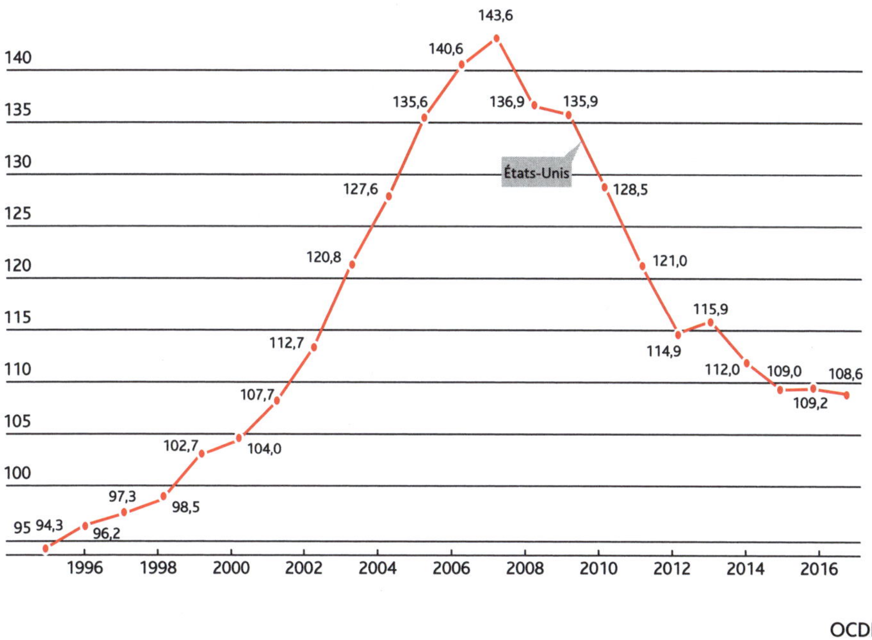

OCDE.

B La déflation par la dette

- Les entreprises et les ménages étant en difficultés, ils **vendent leurs actifs** pour pouvoir rembourser leurs crédits. Ces ventes sont forcées par la nécessité d'obtenir un revenu suffisant pour faire face aux échéances liées aux crédits précédemment contractés. Les acteurs avaient misé sur des gains issus de leur placement pour rembourser et, essuyant en réalité des pertes, ils se trouvent en grave difficulté financière. Ces ventes conduisent à une baisse des prix et augmentent le poids réel de leur dette. Relativement à la valeur des autres actifs, la valeur de l'endettement augmente.

  Ex. : En mars 1933, la vente des actifs avait réduit les dettes d'à peu près 20 %, mais la dette réelle, c'est-à-dire la dette mesurée en marchandises, avait augmenté d'à peu près 40 %.

- En effet, les sommes que les personnes doivent rembourser ne changent pas mais la valeur de ce qu'elles possèdent diminue. On parle de l'existence d'un **effet de richesse négatif** pour qualifier cette dégradation du patrimoine des acteurs. Les revenus baissent aussi car les prix de vente des biens et services diminuent.

- Ainsi, plus les acteurs veulent se désendetter en vendant des actifs, plus les prix baissent et plus la situation économique s'aggrave, générant une **spirale déflationniste**. Irving Fisher qualifie ce mécanisme de « **déflation par la dette** ».

- Les actifs que les acteurs avaient pu utiliser en garantie à l'occasion d'opérations de crédit (les collatéraux) voient leur valeur s'effondrer et le risque pris par les prêteurs s'accroît. Cette baisse complique aussi l'obtention de nouveaux crédits car les acteurs n'ont plus d'actifs suffisamment sûrs à offrir en garantie.

> **Mot-clé**
> **Collatéral :** garantie servant à couvrir le risque de crédit.

- Ces évolutions conduisent à un ralentissement de la croissance, voire dans les cas les plus graves, à une **baisse du PIB** et à une **montée du chômage**.

- Entre 1930 et mars 1933, on a ainsi pu observer que le fardeau de la dette réelle a augmenté de 40 % du fait de la chute des prix et des revenus.

3 La régulation du système financier

A Les règles prudentielles

- Les **règles prudentielles** sont des règles mises en place pour limiter les risques que les acteurs peuvent prendre. Elles concernent principalement le secteur bancaire. Elles visent à **limiter l'aléa moral*.** En effet, les banques, se sachant protégées par la banque centrale en cas de crise, ont tendance à **prendre des risques trop importants**. Cela est particulièrement vrai pour les grandes banques dont la faillite aurait des conséquences économiques trop graves pour que les pouvoirs publics la laissent se produire.
- Le comportement de ces dernières est alors supervisé par la banque centrale et un **ratio de solvabilité*** a été mis en place. Il s'agit de demander aux banques de disposer d'un certain pourcentage de réserve en fonction des risques pris. Ce ratio, dont la formule a évolué, a été établi par les accords de Bâle. Les derniers accords de Bâle datent de 2010.

B L'encadrement des marchés financiers

- D'autres mesures sont proposées pour améliorer le fonctionnement des marchés financiers et limiter la contagion des crises financières à l'économie réelle. Il peut s'agir, par exemple, de mieux diffuser l'information afin d'augmenter la **transparence** sur les marchés pour que les acteurs aient plus conscience des risques pris sur les marchés ou de mieux **cloisonner les marchés financiers** et le secteur bancaire.
- Des réflexions importantes ont ainsi actuellement cours pour déterminer les mesures à prendre pour que les marchés financiers se remettent au service de l'économie réelle et que le développement de plus en plus marqué des pratiques spéculatives ne fragilise plus nos économies.

Calculer, lire et interpréter une moyenne

LA MOYENNE ARITHMÉTIQUE SIMPLE

• La moyenne simple est calculée en sommant les différentes valeurs prises par une variable et en divisant cette somme par le nombre de valeurs que la variable a prises.

• Supposons que la variable prenne n valeurs. La moyenne simple est alors égale à :

$$\text{Moyenne} = \frac{\text{valeur 1} + \text{valeur 2} + \text{valeur 3} + \ldots + \text{valeur n}}{\text{n}}$$

Application

• Supposons qu'une personne possède 4 titres financiers.
Titre 1 = 10 000 euros.
Titre 2 = 500 euros.
Titre 3 = 8 000 euros.
Titre 4 = 5 000 euros.

• La valeur moyenne d'un titre est de

$$\frac{10\,000 + 500 + 8\,000 + 5\,000}{4} = 5\,875 \text{ euros.}$$

LA MOYENNE PONDÉRÉE

• La moyenne pondérée est calculée en sommant les différentes valeurs prises par une variable, en les pondérant par un coefficient et en divisant le tout par la somme des coefficients.

• Supposons que la variable prenne n valeurs. La moyenne pondérée est alors égale à :

$$\text{Moyenne} = \frac{\text{coef. 1} \times \text{valeur 1} + \text{coef. 2} \times \text{valeur 2} + \ldots + \text{coef. n} \times \text{valeur n}}{\text{somme des coefficients}}$$

Application

• Supposons qu'une personne possède 2 maisons d'une valeur de 300 000 euros chacune, un appartement de 50 000 euros et 4 garages de 20 000 euros chacun. Quelle est la valeur moyenne d'un bien ?

• La valeur moyenne d'un bien est de

$$\frac{2 \times 300\,000 + 50\,000 + 4 \times 20\,000}{7} = 104\,286 \text{ euros environ.}$$

EXERCICES

Vérifier ses connaissances

1 La déflation par la dette

Complétez les cases du schéma ci-dessous en utilisant les termes suivants : *baisse de la production, baisse des investissements et de la consommation, baisse des revenus, baisse du prix des actifs, difficultés d'accès au crédit, difficultés financières, effet de richesse négatif, hausse du chômage, ventes d'actifs.*

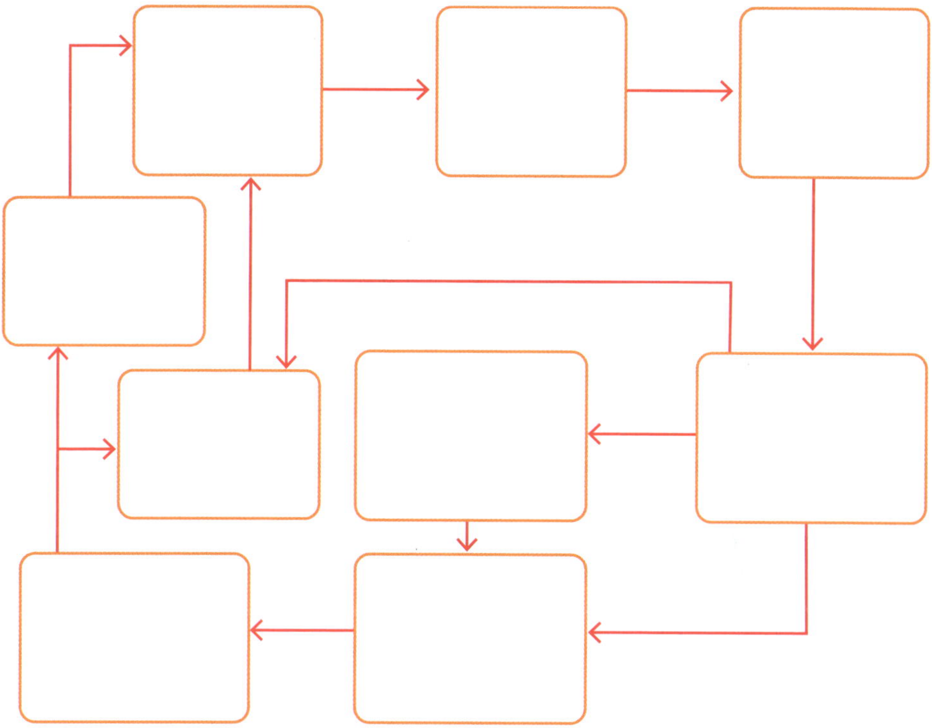

➔ *Corrigé p. 85*

2 Le cycle du crédit

1. « La dette, le boom, la crise » est une expression souvent utilisée pour résumer les étapes d'une crise. Expliquez pourquoi.
2. Qu'entend-on par l'expression « cycle du crédit » ?
3. Expliquez comment une crise financière devient une crise économique.

➔ *Corrigé p. 85*

S'entraîner

3 Le ralentissement du marché immobilier en 2008

Document 5. *Quand les prix baissaient sur fond de crise financière*

Il faut remonter il y a plus de dix ans en arrière pour observer une baisse des prix des logements dans l'ancien. En 2008, sous le coup de la crise financière, le secteur de l'immobilier résidentiel connaît en France un net coup de frein.
Sur le marché de l'ancien, le nombre de transactions s'écroule de 15 %. Même modérée, la baisse des prix, de 3,1 % sur l'année selon les chiffres de la Fédération nationale des agents immobiliers (Fnaim), s'avère la première en une décennie. Le réseau Century 21 fait alors état d'une diminution de 1,63 % sur l'ensemble de la France et de 0,78 % en Île-de-France. [...]

Côté logements neufs, les ventes dégringolent de 38 % d'une année sur l'autre, avec 79 400 unités vendues en 2008, d'après la Fédération des promoteurs constructeurs (FPC). « Immobilier : après la surchauffe, l'effondrement », titre *Les Échos* à l'époque. L'année suivante, le mouvement à la baisse se poursuit sur le marché de l'immobilier ancien, à – 4,9 % selon la Fnaim. [...]
Cette crise a amplifié le décalage entre le niveau des prix des logements et les possibilités financières des particuliers. Les banques ont durci leurs conditions de crédit : en un an, le nombre de crédits immobiliers accordés aux ménages a ainsi chuté de 21 %.

Elsa Dicharry, « Quand les prix baissaient sur fond de crise financière », *Les Échos*, 2 janvier 2020.

1. Expliquez comment l'éclatement de la crise financière a entraîné un cercle vicieux sur le marché de l'immobilier en France.
2. Comment comprenez-vous la phrase soulignée ?
3. En quoi une politique monétaire accommodante peut-elle avoir pour effet une remontée des prix sur le marché de l'immobilier ?

→ *Corrigé p. 86*

4 Calculer une moyenne

Marie possède une maison d'une valeur de 100 000 euros, 10 actions valant 30 euros chacune et deux garages valant 25 000 euros chacun.

Quelle est la valeur moyenne des actifs qu'elle détient dans son patrimoine ?

→ *Corrigé p. 86*

5 L'évolution des indices boursiers

Document 6. *L'évolution de l'indice du CAC* 40 depuis sa création*

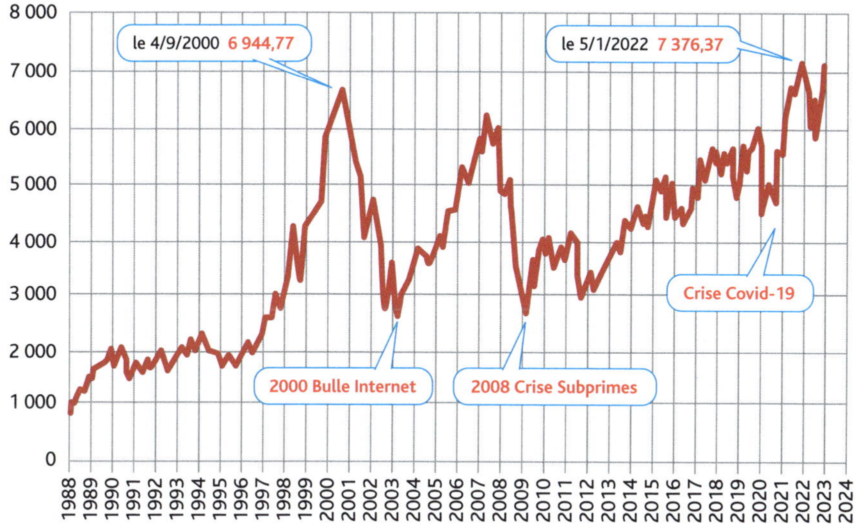

*Le CAC 40 est le principal indice boursier de la Bourse de Paris. C'est un indice qui reflète la performance des 40 actions les plus importantes et les plus activement négociées cotées sur le marché Euronext Paris.

france-inflation.com.

1. Analysez les données présentes dans ce document.
2. Que peut-on craindre pour la période à venir ?

→ Corrigé p. 86

SUJET DU BAC

Épreuve composée – Parties 1 et 2

Partie 1 – Mobilisation des connaissances

Comment peut-on expliquer la formation et l'éclatement d'une bulle spéculative ?

Partie 2 – Étude d'un document

Document. *Évolution du taux de croissance du PIB en volume de 2003 à 2018 (en %, base 100 en 2014)*

Insee, comptes nationaux.

1. À quoi renvoie le PIB en volume ? Pourquoi mesure-t-on la croissance avec le PIB en volume et non le PIB en valeur ?
2. Analysez l'évolution de la croissance entre 2003 et 2018.

CORRIGÉS

1 → Énoncé p. 81

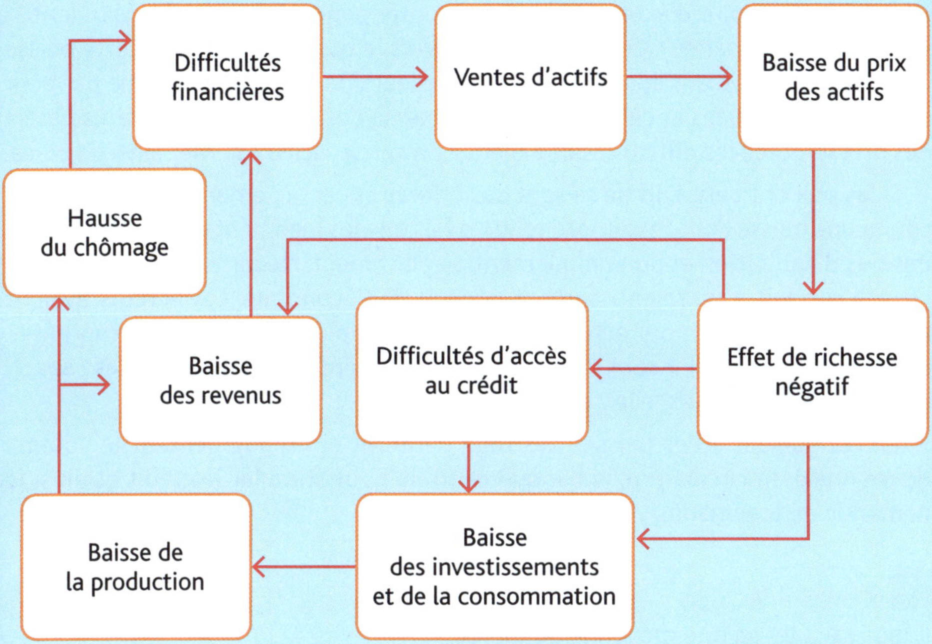

2 → Énoncé p. 81

1. À l'origine d'une crise financière, il y a un endettement excessif des ménages et des entreprises. Les achats d'actifs tirent les prix et la croissance vers le haut (le boom) jusqu'à ce que le niveau de risque pris soit trop élevé et conduise à une crise.

2. Cela signifie que le volume des crédits accordés varie selon les périodes et que ces variations ont des répercussions sur la croissance, elles entraînent de l'instabilité.

3. Lorsque les acteurs essuient des pertes sur les marchés financiers, cela conduit à des baisses de revenus et des licenciements, ce qui fragilise la demande. Des banques et d'autres institutions financières étant en difficulté, il va y avoir une contraction du crédit qui génère, elle aussi, une baisse de la demande. Cette baisse de la demande va entraîner une baisse de la production et ainsi du chômage.

3 → *Énoncé p. 82*

1. Les difficultés financières des agents les ont conduits à vendre des biens immobiliers pour récupérer des fonds (augmentation de l'offre) et, du fait de la contraction du crédit, moins d'acteurs ont pu emprunter pour acheter des biens (ralentissement de la demande). Cela a tiré les prix vers le bas sur le marché. Cette baisse des prix décourage des épargnants de placer leur épargne sur ce marché par peur de réaliser des pertes et cela contribue à la baisse des prix sur le marché. La baisse des prix renforce les difficultés des agents, un cercle vicieux se met ainsi en place.

2. Si les prix ont baissé, ils ne se sont pas effondrés car la demande de logement a connu une baisse limitée, compte tenu du fait que les logements sont demandés à des fins d'habitation et non uniquement de placement. Néanmoins, la crise financière a conduit à un ralentissement général de l'économie. Les acteurs avaient ainsi moins de fonds pour acheter un logement et plus de difficulté à emprunter. Les prix de l'immobilier sont restés ainsi relativement élevés alors que les capacités d'achat des acteurs, elles, ont beaucoup baissé.

3. En conduisant à des baisses des taux d'intérêt et en augmentant le volume de monnaie en circulation, la banque centrale peut stimuler le crédit et ainsi la demande de logements.

4 → *Énoncé p. 82*

Il faut calculer ici une moyenne pondérée.

$$\text{Valeur moyenne} = \frac{100\,000 + 10 \times 30 + 2 \times 25\,000}{1 + 10 + 2} = 11\,562 \text{ euros environ.}$$

5 → *Énoncé p. 83*

1. Les indices connaissent de fortes variations. Quand on observe une forte augmentation, il s'en suit, à chaque fois, une forte baisse. Cela illustre le développement et l'éclatement de bulles spéculatives sur les marchés financiers.

2. On peut craindre une nouvelle crise financière. Nous pouvons voir que l'indice du CAC 40 atteint un niveau record ce qui peut être le signe de l'existence d'une bulle spéculative qui risque d'éclater sous peu.

SUJET DU BAC

Partie 1

Une bulle spéculative désigne une augmentation cumulative et de plus en plus rapide du prix d'un actif. Elle se forme dans un contexte d'optimisme. Les acteurs anticipent une évolution favorable des cours et achètent des actifs pour profiter de cette hausse. Les pratiques spéculatives se développent et les acteurs s'endettent pour pouvoir acheter des actifs sur les marchés financiers. Des prêts sont accordés dans des proportions de plus en plus importantes et, notamment, à des agents de moins en moins solvables qui ont des projets de plus en plus risqués. Des bulles spéculatives se forment sur certains marchés du fait de phénomènes d'engouement collectif pour certains actifs qui conduisent à une augmentation très rapide de leurs prix. Le caractère autoréalisateur des anticipations optimistes conduit à ce que les pratiques spéculatives poussent les prix à la hausse et ces derniers tendent à augmenter très rapidement. Tant que les prévisions restent optimistes, la phase d'expansion perdure et les acteurs tirent des gains importants de leurs placements sur les marchés financiers. Au bout d'un certain temps cependant, le niveau d'endettement des agents devient trop élevé et le risque de crédit est trop fort. Les banques diminuent alors leurs crédits, certains agents cherchent à se désendetter, d'autres font défaut et ne remboursent pas leur dette et le climat des affaires devient pessimiste : on entre dans une période de récession. Les opérateurs sur les marchés financiers prennent conscience de la surévaluation du prix des actifs et du niveau trop élevé de risque qui a été pris et décident de revendre leurs titres avant que le cours baisse. De nombreux acteurs ayant le même reflexe, le cours s'effondre soudainement, la bulle éclate.

Partie 2

1. L'évolution du PIB en volume permet de mettre en évidence l'évolution des quantités produites. Le PIB en volume est obtenu à partir du PIB en valeur après un calcul permettant de raisonner à prix constants. Quand le PIB en valeur augmente, cela peut découler d'une augmentation du volume de production mais cela peut aussi être simplement la conséquence de l'inflation. En mesurant la croissance à partir des variations du PIB en volume, on est sûr qu'elle traduit les variations du volume de production.

2. Nous pouvons observer une forte instabilité de la croissance. Le rythme de la croissance diminue fortement en 2007 et nous assistons même en 2008 à une baisse de la production (croissance négative). L'activité repart ensuite la hausse mais en 2012 il y a un nouveau ralentissement économique. Il s'en suit une stabilisation de la croissance à un niveau relativement faible (autour de 1 % de croissance). La crise de 2008 est liée à l'effondrement de la bulle spéculative liée aux crédits *subprimes*. La crise financière s'est ensuite propagée à l'économie réelle. Les pertes des agents économiques sur les marchés financiers et la fragilisation de la situation des banques se sont transmises ensuite rapidement à l'activité économique car les crédits octroyés aux agents (ménages, entreprises) diminuent, ce qui affaiblit la demande.

CHAPITRE 5 Les politiques économiques dans le cadre européen

1 L'intégration européenne

A L'union économique et monétaire (UEM)

> **Mot-clé**
>
> **Intégration économique :** processus qui conduit à ce que des espaces économiques initialement différents forment progressivement un espace économique unique. L'intégration résulte, à la fois, de mécanismes de marché et de décisions politiques.

- L'**intégration économique** internationale connaît plusieurs étapes selon l'économiste Béla Balassa :
  – **la zone de libre-échange** : un espace économique au sein duquel les droits de douane sont supprimés entre les États membres. Chaque pays conserve ses propres tarifs douaniers à l'égard des pays qui ne font pas partie de la zone de libre-échange ;
  – **l'union douanière** : une zone de libre-échange avec la définition d'une politique commerciale commune et d'un tarif extérieur commun. L'achèvement de l'union douanière suppose également le démantèlement des barrières non tarifaires ;
  – **le marché commun** : une union douanière avec la liberté de circulation des travailleurs et des capitaux. On parle aussi de **marché unique*** ;
  – **l'union économique** : un marché commun au sein duquel existent des politiques économiques communes (politique d'aménagement du territoire, politique industrielle, politique budgétaire, etc.). Les pays tentent d'harmoniser les règles de la concurrence et de réduire les obstacles aux échanges à l'intérieur du marché commun (reconnaissance mutuelle des diplômes, etc.) ;
  – **l'union économique et monétaire (UEM)** : une union économique au sein de laquelle existe également une **monnaie unique**.

> **Mot-clé**
>
> **Monnaie unique :** monnaie qui remplace les monnaies jusque-là propres à chaque pays dans un espace économique donné.

- **L'intégration européenne** a commencé en 1951 avec la Communauté européenne du charbon et de l'acier (CECA). Le traité de Rome (1957) a institué une **union douanière** (atteinte en 1968) sans passer par l'étape de zone de libre-échange. La première politique européenne d'envergure, la PAC (Politique agricole commune), a été mise en place en 1962. Ce n'est qu'à partir de 1993, avec l'entrée en vigueur du traité de Maastricht, qu'on observe un véritable **marché commun** avec la libre circulation des biens, des personnes, des services et des capitaux. C'est aussi dans ce traité qu'il est prévu de créer une monnaie unique au 1er janvier 1999, sous l'égide d'une Banque centrale européenne. La zone euro regroupe les pays de l'Union européenne (UE) ayant adopté l'**euro** et forme une **UEM**. Elle compte aujourd'hui 19 membres.

> **Mot-clé**
> **Euro :** monnaie unique de la zone euro. Créée par le traité de Maastricht (1992), elle n'est réellement entrée en vigueur qu'en 2002 (mais son lancement officiel date de 1999).

Document 1. *Les étapes de la construction européenne*

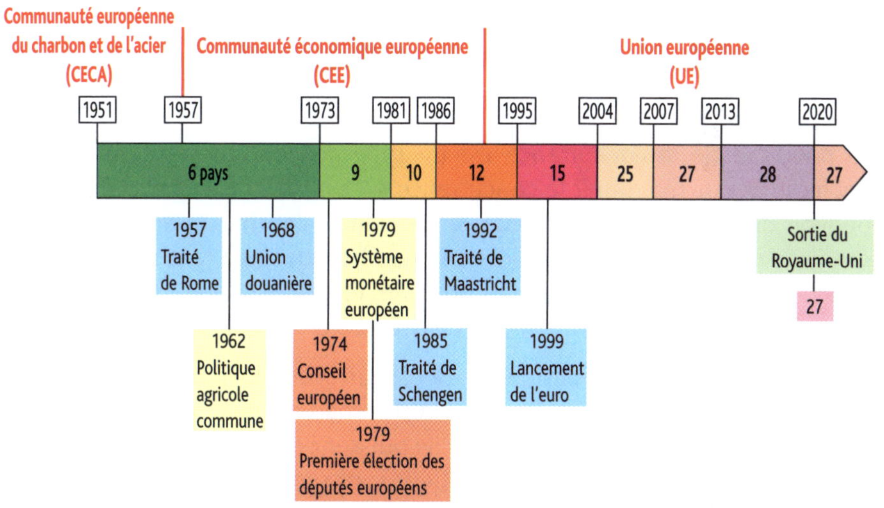

B Les avantages de l'UEM

- En permettant une intégration économique plus poussée, les promoteurs de l'UEM avaient pour but une **meilleure utilisation des facteurs de production** entre les territoires, davantage de concurrence entre les entreprises et l'apparition d'économies d'échelles grâce à **l'augmentation de la taille des marchés.** L'UEM entendait favoriser la croissance économique. On retrouve les arguments en faveur du libre-échange pour défendre la mise en place d'un marché unique.

- L'instauration d'une monnaie unique avait, elle, pour but de **limiter les incertitudes liées aux fluctuations des cours de change** (pour les entreprises notamment) et de faire baisser les **coûts de transaction** (plus de commission de change

> **Mot-clé**
> **Coûts de transaction :** coûts de recours au marché.

notamment). La monnaie unique favorise un développement des échanges à l'intérieur de l'Union, garantit une plus grande transparence en termes de prix et de coûts, ce qui **améliore les conditions de la concurrence** sur le marché unique. Elle a aussi pour but de **stimuler les investissements** là où ils sont le plus profitables en accroissant la mobilité du capital, ce qui favorise la **convergence des taux d'intérêt** au sein de la zone euro.

2 La politique européenne de la concurrence

A Les objectifs

- La politique de la concurrence est un type de politique structurelle dont l'objectif est de maintenir la concurrence sur un marché. Elle vise à limiter le pouvoir de marché des entreprises en veillant à l'atomicité du marché (présence de nombreux offreurs et demandeurs) ou en s'assurant que la pression concurrentielle soit forte sur les marchés oligopolistiques ou monopolistiques (suppression des barrières à l'entrée ou à la sortie de ces marchés).
- De manière générale, la politique de la concurrence vise à limiter les barrières à l'entrée des marchés et à favoriser la transparence de l'information à destination des consommateurs afin qu'ils puissent comparer, de façon précise, la qualité des différents produits qui leur sont proposés à la vente.
- Soumises à une concurrence accrue, les entreprises sont poussées à innover et à être efficaces pour rester compétitives. La politique de la concurrence génère donc à long terme des gains de productivité et est ainsi favorable à la croissance et à l'emploi. Elle permet une baisse des prix et contribue à l'augmentation du pouvoir d'achat des consommateurs.

B Les modalités

- La politique de la concurrence lutte contre la constitution de **cartels**, qui désignent une entente entre plusieurs firmes rivales afin de limiter la concurrence et de maintenir des prix élevés.

Mot-clé

Cartel (ou entente) : partage de marché, fixation de quotas de production ou accord sur les prix entre plusieurs entreprises.

Ex. : En 2017 et après 14 ans d'enquête, la Commission européenne a infligé une amende de 880 millions d'euros au suédois Scania pour sa participation à une entente avec cinq autres constructeurs européens de camions.

- Les **relations entre une entreprise et ses fournisseurs ou ses distributeurs** sont également encadrées par la politique de la concurrence. Ainsi, une entreprise ne peut imposer à ses distributeurs un prix de revente aux consommateurs (mais peut seulement faire des recommandations). À l'inverse, la loi protège les fournisseurs qui se verraient imposer par une entreprise très puissante des prix d'achat trop bas.

- **Les fusions entre entreprises sont aussi contrôlées.** Toutes les entreprises dont le chiffre d'affaires est supérieur à un certain montant et qui voudraient fusionner avec une autre entreprise doivent demander l'autorisation des autorités de la concurrence. Une **concentration** est interdite si elle crée ou renforce une position dominante susceptible de conduire à des abus.

> **Mot-clé**
>
> **Concentration :** fusion de plusieurs entreprises donnant naissance à une nouvelle société ou acquisition d'une entreprise par une autre.

Ex. : En février 2019, la commission européenne a refusé le projet d'acquisition du français Alstom par l'allemand Siemens dans le secteur ferroviaire.

- Les entreprises en situation de monopole ou de quasi-monopole peuvent, dans certains cas, profiter de leur position pour imposer des prix élevés et mettre en œuvre des stratégies d'élimination de tout concurrent potentiel. Les autorités de la concurrence interdisent les **abus de position dominante** et peuvent aller jusqu'à imposer un démantèlement de l'entreprise.

- Elles contrôlent également les aides accordées par les États membres aux entreprises. Selon les traités européens, une **aide d'État** est incompatible avec le marché commun car elle menace de fausser la concurrence en favorisant certaines entreprises. Elle est cependant autorisée dans certains cas.

> **Mots-clés**
>
> - **Abus de position dominante :** domination d'un marché par une entreprise qui utilise cette situation favorable pour imposer des conditions de vente déloyales.
> - **Aide d'État :** subvention publique accordée à une entreprise.

Document 2. *Les modalités de la politique de la concurrence*

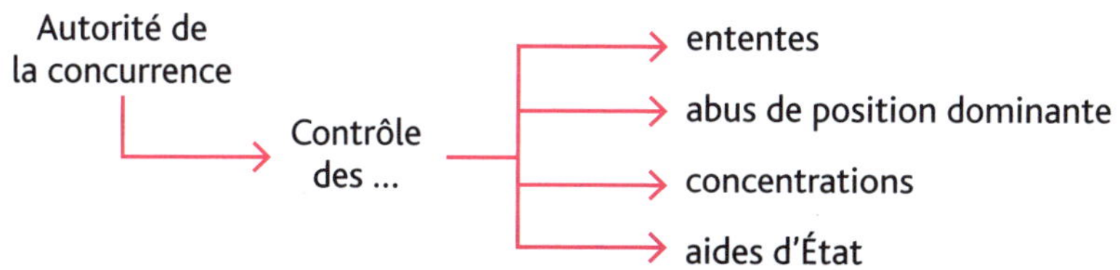

C Une politique satisfaisante ?

- La politique de la concurrence est critiquée pour sa vision trop restreinte du marché sur lequel elle évalue le degré de concurrence, ce qui l'amène à refuser des fusions alors même qu'au niveau mondial le secteur est concurrentiel. Cela freinerait l'émergence de grosses entreprises européennes capables de concurrencer les leaders mondiaux.
- On reproche également à l'Union européenne d'avoir une vision trop restrictive de la concurrence en se focalisant trop sur la question de la concentration. Certains mettent en avant qu'un marché peut être concurrentiel alors même qu'il y a une situation de monopole du moment que le marché est **contestable**. L'essence même de la concurrence est que la meilleure entreprise remporte le marché et empêcher cette concentration revient dans cette optique à nier le principe même de la concurrence.
- Le contrôle des aides de l'État est aussi critiqué. En effet, en empêchant les aides aux entreprises en difficultés, ces dernières ne peuvent se moderniser pour développer un nouvel avantage comparatif faute de financement, et sont condamnées à la faillite. La politique de la concurrence empêche ainsi les États de mener des **politiques industrielles**.

> **Mot-clé**
> **Marché contestable :** marché ouvert à l'arrivée de nouveaux concurrents.

> **Mot-clé**
> **Politique industrielle :** ensemble des mesures qui visent à accroître la compétitivité de l'économie nationale en orientant la spécialisation productive.

3 Les politiques conjoncturelles

A Une visée contracyclique

- La **politique budgétaire*** consiste à utiliser le budget de l'État pour réguler l'activité économique. En faisant varier ses dépenses et ses recettes, l'État agit sur la **demande globale***. Cette régulation est en partie automatique :
  – quand la croissance est faible, les dépenses augmentent (*ex. :* indemnisation du chômage) et les recettes fiscales diminuent, le budget de l'État est alors en déficit ;
  – quand la croissance est forte, les dépenses baissent et les recettes augmentent ; le budget devient excédentaire.
  Le budget de l'État stabilise alors spontanément l'activité économique : les économistes appellent ce mécanisme les **stabilisateurs automatiques***.

- L'État peut aussi **décider d'accroître son déficit** pour relancer l'économie et lutter contre le chômage. À l'inverse, il peut décider de réduire le déficit public afin de lutter contre l'inflation. Dans la zone euro, chaque État décide de sa propre politique budgétaire. Les États doivent, néanmoins, respecter des règles de limitation de leur déficit et de leur endettement (déficit inférieur à 3 % du PIB et dette publique inférieure à 60 % du PIB).

- La **politique monétaire*** est décidée par la **banque centrale*** européenne (BCE). La BCE est indépendante du pouvoir politique. Elle a pour mission d'assurer le fonctionnement du système bancaire en étant la banque des banques, elle régule la quantité de monnaie centrale (**base monétaire***), ce qui influe sur la **masse monétaire***. Plus la quantité de monnaie centrale est abondante, plus les banques vont avoir la possibilité de créer beaucoup de monnaie et inversement quand la banque centrale en restreint l'émission. La banque centrale doit fournir les liquidités nécessaires au bon fonctionnement et à la croissance de l'économie, tout en veillant à la stabilité de la monnaie. Grâce aux taux d'intérêt directeurs, elle exerce une influence sur les taux d'intérêt des banques commerciales et, par ce biais, sur le coût du crédit aux ménages et aux entreprises. Elle joue aussi le rôle de **prêteur en dernier ressort***.

- Les politiques budgétaires et monétaires peuvent être utilisées à des fins conjoncturelles, c'est-à-dire pour réguler la conjoncture économique.
  – Lorsque l'activité économique ralentit, les **politiques conjoncturelles*** de relance visent à accroître la demande globale afin de stimuler la production et l'emploi. Ceci peut passer par la hausse des dépenses publiques, la redistribution des revenus (relances budgétaires) ou par la baisse des taux d'intérêt directeurs (relance monétaire).

Document 3. *Les politiques de relance*

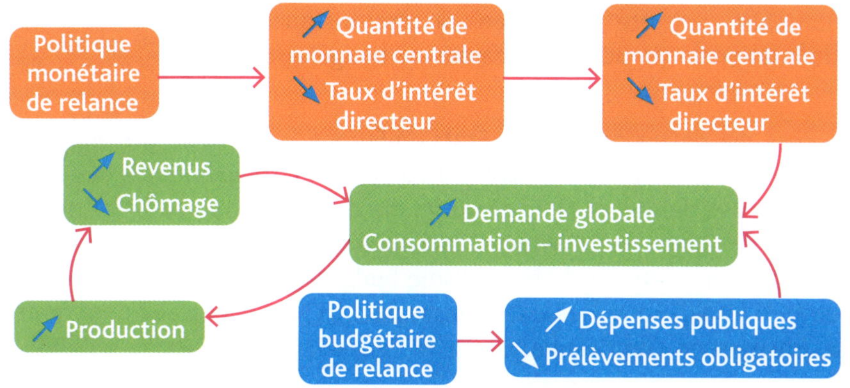

– Les **politiques de rigueur*** visent à freiner la demande globale pour lutter contre l'inflation. En effet, dans un contexte de surchauffe où la demande est trop forte par rapport aux capacités de production, il y a des tensions inflationnistes et la limitation de la demande va permettre de ralentir l'inflation.

B Des difficultés de coordination

- La politique monétaire de la BCE peut difficilement s'adapter aux conjonctures économiques spécifiques de chaque pays de la zone euro. En effet, étant unique, il est difficile de gérer les chocs asymétriques. En l'état de la situation de la zone euro, la question se pose de savoir s'il s'agit d'une zone monétaire optimale (ZMO). Pour qu'un espace économique soit une ZMO, il faut notamment que les facteurs de production s'y déplacent facilement de sorte que, en présence d'un choc macroéconomique, les ajustements se réalisent sous l'effet des mécanismes de marché et grâce au déplacement des facteurs de production.

> **Mots-clés**
>
> • **Chocs asymétriques :** perturbation économique qui n'affecte pas tous les agents économiques de la même façon selon leur secteur d'activité, leur localisation géographique, etc.
>
> • **Zone monétaire optimale (ZMO) :** espace où il est possible d'instaurer une monnaie unique (de créer un espace monétaire intégré).

Ex. : Si un pays de la zone est victime du chômage, la main-d'œuvre va se déplacer vers les autres pays où le niveau de l'emploi est plus élevé.

- Ce n'est pas ce qu'on observe dans la zone euro. Des **mécanismes de solidarité financière** entre les pays membres pourraient compenser cela mais ils restent limités en l'absence d'un véritable gouvernement économique de la zone euro, à l'instar des mécanismes de redistribution qui existent dans un État fédéral comme les États-Unis. S'il existe au sein de la zone euro un fédéralisme monétaire puisque les compétences des États en matière monétaire ont été transférées à une instance supranationale (la BCE), le fédéralisme budgétaire, lui, est faible.

> **Mot-clé**
>
> **Fédéralisme :** mouvement qui consiste à transférer des compétences à une instance de niveau supranational.

- La crise des dettes de certains États en Europe (comme en Grèce) a montré que ces **contradictions institutionnelles** suscitent l'inquiétude des marchés financiers et des agences de notation qui évaluent pour les investisseurs les risques des placements associés à chaque pays. Pour certains économistes, un approfondissement du fédéralisme budgétaire à travers la création d'eurobonds (obligations publiques émises par l'UE) est nécessaire pour renforcer la construction européenne.

COMMENT FAIRE ?

Lire et interpréter des valeurs nominales ou réelles

• **Une grandeur économique évaluée en termes nominaux s'exprime aux prix de l'année en cours**, c'est-à-dire à prix courants ou en monnaie courante (en euros courants). Les prix courants sont les prix tels qu'ils sont indiqués à une période donnée (prix lus sur l'étiquette). Ainsi, le salaire nominal est le salaire tel qu'il est indiqué sur la fiche de paye, le taux d'intérêt nominal est le taux apparent que l'on peut lire sur le contrat d'emprunt.

• Il est compliqué d'évaluer l'importance d'une valeur en regardant simplement sa valeur numérique apparente. En effet, un salaire de 2 000 euros par mois peut représenter une somme importante dans une économie où les prix des biens et services sont faibles car cette valeur nominale permettra d'acheter, en termes de quantités, de nombreux biens. Mais cette même valeur nominale peut aussi être, en réalité, peu importante si les prix sont élevés.

• **Raisonner en termes réels revient à tenir compte du niveau général des prix et à indiquer une valeur en fonction du volume de biens qu'elle représente.** Une grandeur économique évaluée en termes réels s'exprime à prix constants ou en monnaie constante (en euros constants). On parle aussi de valeur exprimée en volume.

• Ainsi le salaire réel renvoie au pouvoir d'achat. Le PIB réel (dit aussi en volume) renvoie aux quantités produites.

• Pour mesurer une valeur en termes réels, il faut d'abord définir une année de base ou de référence pour le niveau des prix. L'indice des prix va ensuite être calculé en fonction de cette année de référence pour laquelle il est égal à 100.

• Le passage d'une valeur nominale à une valeur réelle s'effectue ensuite de la façon suivante :

$$\textbf{Valeur réelle en t} = \frac{\text{valeur nominale en t}}{\text{indice des prix en t}} \times 100$$

Application ① – Le PIB en volume

• En 2018, le PIB de la France valait en euros courants 2 353,1 milliards d'euros alors qu'il valait 2 234,1 milliards d'euros en 2016. En lisant simplement ces chiffres, on ne peut savoir si on produit plus en 2018 qu'en 2016. L'augmentation du PIB pourrait simplement découler d'une augmentation des prix.

• Pour mesurer l'évolution en volume, il faut calculer le PIB en termes réels. Prenons comme année de référence 2014 pour le niveau général des prix. En 2016, l'indice des prix vaut 101,66 et 102,94 en 2018.

• Valeur réelle du PIB en 2016 $= \dfrac{\text{valeur nominale}}{\text{indice des prix}} \times 100 = \dfrac{2\ 234{,}1}{101{,}66} \times 100$
$= 2\ 197{,}6$ milliards d'euros.

• Valeur réelle du PIB en 2018 $= \dfrac{\text{valeur nominale}}{\text{indice des prix}} \times 100 = \dfrac{2\ 353{,}1}{102{,}94} \times 100$
$= 2\ 285{,}9$ milliards d'euros.

• Nous voyons que le PIB réel a augmenté entre 2016 et 2018, ce qui signifie qu'en termes de quantités, on produit plus en 2018 qu'en 2016. Nous avons pu le prouver en raisonnant à prix constants, c'est-à-dire en faisant comme si les prix n'avaient pas bougé depuis 2014.

Application ② – Le taux d'intérêt réel

• Un épargnant dispose de 100 000 euros à placer et hésite à les prêter. Il pourrait les prêter sur un an au taux d'intérêt nominal de 3 %. À la fin de l'année, il aurait ainsi, en termes nominaux, un patrimoine égal à 103 000 euros car il aura récupéré ses 100 000 euros + 3 % × 100 000. Est-il pour autant gagnant ? Pourra-t-il à la fin de l'année s'acheter plus de biens que s'il avait tout dépensé au début de l'année ? Cela dépend de l'évolution du niveau général des prix. En effet, si les prix augmentent plus vite que le taux d'intérêt, la somme dont la personne dispose à la fin de l'année sera plus importante en termes nominaux mais plus faible en termes réels.

• Imaginons que l'inflation soit de 5 % par an. Si on prend comme année de référence pour le niveau des prix le début de l'année, l'indice des prix vaut 105 à la fin de l'année :

• valeur réelle du patrimoine $= \dfrac{\text{valeur nominale}}{\text{indice des prix}} \times 100 = \dfrac{103\ 000}{105} \times 100$
$= 98\ 095$ euros.

• Pour calculer le taux d'intérêt réel, on regarde le taux de variation de la valeur réelle du patrimoine, soit $\dfrac{98\ 095 - 100\ 000}{100\ 000} = -1{,}9\ \%$.

• Il est possible d'approcher le taux d'intérêt réel par la formule suivante :

taux d'intérêt réel = taux d'intérêt nominal – taux d'inflation

• On ne trouve pas la valeur exacte mais une valeur proche.

EXERCICES

Vérifier ses connaissances

1 Vrai ou faux ?

1. Une union douanière représente une intégration plus poussée qu'une zone de libre-échange.

2. Une politique monétaire de relance consiste à augmenter les taux d'intérêt directeurs.

3. Une politique budgétaire de relance vise à soutenir la demande globale.

4. Quand une zone monétaire fait face à des chocs asymétriques, des mouvements de capitaux sont nécessaires pour corriger les déséquilibres au sein de la zone.

5. La banque centrale européenne est indépendante du pouvoir politique.

→ Corrigé p. 102

2 La politique budgétaire

Quand un pays connaît une situation de surchauffe (forte croissance associée à une forte inflation du fait d'une demande trop forte par rapport aux capacités de production), la puissance publique peut mettre en place une politique d'austérité pour limiter l'inflation.

Complétez le schéma ci-dessous en utilisant les termes suivants : *surchauffe*, *baisse de l'inflation*, *hausse des prélèvements obligatoires*, *baisse de la demande*, *baisse des dépenses publiques*, *politique d'austérité*, *risque de baisse de la production*.

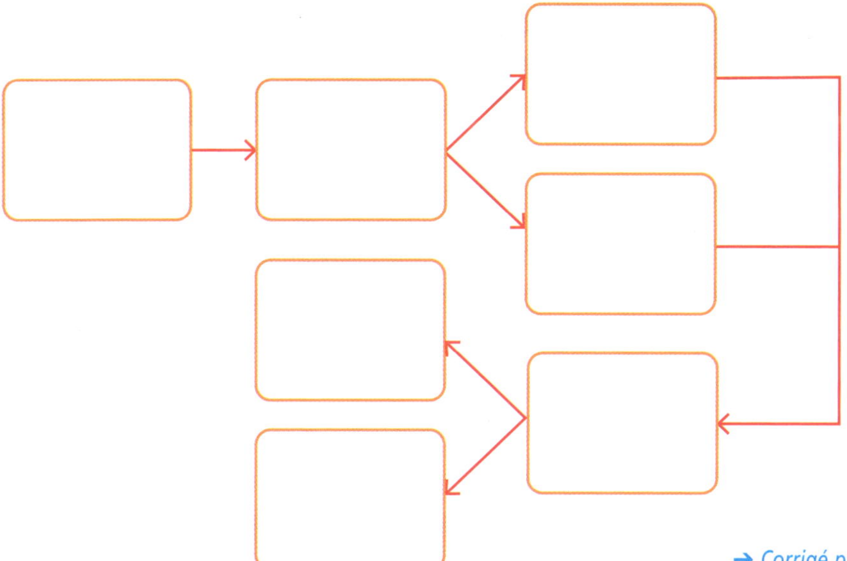

→ Corrigé p. 102

S'entraîner

3 La politique monétaire

Document 4. *Principe de « monnaie hélicoptère » : de quoi faire décoller Christine Lagarde !*

Voilà plus de dix ans que la BCE prête aux banques des tombereaux de liquidité. Depuis 2015, elle achète même, chaque mois, des dizaines de milliards d'euros de titres de dette. Pour un soutien somme toute limité aux économies de la zone euro toujours en proie à une déflation latente. Peut-être serait-ce pire sans cela. Mais force est de constater que cela ne fonctionne pas bien. La politique monétaire ne peut-elle plus rien ? Ou y a-t-il une issue en s'affranchissant des canaux, banques et marchés de titres, qui acheminent mal son action ? C'est l'idée de la « monnaie hélicoptère » : distribuer directement et sans contrepartie la monnaie de banque centrale aux citoyens, pour faire augmenter la dépense et soutenir la demande globale. [...]

Le concept n'a encore jamais rejoint la boîte à outils des banquiers centraux. Mais, depuis la crise financière, il a refait surface dans le débat public et dans les discussions académiques. [...] La monnaie hélicoptère agirait sur la dépense globale comme un stimulus fiscal, mais sans peser sur les finances publiques. Le coût incomberait non pas à l'État, mais à la banque centrale. [...] Les propositions ne manquent pas. Dans *Combatting Eurozone Deflation* : *QE for the People* (*Vox*, 23 décembre 2014), John Muellbauer envisageait un versement de 500 euros en une fois par citoyen de la zone euro, soit une émission de monnaie centrale de 137 milliards d'euros, égale à 1,2 % du PIB de la zone euro. [...] S'ensuivrait une augmentation assez rapide de la dépense de consommation, d'au moins 70 % des sommes transférées [...] L'incidence assez directe sur l'inflation permettrait à la BCE de regagner sa cible de 2 % et d'éloigner ce faisant le risque de déflation.

Jézabel Couppey-Soubeyran, « Principe de "monnaie hélicoptère" : de quoi faire décoller *Christine Lagarde* ! », *Le Monde*, 4 janvier 2020.

1. Pourquoi la banque centrale achète-t-elle de nombreux titres de dette sur les marchés ?
2. Pourquoi dit-on que les canaux de transmission de la politique monétaire semblent bloqués ?
3. Quel serait l'intérêt de verser de la monnaie directement aux citoyens ?

→ *Corrigé p. 102*

4 Le commerce intra-Union européenne

Document 5. *Commerce interne de l'Union européenne et interne de la zone euro, 2002-2015, en milliards d'euros constants (prix 2010)*

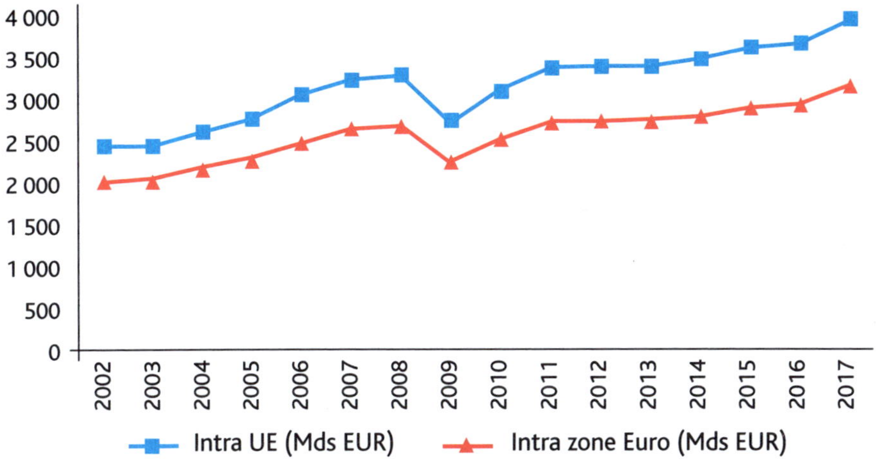

Note : le commerce interne de l'Union européenne couvre les échanges de marchandises entre les pays membres.

D'après AMECO, 2017.

1. Décrivez les tendances observées.
2. Comment analysez-vous l'évolution du commerce interne de l'UE ?
3. Que signifie l'expression commerce interne « en milliards d'euros constants » ?

→ *Corrigé p. 103*

5 L'évolution du pouvoir d'achat

Un employeur annonce à son salarié une augmentation de son salaire. Alors qu'il bénéficiait d'un salaire de 1 800 euros par mois en 2019, ce dernier sera de 2 000 euros par mois en 2020.

Au cours de l'année 2019, l'inflation était de 1,1 %.

1. Calculez le taux de variation du salaire nominal entre janvier 2019 et janvier 2020.
2. Calculez le salaire réel du salarié en 2020.
3. Calculez le taux de variation du salaire réel du salarié entre janvier 2019 et janvier 2020. Commentez.

→ *Corrigé p. 103*

SUJET DU BAC

Épreuve composée

Partie 3 – Raisonnement s'appuyant sur un dossier documentaire

À l'aide de vos connaissances et du dossier documentaire, vous montrerez que l'union économique et monétaire renforce les interdépendances entre les politiques budgétaires des États membres de l'Union européenne.

Document 1.

Le Pacte de stabilité et de croissance s'inscrit dans le cadre général de la coordination des politiques économiques prévue par les traités depuis la création de l'euro. Il répond aux dispositions stipulant que les États membres « évitent les déficits excessifs ». Le PSC entend imposer aux participants à la zone euro une culture de stabilité des finances publiques. Il s'agit d'empêcher que la situation budgétaire d'un État entraîne une fragilisation de l'ensemble de la zone monétaire en diffusant, à travers des effets de débordement, des pressions inflationnistes, des tensions sur les taux d'intérêt et une perte de la valeur externe de l'euro. En effet, un déficit public et l'accroissement de la dette d'un État membre peuvent entraîner, pour l'ensemble de la zone euro, des pressions sur les prix (par une augmentation de la demande de biens et services) et sur les taux d'intérêt (par un surcroît de demande de financement), tout cela risquant de générer, en plus, des impacts négatifs sur la valeur externe de la monnaie unique. De fait, le PSC vient largement en appui de la politique de stabilité des prix pilotée par la BCE.

Michel Devoluy, « L'euro et le PSC dans la tourmente » – *Cahiers français* n° 359 « Les politiques économiques à l'épreuve de la crise », 2010, La Documentation française © DILA.

Document 2. *La dette publique des États membres de l'Union européenne en % du PIB, au 3e trimestre 2023*

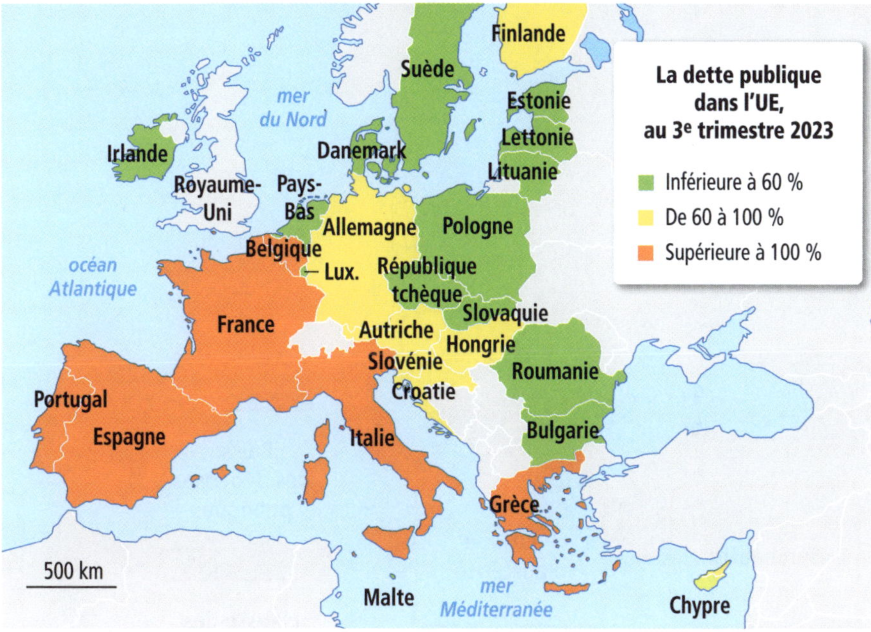

Eurostat, 2023.

Document 3.

L'adoption d'une même monnaie par différents pays supprime l'ensemble des coûts liés aux variations des taux de change[1] des monnaies entre elles. De ce fait, les échanges entre les différents pays de la zone sont facilités par la seule suppression des taux de change. Le poids du commerce intra-zone augmente, ce qui favorise la transmission des fluctuations d'une économie à l'autre. En effet, une accélération de la croissance dans un des pays accroît les importations en provenance des autres pays, tirant ainsi la croissance du reste de la zone dans son sillage. Les fluctuations des économies nationales tendent ainsi à devenir similaires, tout en se synchronisant.

P. ARTUS, I. GRAVET, *La crise de l'euro : Comprendre les causes – En sortir par de nouvelles institutions*, © Armand Colin, 2012, Paris.

1. **Taux de change d'une monnaie** : prix de cette monnaie par rapport à une autre.

CORRIGÉS

1 → *Énoncé p. 97*

1. Vrai
2. Faux
3. Vrai
4. Vrai
5. Vrai

2 → *Énoncé p. 97*

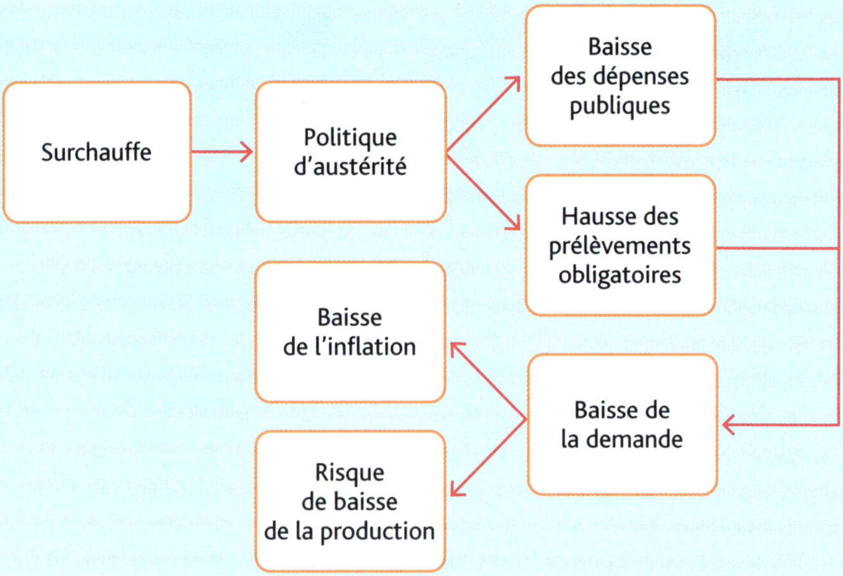

3 → *Énoncé p. 98*

1. Cet achat permet d'augmenter la quantité de monnaie en circulation et, ainsi, de soutenir la demande. En effet, la banque centrale crée la monnaie dont elle se sert pour acheter des titres. En les achetant, la masse monétaire augmente.

2. On dit que les canaux de transmission de la politique monétaire semblent bloqués car l'augmentation de la quantité de monnaie centrale et la baisse des taux d'intérêts directeurs n'ont pas permis de stimuler suffisamment la demande. La politique monétaire a eu un impact relativement faible sur la production par rapport à l'ampleur de la politique menée.

3. En donnant directement aux individus des sommes à dépenser, on évite le risque que la monnaie créée ne serve pas à alimenter la demande et soit stockée sous forme liquide ou placée sur les marchés financiers. Une grande partie serait, sans doute, directement consommée.

4 → *Énoncé p. 99*

1. On observe une tendance à la hausse du commerce au sein de l'Union européenne ou de la zone euro avec une baisse conjoncturelle en 2008-2009 du fait de la crise économique.

2. L'augmentation du commerce intra-UE (ou intra zone euro) s'explique par une intégration économique de plus en plus poussée. Cette intégration facilite les échanges et les rend plus avantageux. La crise économique a temporairement remis en cause cette évolution car la baisse de la demande a conduit à une baisse de la production et donc nécessairement à une baisse des échanges.

3. Cela signifie qu'on raisonne à prix constants. On fait comme si les prix n'avaient pas augmenté depuis 2010 et on peut interpréter l'évolution du commerce comme une évolution en volume. En termes de quantités, plus de biens sont échangés au sein de l'UE en 2017 qu'en 2002.

5 → *Énoncé p. 99*

1. $\dfrac{2\,000 - 1\,800}{1\,800} = 11{,}1\ \%$

2. $\dfrac{2\,000 \times 100}{101{,}1} = 1\,978{,}2$ euros

3. $\dfrac{1\,978{,}2 - 1\,800}{1\,800} = 9{,}9\ \%$

Le pouvoir d'achat du salarié n'a pas autant augmenté que son salaire nominal car, au cours de l'année 2019, les prix ont augmenté et, qu'avec un euro, il est possible de se procurer moins de choses en 2020 qu'en 2019.

SUJET DU BAC

Introduction

L'Union économique et monétaire désigne l'accord passé entre les pays européens pour mettre en place une monnaie unique. La Banque centrale européenne (BCE) définit la politique monétaire qui s'applique à l'ensemble des pays de la zone euro, alors que la politique budgétaire est décidée au niveau national. Elle désigne la manière dont l'État peut utiliser son budget pour modifier l'activité économique. Bien qu'étant du ressort des nations, les politiques budgétaires des membres de la zone euro sont interdépendantes et les dirigeants sont dans l'obligation de tenir compte du comportement de leurs homologues européens.

Développement

• Idée n° 1 : les effets de l'intensification des échanges.

En instaurant une monnaie unique, les échanges se sont intensifiés. Les effets sur la demande d'une politique menée par un pays se ressentent dans l'ensemble de la zone. Si un pays met en place une politique de relance, cela va aussi conduire à un soutien à la demande chez les partenaires commerciaux *via* le canal des importations. L'effet dans le pays dans lequel la politique est menée sera limité par cette fuite et pourrait même devenir nul si, dans le même temps, les partenaires commerciaux mènent des politiques différentes. En effet, si un pays mène une politique de grande ampleur et que ses voisins mènent des politiques d'austérité, les effets peuvent entrer en contradiction. Les politiques d'austérité des voisins vont, en effet, déprimer la demande car les exportations vont diminuer. Nous pouvons voir dans le document 3 qu'il existe une transmission très forte des fluctuations entre les pays de la zone euro du fait de l'intensification des échanges entraînée par l'adoption d'une monnaie commune.

• Idée n° 2 : les effets de la mobilité du capital.

En instaurant une monnaie unique, la mobilité du capital a été fortement accrue entre les pays européens. Les marchés de capitaux sont devenus très interdépendants et les conditions dans lesquels les acteurs peuvent emprunter des fonds ont ainsi convergé. Quand un État mène une politique budgétaire de relance, il va devoir emprunter des fonds, ce qui peut conduire à une augmentation des taux d'intérêt pour l'ensemble des acteurs de la zone euro. En effet, l'augmentation de la demande de fonds prêtables fait augmenter le coût de l'emprunt sur les marchés de capitaux. Cela a conduit à imposer des règles de gestion budgétaire. Comme le montre le document 1, le PSC limite le niveau du déficit et de l'endettement des États et ce, afin de limiter les sommes qui seront empruntées sur les marchés de capitaux.

• Idée n° 3 : les effets de l'hétérogénéité au sein de l'UEM.

Nous constatons, néanmoins, une forte hétérogénéité dans les niveaux d'endettement des pays (document 2). Tous les pays ne respectent pas les règles du PSC et ne connaissent pas la même situation macroéconomique. Cela est notamment lié au fait que certains États qui connaissent une croissance très faible qui dégrade leur solde budgétaire n'ont pas la possibilité de mener des politiques efficaces de relance du fait d'un manque de coordination des politiques budgétaires au sein de l'Union européenne. Ces pays sont bloqués dans un dilemme : respecter le PSC et voir le chômage augmenter ou mettre en place des politiques de relance qui creusent leur déficit et les placent dans des situations d'impossibilité de faire face à leur dette.

Conclusion

En intensifiant les liens entre les différents marchés de biens et services mais aussi entre les marchés de capitaux, l'UEM a conduit à accroître les interdépendances existantes entre les politiques budgétaires des différents pays membres. Il est nécessaire, dans ce contexte, de penser une meilleure coordination des politiques budgétaires pour en améliorer l'efficacité.

SOCIOLOGIE ET SCIENCE POLITIQUE

Le diplôme est un précieux atout sur le marché du travail. Il existe pourtant de grandes inégalités d'accès à l'école et notamment aux études supérieures, ce qui est un puissant facteur de reproduction sociale.

La structure de la société française actuelle

CHAPITRE 6

1 Les facteurs de différenciation sociale

A Expliquer la hiérarchie sociale

- Pour rendre compte de la position de chacun dans la hiérarchie sociale, il faut identifier les facteurs qui conduisent certains individus à être plus valorisés que d'autres. La **structure sociale** renvoie aux caractéristiques générales d'une organisation sociale et, notamment, aux mécanismes qui conduisent à la formation et à la hiérarchisation de groupes sociaux.

> **Mot-clé**
>
> **Hiérarchie sociale :** situation dans laquelle les positions sociales sont subordonnées les unes par rapport aux autres.

- Il faut **distinguer les caractéristiques qui sont valorisées socialement** (comme avoir un haut revenu ou être en bonne santé) **des éléments qui expliquent pourquoi tous les individus n'ont pas les mêmes caractéristiques** et donc les mêmes chances par exemple, d'avoir un revenu élevé ou d'être en bonne santé.

B La sphère productive

- **L'un des critères importants de différenciation entre les individus** renvoie à la place dans le système productif qui détermine la profession et le revenu. Le niveau de **revenu** et de **patrimoine** est un élément déterminant dans la position sociale d'un individu. Un revenu et un patrimoine élevés sont source de prestige social à travers les consommations et le mode de vie qu'ils permettent. Ils facilitent aussi le fait d'avoir d'autres caractéristiques valorisées socialement dans une logique de cercle vertueux. En ayant un revenu élevé, il est plus aisé de se soigner et donc d'être en bonne santé, de vivre en centre-ville proche des lieux de culture et d'emplois, etc.

- Les différences de revenus et de patrimoine s'expliquent par des phénomènes de **reproduction sociale** (héritage du patrimoine d'un parent) et par des différences de **professions.** En effet, en fonction du métier de chacun, de son temps de travail et de son type de contrat de travail, le salaire va varier, ce qui va jouer sur le revenu et les capacités d'épargne et de formation d'un patrimoine. Il existe ainsi un fort **lien entre profession et catégorie socioprofessionnelle (PCS) et revenu.**

Document 1. *Salaires mensuels nets moyens en équivalent temps plein en 2022 dans le secteur privé (en euros)*

Caractéristiques	Salaire
Cadres[1]	4 490
Professions intermédiaires	2 570
Employés	1 880
Ouvriers	1 940
Femmes	2 400
Hommes	2 790
Ensemble	**2 630**

1. Y compris chefs d'entreprises salariés.

Lecture : en 2022, le salaire net moyen en équivalent temps plein des salariés du privé est de 2 630 euros.
Champ : France hors Mayotte, salariés du privé, y compris bénéficiaires de contrats aidés et de contrats de professionnalisation ; hors apprentis, stagiaires agricoles et salariés des particuliers-employeurs.

Insee, base Tous salariés 2022.

- Pour comprendre les dynamiques à l'œuvre dans la sphère productive et notamment les différences de rémunération entre métiers, il faut analyser le rôle central du diplôme. Le niveau de **diplôme** requis pour exercer un emploi varie beaucoup d'un métier à l'autre. Les métiers qui nécessitent une forte qualification sont généralement les plus rémunérés. Il s'agit, en effet, d'inciter les individus à se former et à valoriser des compétences relativement rares. De ce fait, le niveau de diplôme d'un individu va déterminer les professions qui lui sont accessibles et influencer fortement son niveau de revenu.

Document 2. *Taux de chômage selon le diplôme et la durée depuis la sortie de formation initiale en 2023*

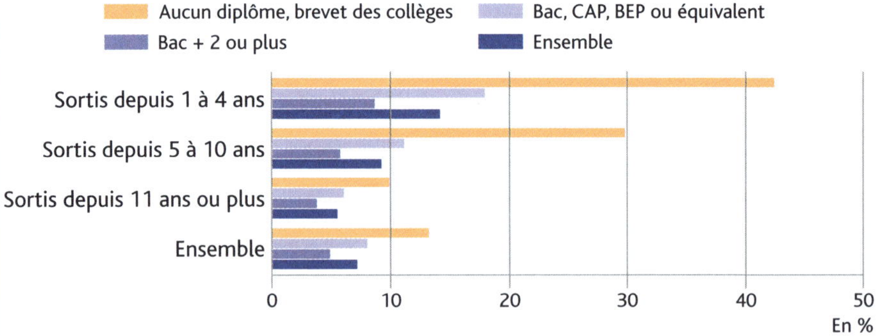

Insee.

- Le métier occupé ne détermine pas que le revenu mais joue aussi sur le prestige social (à revenu équivalent, il existe des métiers plus valorisés que d'autres) et sur l'état de santé des individus (en fonction de la pénibilité du métier).

C Les autres critères

- D'autres critères que les critères économiques jouent dans le prestige social.
- Le niveau de capital culturel, de capital social ou de capital symbolique en sont des exemples. On peut, en effet, avoir un faible revenu mais disposer d'une position sociale importante en lien avec une grande culture, un vaste réseau social ou la détention d'un pouvoir politique. Au-delà de son effet sur le revenu, le **diplôme** joue ainsi sur le prestige social en ce qu'il témoigne d'un certain capital culturel.

Mots-clés

- **Capital culturel :** ensemble des ressources et dispositions culturelles qu'un individu peut mobiliser pour se distinguer.
- **Capital social :** ensemble des relations sociales qu'un individu peut mobiliser pour améliorer sa situation sociale ou celle de ses proches.
- **Capital symbolique :** ensemble des signes distinctifs et des symboles de pouvoir associés à un individu (*ex. :* la légion d'honneur).

- Par ailleurs, ce qui explique la position de chacun sur l'échelle sociale ne dépend pas que des caractéristiques productives des individus. On constate, en effet, ainsi qu'à diplôme égal, les femmes ont des positions moins avantageuses du fait des discriminations qu'elles subissent.

Mot-clé

Discrimination : traitement différencié d'un individu en fonction d'un paramètre jugé illégitime et interdit par la loi.

- En fonction de son **âge**, de la **composition de son ménage** ou de son **lieu de résidence**, on observe aussi des **phénomènes de différenciation** à l'œuvre. Les jeunes et les seniors connaissent ainsi des difficultés spécifiques sur le marché du travail de même que les parents de familles monoparentales. En fonction de son lieu d'habitation, la probabilité de trouver un emploi n'est aussi pas la même du fait de l'existence d'une ségrégation spatiale. Ainsi, à diplôme égal, le fait d'être une jeune femme habitant un quartier défavorisé va conduire en moyenne à une situation sociale moins favorable que celle d'un homme habitant en centre-ville.

2 L'évolution de la structure socioprofessionnelle en France

A Les mutations de la population active

- Au cours de la seconde moitié du XXe siècle, on observe plusieurs évolutions à l'œuvre au niveau de la structure professionnelle en lien avec l'évolution du tissu productif et des normes sociales. La population active désigne l'ensemble des personnes qui ont ou cherchent à avoir une activité rémunérée.
- On assiste, tout d'abord, à une **tertiarisation** de l'économie, qui correspond à une augmentation de la part du secteur tertiaire. En 2017, parmi les personnes ayant un emploi, 13,8 % travaillent dans le secteur d'activité de l'industrie, 6,5 % dans la construction, 2,6 % dans l'agriculture et 75,9 % dans le secteur tertiaire.
- Par ailleurs, la part de l'emploi féminin a augmenté (**féminisation** des emplois). En France, hors Mayotte en 2023, le taux d'activité des femmes de 15 à 64 ans est de 71,2 % contre 76,8 % pour les hommes. Le taux d'activité des femmes était de 54,5 % en 1975 contre 83,9 % pour les hommes.

Document 3. *Taux d'activité en France hors Mayotte selon l'âge (en %)*

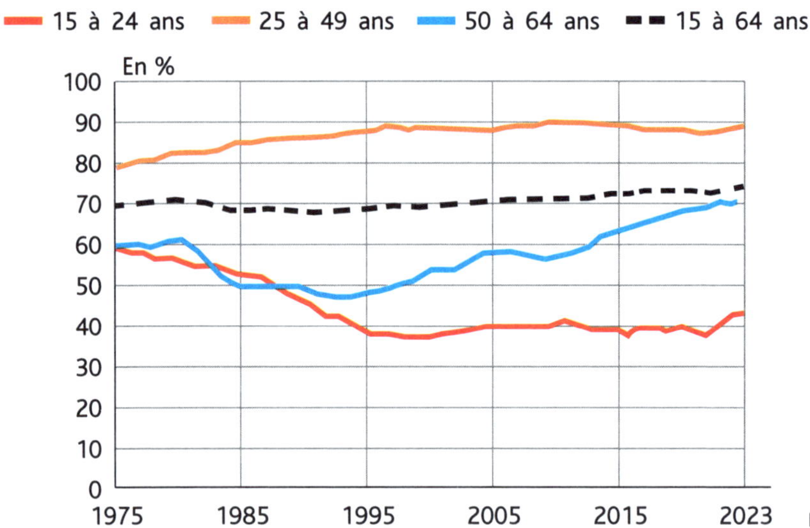

Insee.

- Enfin, on observe une **hausse du niveau de qualification** moyen des actifs occupés. Ainsi, en 1962, ils étaient moins de 9 % à posséder au moins le baccalauréat contre 50 % en 2007. Cela s'explique par le progrès technique qui génère de plus en plus de besoin en personnels qualifiés.

B Le développement du salariat

- On observe, par ailleurs, un fort mouvement de salarisation. Les travailleurs indépendants sont de moins en moins nombreux et le travail s'effectue de plus en plus dans le cadre du salariat. Le salariat correspond à l'état juridique du salarié (qui le distingue du travailleur indépendant) ainsi qu'au système économique fondé sur le rapport salarié. Le salarié est juridiquement subordonné à son employeur.

Mot-clé

Salarisation : hausse de la part des salariés dans l'ensemble de la population active.

Document 4. *Le taux de salarisation de l'emploi de 1962 à 2007*

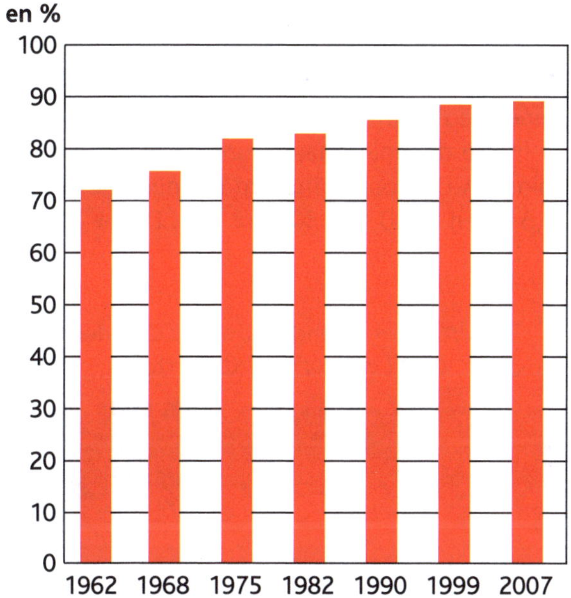

Champ : actifs ayant un emploi, France métropolitaine, contingent exclu.
Source : recensements de la population.

Insee première, n° 1 312, 2010.

- Tout au long du XIXe siècle, les protections collectives vont encadrer le développement du marché du travail (interdiction du travail des enfants, repos hebdomadaire, etc.). La lutte contre l'insécurité sociale va conduire l'État à développer des mécanismes d'assurance et d'assistance sociales.

- Durant la période des Trente Glorieuses (1945-1973), le **contrat à durée indéterminée à temps plein devient la norme** et, sous l'effet des mouvements sociaux, on voit se renforcer le droit du travail en faveur des salariés.

Leur statut est de plus en plus protégé. Les employeurs souhaitent éviter le triomphe du communisme et les ouvriers acceptent l'idée d'une réforme du système capitaliste en dépit de leurs idéaux révolutionnaires, en contrepartie d'une hausse régulière des salaires. La norme d'emploi stable, les négociations collectives, les gains de productivité, la hausse des salaires et de la consommation et le développement des services publics et de la protection sociale sont les caractéristiques du « **rapport salarial fordiste** » qui domine l'après-guerre.

- Depuis les années 1970 et le ralentissement de la croissance économique, on assiste à une **fragilisation du salariat**. Si l'emploi en CDI demeure la norme, les nouveaux emplois qui se créent sont, le plus souvent, des emplois précaires. L'emploi à temps partiel se développe. Même si elle ne touche pas l'ensemble des salariés, on parle d'une **précarisation de l'emploi**. En France, en 2020, 87,6 % des personnes ont un emploi et 75,2 % des emplois sont à durée indéterminée (en contrat à durée indéterminée ou fonctionnaire). Le salariat reste la forme d'emploi majoritaire. La part des emplois en contrat à durée déterminée (CDD) ou en intérim est néanmoins en augmentation, elle était de 10,6 % en 2020 (8,5 % pour les CDD et 2,1 % pour l'intérim) contre 4,6 % en 1982.

Document 5. *Part des indépendants, des CDD et des intérimaires dans l'emploi de 1982 à 2020*

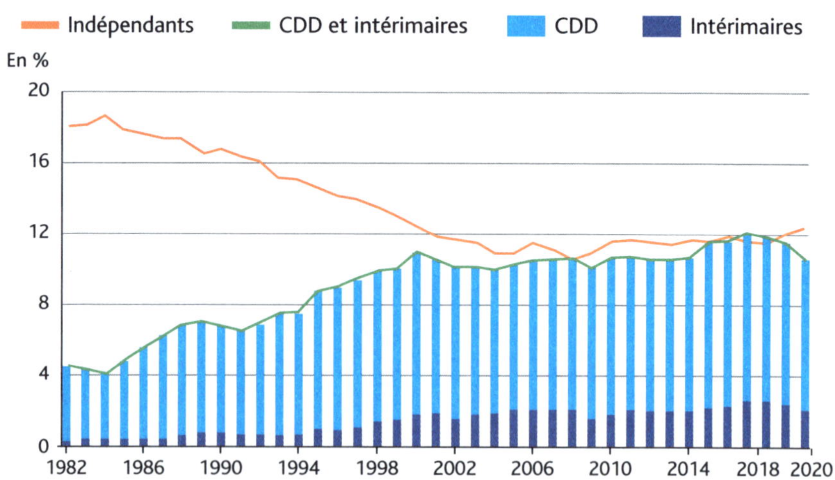

Champ : France hors Mayotte, personnes vivant en logement ordinaire, en emploi.

Lecture : en 2020, 12,4 % des personnes en emploi sont indépendantes.

Insee, enquête Emploi 2020, séries longues sur le marché du travail.

3 La société française : une société de classes ?

A Les approches théoriques

- Les sociologues abordent les classes de façons différentes.
- Les **approches réalistes** définissent les classes comme des groupes dont les membres partagent une situation objective proche (conditions de vie équivalentes) qui les différencierait nettement de celle d'autres groupes et qui serait à l'origine d'un sentiment d'appartenance de classe et d'une lutte avec les autres classes pour défendre les intérêts du groupe.
- Les **approches nominalistes** voient dans les classes une catégorie statistique construite par le chercheur. S'il y a bien des points communs entre les individus qui forment une même classe, il n'y a pas nécessairement de sentiment d'appartenance et de mobilisation du groupe. Dans cette optique, il existe une continuité des situations qui ne permettent pas de distinguer clairement des groupes différents (il y a des individus plus ou moins riches) et c'est au sociologue de décider de poser, par exemple, des critères de revenus afin de définir des classes telles que la classe populaire, la classe moyenne et la classe supérieure.
- Pour **Karl Marx**, les classes sociales sont des collectifs structurés et actifs qui se définissent dans le système de production. La classe d'appartenance d'un individu dépend de sa position économique (propriétaire ou non des moyens de production). Marx parle de **classe en soi*** pour désigner le groupe d'individus occupant la même place dans le système économique et de **classe pour soi*** pour qualifier un groupe dont les membres ont pris conscience de leur appartenance collective et sont entrés en conflit avec une autre classe (lutte des classes). Cette approche est qualifiée de holiste, la classe dictant leur rôle à ses membres, et de réaliste, les classes étant définies dans la réalité, de façon objective et ne résultant pas d'une construction élaborée par les chercheurs.
- **Max Weber** développe une approche plus complexe. S'il reconnaît l'importance du critère économique et en fait la base de la définition des classes sociales, ces dernières ne sont pour cet auteur qu'une construction du chercheur (approche nominaliste). Son analyse ne s'arrête néanmoins pas là car il souligne l'importance de deux autres dimensions fondamentales dans le processus de hiérarchisation sociale : la **logique statutaire** et l'**ordre politique**. La position sociale d'un individu ne dépend pas pour Weber que de sa position économique mais aussi du prestige associé à son statut et de l'importance du pouvoir politique qu'il peut détenir. Il souligne le fait que des groupes de statut peuvent exister au sens réaliste du terme.

B La fin des classes ?

- Entre 1962 et 2005, la part des cadres et professions intellectuelles supérieures et des professions intermédiaires passe de 16 % à 34 %. Ces PCS absorbent les enfants des couches populaires qui rentrent sur le marché du travail. Durant cette période, les inégalités socio-économiques reculent et, avec elles, les **distances interclasses** : la consommation de masse permet aux groupes populaires d'avoir accès à des consommations dont ils étaient privés auparavant (vacances, propriété, etc.). La structure sociale se « centre » sur ces couches moyennes salariées qualifiées, ce qui se traduit aussi par la diffusion de leurs valeurs et normes (libéralisme culturel). Beaucoup ont associé l'émergence d'une **classe moyenne** pendant les Trente Glorieuses et la montée de l'individualisme à la fin des classes sociales. Henri Mendras parle ainsi d'une « moyennisation de la société » et de la « fin de la lutte des classes ».

- La plupart des travaux se sont portés sur le **déclin de la classe ouvrière** car c'est surtout autour de cette classe que s'était développée la vision d'un monde scindé en groupes opposés. Du fait de la baisse du nombre d'ouvriers, du déclin du mouvement ouvrier et de la crise du syndicalisme, on a considéré que le groupe des ouvriers ne formaient plus une classe.

- Par ailleurs, dans le débat public, la question des inégalités entre les classes est de moins en présente au profit de la dénonciation des inégalités liées à des discriminations, notamment en fonction du genre. On se préoccupe avant tout de l'existence d'une diversité au sein de l'élite (présence de femmes, d'immigrés, etc.) au nom de l'égalité des chances* mais le principe même d'une société différenciée en groupes antagonistes est moins discuté. Si la mise en avant des rapports sociaux de genre et des phénomènes de domination associés a permis utilement de faire avancer l'égalité entre les hommes et les femmes, elle a pour partie éclipsé la question des classes sociales.

C Le retour des classes sociales ?

- Avec la **réouverture des inégalités depuis la fin des années 1990**, la thématique des classes sociales reprend de l'importance en France. Il existe des inégalités de revenu, de patrimoine ou de réussite scolaire largement structurées. Celles-ci permettent toujours de définir des groupes relativement distincts, au sein desquels la reproduction sociale est importante. Les **travailleurs non qualifiés** forment ainsi une **classe en soi** au sens marxiste du terme. Les inégalités interclasses s'accroissent.

- Il est néanmoins difficile de parler de classes sociales car **le sentiment d'appartenance est faible** et il n'y a pas véritablement de luttes des classes. Michel Pinçon et Monique Pinçon-Charlot affirment que seule la classe bourgeoise a conscience d'elle-même, constituant ainsi une classe sociale au sens plein du terme.

- La mise en avant d'autres critères de différenciation (en fonction du sexe, de l'origine ethnique, de l'âge, des préférences sexuelles, etc.) conduit les individus à se penser avant tout **en tant qu'individus singuliers** et **complique l'identification à un groupe** défini sur la seule base du critère de la profession. Il est, en effet, difficile pour une femme maghrébine qui tient une caisse dans un supermarché de se sentir appartenir à un même groupe qu'un ouvrier non immigré. Même si les conditions de travail et de rémunération sont proches, les discriminations subies en tant que femme et immigrée n'aident pas à se sentir appartenir à un ensemble commun aux intérêts similaires. Les **différences intra-classes** sont plus mises en avant que les différences entre classes.

- Les évolutions du marché du travail conduisent aussi à la multiplication des situations pour un même travail. Certains sont embauchés en CDI, d'autres sont intérimaires, les temps de travail diffèrent, les rémunérations sont individualisées avec l'augmentation de la part des primes. Ces évolutions conduisent à **multiplier les facteurs de différenciation et donc d'individualisation**, ce qui, là encore, complique l'identification subjective à un groupe.

Document 6. *La pauvreté* selon l'origine en 2019*

	Nombre de personnes pauvres en milliers	Taux de pauvreté en %	Part de la population pauvre en %
Immigrés	1 110	18,8	21,3
– Nés dans un pays du Maghreb	426	22,7	8,2
– Nés en Afrique subsaharienne	227	24,0	4,4
– Nés en Europe	221	11,2	4,2
– Nés en Asie	171	23,3	3,3
– Nés dans un autre pays ou sans nationalité légale	64	17,2	1,2
Non-immigrés	4 105	7,1	78,7
Ensemble	**5 215**	**8,2**	**100**

* Seuil de pauvreté à 50 % du revenu médian.

Insee © Observatoire des inégalités.

- On assiste récemment à une **remontée de la conflictualité sociale** en lien avec des revendications économiques (notamment avec le mouvement des gilets jaunes), ce qui donne à penser à certains qu'on assisterait aux prémices d'une émergence d'une conscience de classe dans les milieux populaires.

Lire et interpréter des quantiles

LES QUANTILES

• Une série statistique recense les différentes valeurs prises par la variable étudiée. Il est, par exemple, possible de recenser la valeur du revenu de chaque Français. **Les quantiles** (appelés aussi fractiles) sont des **paramètres de position qui divisent la distribution statistique en un certain nombre de parties égales**.

• Afin de calculer les quantiles, il faut commencer par classer la distribution par ordre croissant. Pour reprendre notre exemple, il faudrait ainsi classer les individus du plus pauvre au plus riche. On forme ensuite des groupes de taille égale. On peut choisir de diviser la population totale en groupes plus ou moins grands.

• Les **quartiles** divisent la distribution en **4 parties égales**, chacune comprenant un quart des effectifs. Ainsi, Q1 est la valeur qui divise la distribution de telle manière que 25 % des valeurs observées lui sont inférieures et 75 % lui sont supérieures. Q2 est appelée la **médiane** ; c'est la valeur telle que la moitié de l'effectif a une valeur inférieure et la moitié une valeur supérieure.

25 % de l'effectif	**25 % de l'effectif**	**25 % de l'effectif**	**25 % de l'effectif**

Q1 Q2 (médiane) Q3

• Pour garder l'exemple du revenu, le revenu médian désigne ainsi la valeur du revenu telle que 50 % des Français ont un revenu inférieur à ce montant et 50 % un revenu supérieur.

• Les **quintiles** divisent la distribution en 5 parties égales, chacune comprenant un cinquième des effectifs. Par exemple, Q4 est le quintile supérieur tel que 80 % des valeurs lui sont inférieures et 20 % supérieures.

20 % de l'effectif				

Q1 Q2 Q3 Q4

• Les **déciles** divisent la distribution en 10 parties égales. D1 est la valeur qui divise la distribution de telle manière que 10 % des valeurs lui sont inférieures et 90 % supérieures. D5 est la médiane.

10 % de l'effectif									

D1 D2 D5 D9

• Les **centiles** divisent la distribution en 100 parties égales, chacune comprenant 1 % de l'effectif total.

Application : la médiane

Document 7. *La distribution du niveau de vie annuel et les indicateurs d'inégalités de 1998 à 2019*

Indicateur de distribution	1998	2002	2006	2010	2014	2018	2019
Niveau de vie (en euros)							
1er décile (D1)	9 940	11 060	11 210	11 400	11 290	11 340	11 660
Médiane	18 430	20 030	20 510	21 270	21 080	21 490	22 040
9e décile (D9)	33 840	37 350	38 030	39 470	38 580	39 560	39 930
Moyenne	21 010	23 200	23 900	24 920	24 250	24 920	25 190
Indicateurs d'inégalités							
Rapport interdécile D9/D1	3,4	3,4	3,4	3,5	3,4	3,5	3,4

Insee, France portrait sociale, édition 2023.

• Le niveau de vie annuel médian est ici de 25 190 euros en 2019. Cela signifie que 50 % des Français ont un niveau de vie inférieur.

L'ÉCART INTER-QUANTILE

• L'écart inter-quantile est un indicateur permettant de mesurer la dispersion d'une série statistique.

• Pour le calculer, il faut réaliser la soustraction entre la valeur du dernier quantile et la valeur du premier quantile.

Application

• En reprenant l'exemple précédent, pour calculer l'écart inter-décile, on va calculer D9 – D1, soit pour 2019, 39 930 – 11 660 = 28 270 euros.

• Il y a 28 270 euros d'écart entre le niveau de vie maximal des 10 % les plus pauvres et le niveau de vie minimal des 10 % les plus riches.

LE RAPPORT INTER-QUANTILE

Le rapport inter-quantile s'obtient en faisant le rapport entre la valeur du dernier quantile et la valeur du premier quantile.

Application

• En 2016, le rapport inter-décile est égal à $\frac{39\,930}{11\,660} = 3{,}4$.

• Le niveau de vie minimal des 10 % les plus riches est 3,4 fois plus grand que le niveau de vie maximal des 10 % les plus pauvres.

EXERCICES

Vérifier ses connaissances

1 Lecture et interprétation

Document 8. *Le montant du patrimoine brut en France selon les déciles au début 2018 (en euros)*

1er décile	3 800
2e décile	11 200
3e décile	30 300
4e décile	96 100
Médiane	163 100
6e décile	221 200
7e décile	289 600
8e décile	392 500
9e décile	607 700
95e centile	878 900
99e centile	1 941 600

Champ : ménages ordinaires résidant en France hors Mayotte.

Insee, Enquête Histoire de vie et Patrimoine 2017-2018.

1. Faites une phrase avec le chiffre 11 200.
2. Calculez le rapport inter-décile et l'écart inter-décile.
3. Analysez les données présentes dans le tableau.

→ *Corrigé p. 124*

2 Les inégalités entre les femmes et les hommes en France

Document 9. *Les inégalités entre les femmes et les hommes en France en chiffres*

	Femmes	**Hommes**
Part des emplois à temps partiel parmi les personnes en emploi en 2016, en %	30,1	8,2
Part du sous-emploi parmi les personnes en emploi en 2015, en %	9,8	3,8
Part des personnes de 20 à 69 ans ayant déclaré avoir été victimes de violences sexuelles au cours de leur vie en 2015, en %	14,5	3,9
Part parmi les députés en 2017, en %	39	61
Part parmi les réalisateurs de longs métrages en 2016, en %	21	79

Secrétariat d'État chargé de l'égalité entre les femmes et les hommes, D'après *Vers l'égalité réelle entre les femmes et les hommes 2018*, 2018.

1. Quelles conclusions peut-on tirer de l'analyse de ce tableau ?
2. Pourquoi peut-on parler de l'existence d'un cercle vicieux pour les femmes ?

→ *Corrigé p. 124*

S'entraîner

3 Les travailleurs non qualifiés

Document 10. *Les travailleurs non qualifiés, une nouvelle classe sociale ?*

En mars 2002, un peu moins de cinq millions de personnes exerçaient un emploi non qualifié : 2 760 000 comme employés et 2 035 000 comme ouvriers. Loin de disparaître avec la désindustrialisation, l'emploi non qualifié a connu un regain depuis le milieu des années 1990. Il représente aujourd'hui un emploi sur cinq. [...] Avec leurs salaires, conditions d'emploi et de travail, les ouvriers et employés non qualifiés constituent un segment de main-d'œuvre à part. Ils ne semblent pas pour autant définir une classe sociale : fragilisés dans leurs modalités d'intégration professionnelle, déstabilisés dans leur imaginaire social, ces salariés se caractérisent par un faible sentiment d'appartenir à une classe sociale.
L'identité de classe, autrefois fortement structurante dans les milieux populaires, s'est progressivement effacée laissant place, pour les non-qualifiés, à une attitude de retrait, entre rejet et résignation par rapport aux modèles dominants d'intégration sociale. Pour les salariés du bas de l'échelle, des formes différentes de construction identitaire opposent certaines sous-populations, les jeunes et les plus âgés, les hommes et les femmes, les immigrés et les non-immigrés.

Thomas Amossé et Olivier Chardon, « Les travailleurs non qualifiés, une nouvelle classe sociale ? », Insee, *Économie et statistique*, n° 393-394, 2006.

1. Peut-on dire que les travailleurs non qualifiés forment une classe en soi au sens de Marx ?
2. Forment-ils une classe pour soi ? Justifiez votre réponse. → Corrigé p. 124

4 Le sentiment d'appartenance à une classe

Document 11. *L'évolution du sentiment d'appartenance à une classe sociale (en %)*

Question : Avez-vous le sentiment d'appartenir à une classe sociale ?

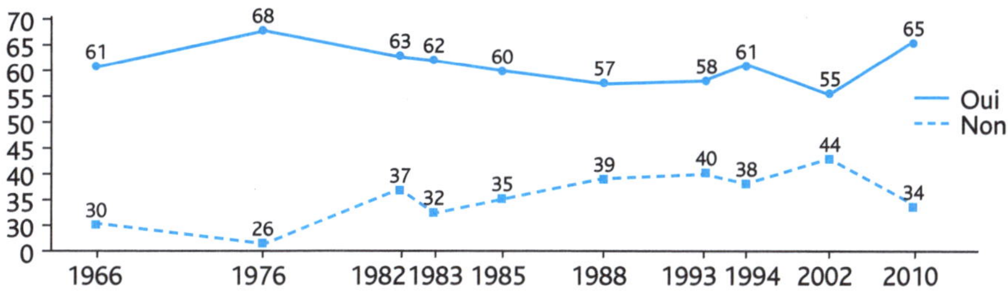

TNS-SOFRES pour 2010.

Serge Bosc, *Stratification et classes sociales : la société française en mutation*, p. 187, Coll. Cursus, Armand Colin, 7ᵉ édition, 2013.

1. Décrivez les tendances observées.
2. Quelles conclusions peut-on tirer de l'analyse de ces données ? → Corrigé p. 125

SUJET DU BAC

Sujet de dissertation

L'analyse en termes de classes sociales est-elle pertinente pour rendre compte de la structure sociale actuelle ?

Document 1. *Distribution du revenu salarial annuel selon le sexe et le niveau de diplôme en 2020*

Distribution du revenu salarial	Ensemble	Femmes	Hommes	Sans diplôme	CAP, BEP ou moins	Baccalauréat
Revenu salarial (en euros)						
1er décile (D1)	**2 900**	2 530	3 370	2 220	3 400	5 300
1er quartile	**9 440**	8 410	10 810	6 880	9 560	12 450
Médiane (D5)	**18 980**	**17 530**	**20 410**	**14 340**	**17 490**	**19 390**
3e quartile	**27 630**	25 470	29 910	20 700	23 260	25 900
9e décile (D9)	**39 660**	35 220	44 180	26 340	29 770	34 130
Indicateurs d'inégalités						
Rapport interdécile D9/D1	**13,7**	**13,9**	**13,1**	**11,9**	**8,7**	**6,4**

Champ : France hors Mayotte, ensemble des salariés hors élus, hors salariés agricoles et apprentis stagiaires, hors salaires versés par des particuliers employeurs.

Insee.

Document 2. *La syndicalisation des salariés en France depuis 1949*

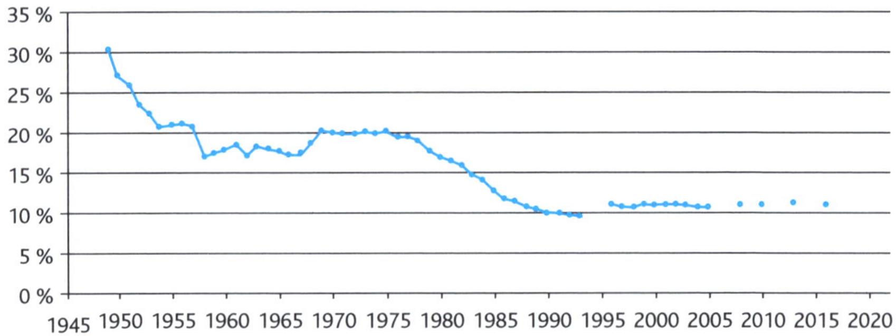

Champ : ensemble des salariés de plus de 15 ans – France métropolitaine.

Sources :
De 1949 à 1993, estimations fondées sur le nombre de cotisations syndicales.
Entre 1996 et 2005, rétropolations DARES sur données de l'enquête EPCV (Insee).
En 2008 et 2010, estimations DARES à partir de données de l'enquête SRCV (Insee).
En 2013 et 2016, calcul Dares à partir des enquêtes CT 2013 et RPS-CT 2016 (Dares-DGAFP-Drees-Insee).

Document 3.

Le premier fait est – malheureusement – d'une grande banalité : il s'agit de l'ampleur qu'a atteint, dans notre société, ce que l'on peut appeler le phénomène du désavantage social, le phénomène que représente l'existence de « groupes désavantagés ». J'entends par là des groupes dont les membres sont en situation vulnérable, sont exposés au chômage, à la précarité, aux emplois durs et mal rémunérés, à la relégation dans certains cas… Lorsque l'on regarde la société française telle qu'elle est aujourd'hui (et de ce point de vue, je suis profondément d'accord avec les critiques que Louis Chauvel[1] n'a cessé de formuler, ces dernières années, contre la thématique de la moyennisation), on ne peut pas ne pas être frappé par l'étendue du phénomène et par le nombre de groupes qu'il affecte. Il y a, d'une part, tout un pan des salariés d'exécution du secteur privé : ces ouvriers frappés, aujourd'hui plus que jamais, par le chômage, la marginalisation, le fait de travailler dans des entreprises en déclin, et plus largement par tout ce processus de détérioration de la condition ouvrière sur lequel, depuis plusieurs années déjà, des travaux de sociologues ont attiré l'attention ; ces salariés occupant, dans les services et le tertiaire, ce qu'il est convenu d'appeler les emplois peu qualifiés… Tout un pan du salariat d'exécution du privé est aujourd'hui en situation de désavantage social.

Olivier Schwartz, *Vivons-nous encore dans une société de classe ?*, www.laviedesidees.fr, 2009.

1. Louis Chauvel est un sociologue français contemporain.

CORRIGÉS

1 → Énoncé p. 120

1. 20 % de la population française a un patrimoine inférieur à 11 200 euros en 2018.

2. Le rapport inter-décile est égal à $\frac{607\,700}{3\,800} = 159{,}9$ et l'écart inter-décile à 607 700 – 3 800 = 603 900.

3. Les données indiquent l'existence de très fortes inégalités de patrimoine. Le patrimoine minimal des 10 % les plus riches est quasiment 160 fois supérieur au patrimoine maximal des 10 % les plus pauvres. 1 % de la population a un patrimoine supérieur à 1 941 600 euros alors que la moitié des Français a un patrimoine inférieur à 163 100 euros.

2 → Énoncé p. 120

1. Il existe des inégalités entre les hommes et les femmes. L'insertion sur le marché du travail est moins bonne (plus de temps partiel et de sous-emploi, position moins prestigieuse) pour les femmes et ces dernières subissent plus souvent des violences sexuelles. Leur espérance de vie est néanmoins meilleure car elles occupent, en moyenne, des métiers physiquement moins pénibles que les hommes et qu'elles prennent plus soin de leur santé.

2. Au cours de la socialisation, les individus intériorisent des représentations genrées. Cela conduit les femmes à s'orienter vers des études destinant à des métiers dits « féminins » qui sont, en moyenne, moins valorisés socialement et moins bien rémunérés. Les femmes vont avoir plus en charge que les hommes la gestion des tâches domestiques et, notamment, le suivi des enfants, ce qui va les pénaliser dans leur carrière. Cette moins bonne position des femmes sur le marché du travail pousse à accroître la division des tâches au sein du foyer et renforce l'enfermement des femmes dans les tâches domestiques.

3 → Énoncé p. 121

1. On peut dire que les travailleurs non qualifiés forment une classe en soi car ils partagent des conditions objectives proches (notamment salaires, conditions d'emploi et de travail proches).

2. Non, car il n'y a pas de sentiment d'appartenance. Les clivages de genre, d'âge ou ethnique l'emportent sur les clivages de classe dans les représentations.

4 → *Énoncé p. 121*

1. On observe une tendance à la baisse du sentiment d'appartenance à une classe sociale depuis le milieu des années 1970. On observe toutefois une remontée du sentiment d'appartenance depuis 2002.

2. On peut voir que, malgré une tendance à la baisse du sentiment d'appartenance à une classe, ce dernier est resté important car il y a toujours eu plus de 55 % de la population qui se sentait appartenir à une classe. Néanmoins, on peut constater un certain déclin des classes au sens de classe pour soi en lien avec cette baisse du sentiment d'appartenance. L'augmentation du sentiment d'appartenance depuis 2002 suggère un retour des classes sociales. En termes de représentations, la vision d'un monde divisé en classes sociales est en augmentation.

SUJET DU BAC

Introduction

Accroche

« Fracture sociale », « candidat du peuple », « président des riches », etc., le débat social et politique fait constamment référence à la structure sociale. Si l'existence d'inégalités est mise en avant, les analyses en termes de classe sociale ont néanmoins perdu en popularité. La sortie progressive de la société industrielle, la moyennisation de la société puis, à partir des années 1980, l'influence croissante des idées économiques libérales et le déclin de l'influence des partis ouvriers (ou leur transformation idéologique et politique) laissent penser que la société ne peut plus être pensée en termes de classes. À l'inverse, à partir du milieu des années 2000, le thème du « retour des classes sociales » suscite de nouveaux travaux, notamment en lien avec l'accroissement récent des inégalités économiques après une longue phase de réduction de ces dernières.

Définition des termes du sujet

Nous pouvons définir les classes sociales comme des catégories qui sont, à la fois, inégalement dotées en termes économiques et sociaux et marquées par une forte identité de classe. Une société de classes est une société au sein de laquelle il est possible de distinguer clairement des groupes sociaux aux intérêts divergents. L'existence de classes implique l'existence d'une lutte des classes en lien avec l'existence d'une conscience de classe.

Problématisation

Dans quelle mesure une lecture de la société en termes de société de classe est-elle toujours pertinente aujourd'hui ? Le concept de classe sociale est-il toujours fécond pour analyser la structure sociale actuelle ?

Annonce du plan

Nous examinerons, dans un premier temps, pourquoi certains sociologues ont mis en avant l'idée d'une disparition progressive des classes sociales à partir des années 1950. Nous montrerons toutefois, dans une seconde partie, que si les inégalités sont multidimensionnelles, elles n'en restent pas moins toujours fortement structurées. Nous verrons néanmoins, dans un troisième temps, que la réouverture des inégalités ne semble pas déboucher pour le moment sur une prise de conscience d'une appartenance de classe et que la question d'un retour des classes sociales reste pour le moment une question largement ouverte.

Développement

Partie 1

→ Objectif : expliquer les arguments qui ont été mis en avant pour justifier l'idée d'une fin des sociétés de classe.

Première sous-partie : la moyennisation de la société.

Les évolutions sociales qui ont eu cours dans la seconde moitié du XXe siècle ont conduit à un développement des classes moyennes et à une réduction des inégalités. Les PCS les plus dynamiques en termes d'effectifs sont les cadres, les professions intermédiaires et les employés. La consommation de masse, la diversification des modes de vie, le développement de la protection sociale, l'accès d'un grand nombre de ménages à la constitution d'un patrimoine, etc. seraient autant d'évolutions qui rendraient obsolète une lecture de la société en termes de classes et plus encore de classes antagonistes.

Seconde sous-partie : le déclin du monde ouvrier.

L'analyse en termes de classes est fortement liée à l'existence d'une classe ouvrière nombreuse, consciente d'elle-même et organisée. À travers le syndicalisme et ses luttes, à travers une représentation politique (les partis sociaux-démocrates, puis communistes dans certains pays), la classe ouvrière est la figure centrale de la société industrielle.

En France, la part des ouvriers dans la population active augmente jusqu'au milieu des années 1970. Mais elle décline rapidement, en près de 40 ans, leur part dans l'emploi total a nettement baissé (– 10 points depuis 1982). En 2019, 20 % des personnes en emploi exercent une profession d'ouvrier.
Ces évolutions résultent des profondes transformations du système productif qui découlent de la rupture de 1974 (ralentissement de la croissance, restructurations industrielles) et plus tard de la mondialisation (nouvelle division internationale du travail avec la montée des pays émergents). Les solidarités collectives se sont réduites, la précarisation et l'individualisation des salaires et des conditions de travail se sont développées.
Au sein même de la PCS ouvrier, les inégalités se sont creusées. À côté d'ouvriers à statut, se sont développés de nombreux emplois ouvriers peu qualifiés, précarisés, mal payés qui concernent notamment les femmes, les jeunes, les immigrés et que l'on trouve souvent dans de petites entreprises (bâtiment, restauration, etc.). Au sein même des secteurs à statut se développent des stages, des emplois de contractuels ou de vacataires, emplois en intérim ou en CDD. L'individualisation des conditions de travail, la montée du chômage et la remise en cause des idéaux révolutionnaires conduisent à un affaiblissement de la classe ouvrière. Associé à la montée des classes moyennes, cette évolution renforce le thème de la fin des classes sociales. Nous pouvons ainsi voir dans le document 1 que les inégalités sont fortes entre les salariés sans diplôme, le rapport interdécile pour le revenu salarial annuel étant de 11,9.

Troisième sous-partie : le déclin des identités collectives.
Au-delà de la baisse des effectifs ouvriers et du développement d'une consommation de masse en lien avec la réduction des inégalités, ce sont les « identités de classe » qui ont été remises en cause.
Le parti communiste, qui se présentait comme le parti de la classe ouvrière a vu son influence électorale et sa présence militante sur le terrain se réduire considérablement par rapport au début des Trente Glorieuses. La culture et la sociabilité ouvrières semblent appartenir au passé. Plus largement, c'est le vote de classe qui semble remis en cause. Le vote ouvrier pour la gauche ne va plus de soi (notamment en raison de la montée en puissance de l'abstention et de l'extrême droite). L'identité ouvrière, marquée jadis par une « conscience fière », est aujourd'hui dévalorisée, notamment auprès des enfants d'ouvriers qui refusent très largement le travail en usine, qui aspirent à une promotion sociale par l'école, mais qui sont largement floués, dans un contexte où les transformations de l'emploi et celles du système éducatif ne permettent pas aux élèves qui accèdent au lycée et à l'université d'atteindre les situations sociales qu'ils espéraient.

Les sondages montrent que le sentiment d'appartenance de classe a fortement diminué depuis le milieu des années 1970 et que de nombreuses personnes interrogées se situent dans la classe moyenne. Nous observons ainsi, dans le document 2, une forte baisse du taux de syndicalisation depuis le milieu des années 1970. Cela traduit une baisse de la mobilisation des travailleurs et de la nécessité de s'unir pour défendre ses intérêts.
La multiplicité des appartenances (de genre, de culture, minorités ethniques, etc.) et la valorisation croissante de ces dimensions non économiques ont contribué à brouiller les frontières entre les groupes et à amoindrir la conscience de classe. Une femme ouvrière peut ainsi se considérer comme appartenant au groupe social des femmes au même titre qu'une femme cadre du fait que leur genre les conduit à partager des problématiques communes (et notamment celle de la discrimination des femmes). Comme nous pouvons le voir dans le document 1, les inégalités salariales entre hommes et femmes restent fortes.

Transition

Nous avons ainsi vu que depuis la fin de la Seconde Guerre mondiale différentes logiques sociales à l'œuvre ont conduit à questionner la pertinence d'une grille d'analyse en terme de classe. La réduction des inégalités économiques, la montée des classes moyennes, le déclin du mouvement ouvrier et la prise en compte croissante des questions ethniques, de genre, de préférence sexuelle, etc. ont conduit à une société moins structurée que par le passé autour d'un conflit central lié à la sphère du travail. Les classes sociales ne semblent ainsi plus d'actualité. Faut-il alors conclure à la fin des classes sociales ?

Partie 2

→ Objectif : montrer que les inégalités sont toujours fortement structurées, permettant de définir des groupes relativement distincts au sein desquels la reproduction sociale reste forte.

Première sous-partie : le maintien de fortes inégalités économiques.

En longue période, depuis les années 1960, on a assisté, dans les pays développés (en Europe plus qu'aux États-Unis) à une tendance à la réduction des inégalités de revenus. Cela a résulté dans une large mesure d'une fiscalité relativement élevée et (de façon variable selon les pays) de la mise en place de prestations sociales et de la fourniture de services collectifs gratuits ou peu coûteux. À partir des années 1980-2000, on assiste à une rupture de tendance qui conduit désormais à un diagnostic largement partagé : les inégalités de revenus se creusent depuis une trentaine d'années. Le phénomène a commencé aux États-Unis et, dans un premier temps, l'Europe continentale a semblé protégée du fait de l'existence

d'États-providence généreux. Mais plus récemment, les inégalités se creusent également en Europe (y compris en France). Cette évolution résulte surtout d'une forte augmentation des très hauts revenus.
Par ailleurs, on assiste, au bas de l'échelle sociale, au développement de la pauvreté qui affecte une partie de la population victime du chômage, de la précarité, du mal-logement et de formes diverses de marginalisation. La situation des employés se détériore. On assiste ainsi, à la fois, au creusement des inégalités entre revenus du patrimoine et revenus du travail et, au sein des salariés, à un creusement des inégalités entre les titulaires de très hauts salaires et les autres salariés. Comme nous pouvons le voir dans le document 1, les inégalités salariales sont fortes en 2019. Le rapport interdécile du revenu salarial annuel est en effet de 13,7.
À cette évolution de la répartition primaire des revenus, s'ajoutent les conséquences d'une moindre redistribution des revenus. On a assisté au cours des 30 dernières années à une baisse des taux d'imposition sur les tranches de revenus les plus élevées. Ce mouvement est engagé dès le début des années 1980 aux États-Unis et se diffuse ensuite dans les autres pays industrialisés sous l'effet de la concurrence fiscale.
Ces différentes évolutions conduisent à une polarisation en faveur des plus riches (en termes de revenus et de patrimoines) et explique des mouvements comme « *Occupy Wall Street* » qui dénoncent les 1 % de la population les plus riches.

Seconde sous-partie : les inégalités font système.
Les inégalités de revenus et de patrimoines ne sont pas les seules pertinentes et on constate que les inégalités dans leur ensemble se maintiennent ou s'accroissent. Un enfant de cadre a toujours beaucoup plus de chances de devenir titulaire du baccalauréat général et d'entrer en classe préparatoire qu'un enfant d'ouvrier. La part des enfants d'ouvriers parmi les élèves des grandes écoles est en diminution par rapport à la situation des années 1950. Ces inégalités ont des conséquences d'autant plus graves que le marché du travail est devenu plus sélectif et que les individus qui sortent sans diplôme du système éducatif auront de très grandes difficultés d'insertions professionnelles et sociales. Les élèves en échec scolaire sont massivement issus des catégories populaires.
Les travaux sur les pratiques culturelles montrent aussi la persistance des inégalités dans ce domaine. En dépit des politiques culturelles et de l'augmentation des taux de scolarisation, il existe un lien très fort entre les pratiques culturelles légitimes et le milieu social d'origine. Il en va de même en matière de santé : les différences sociales d'espérance de vie augmentent chez les hommes et sont stables chez les femmes. On observe une augmentation de la fréquence des renoncements aux soins médicaux pour des raisons économiques.

Les inégalités en matière de logement sont aussi très importantes. Non seulement il existe un problème récurrent d'accès au logement pour toute une partie de la population mais des quartiers entiers sont stigmatisés, caractérisés par une dégradation de l'habitat et de l'environnement, par des taux de chômage et de pauvreté nettement plus élevés que la moyenne.
Les inégalités font système. Elles ne sont pas simplement des dimensions multiples de la réalité sociale, elles sont interdépendantes et cumulatives. Ainsi, si la société s'est complexifiée et que différentes logiques sont à l'œuvre dans la constitution et la reproduction des inégalités, il convient de ne pas oublier les liens qui les unissent. Nous pouvons voir dans le document 3 qu'il existe un groupe d'individus qui cumulent les désavantages sociaux.
Si le découpage de la population en groupes distincts est moins aisé que par le passé, il semble tout de même que des groupes sociaux se détachent objectivement les uns des autres de par leurs pratiques sociales, leur situation économique, leurs perspectives d'évolution, etc.

Troisième sous-partie : le maintien d'une forte reproduction sociale.
Au-delà de la persistance de groupes sociaux inégalement dotés, il existe toujours une forte reproduction sociale. L'idéal démocratique comportait une promesse de réduction des inégalités et aussi une promesse de mobilité sociale. La fin des sociétés d'ordre a fait naître l'espoir (explicite dans la déclaration des droits de l'homme de 1789) d'une société où la place de chacun ne dépendrait que de ses mérites et où toutes les positions sociales seraient accessibles à tous. L'égalité des chances reste, néanmoins, un idéal éloigné de la réalité sociale et on observe une tendance à la reproduction des inégalités.

Transition

Il semble ainsi toujours exister des inégalités fortes qui structurent la société en groupes distincts. Les évolutions récentes laissent à penser que la société tend à se polariser et que la reproduction sociale s'accroît au sein des groupes. Ces évolutions objectives de la société ont conduit certains sociologues à se demander si nous n'assisterions pas à un retour des classes sociales en France.

Partie 3

→ Objectif : questionner un éventuel retour des classes sociales impose ainsi d'analyser la représentation que la société a d'elle-même et de se demander si la polarisation objective de la société a conduit au développement d'identités collectives distinctes débouchant sur des conflits. Qu'en est-il ?

Première sous-partie : des classes sociales sans conscience.

Si l'évolution récente des inégalités sociales et économiques plaide pour une persistance, voire un renforcement, des classes « en soi » (conditions objectives), l'existence de classes « pour soi » (conditions subjectives) pose davantage de problèmes. La bourgeoisie semble aujourd'hui être la seule classe sociale au sens de Marx, c'est-à-dire qu'elle ajoute à ses conditions objectives, une conscience aigüe de ses intérêts et une capacité à développer des actions susceptibles de les défendre. En ce qui concerne les classes populaires, la conscience de classe semble être particulièrement faible. Les ouvriers et les employés non qualifiés ne partagent pas une conscience de classe bien qu'ils partagent des conditions objectives proches. Cela résulte d'une faible intégration professionnelle, syndicale et politique des non qualifiés. Cela conduit à des oppositions (entre jeunes et vieux ou entre immigrés et non immigrés) et à des stratégies de repli sur des sphères familiale ou de loisirs extérieures au travail.

Seconde sous-partie : un retour de la conflictualité.

Pour Marx, c'est à travers les luttes sociales que les classes manifestent leur existence et la conscience qu'elles ont d'elles-mêmes. Nous assistons sur une période récente à une remontée de la conflictualité. Les statistiques montrent que le sentiment d'appartenance de classe est en augmentation depuis une quinzaine d'années après une baisse constante depuis les années 1970.

Troisième sous-partie : un avenir encore incertain.

Si la montée des inégalités nous rappelle qu'il existe des conflits d'intérêts qui structurent la société et si les conflits sociaux manifestent une résistance et un début de prise de conscience, cela ne signifie pas pour autant que l'on peut en revenir à une grille de lecture antérieure. En effet, nul ne peut savoir si les clivages internes importants en termes de genre, de génération, d'origine ethnique ou nationale, de statut plus ou moins protégé qui marquent les différents groupes ne vont pas déboucher sur des logiques communautaristes où les inégalités seraient pensées en termes ethniques ou religieux. De même, on peut craindre que les révoltes contre le fonctionnement du système économique ne débouchent que sur des révoltes semblables à celles qui se sont produites en France en 2005 ou plus récemment en Angleterre ou à la Réunion où les émeutes et pillages ont été de règles sans que se constituent des groupes structurés avec un projet politique bien défini. Dans le passage de la classe en soi à la classe pour soi, la question des perspectives politiques est centrale. Ces perspectives font aujourd'hui très largement défaut.

Conclusion

Résumé de l'argumentation

De la Révolution industrielle aux années 1960, la représentation de la société en termes de classes sociales s'est imposée. À partir des années 1970, le discours sur les classes sociales va progressivement être remis en cause et voir son influence intellectuelle s'affaiblir de manière considérable. Le déclin du marxisme, la crise mondiale à partir de 1974, la chute du mur de Berlin puis de l'Union soviétique, les transformations des structures industrielles et de l'organisation du travail et la montée de la scolarisation convergent pour abandonner le paradigme des classes sociales. Cependant, à partir des années 2000, le thème du « retour des classes sociales » émerge dans la littérature sociologique. Dans une large mesure, cela est lié au constat de la persistance des inégalités et de la reproduction sociale. Les sociologues soulignent aussi le maintien d'une forte conflictualité qui oppose les salariés et les employeurs sur des enjeux liés principalement au travail et au salaire. Pour autant, on ne peut pas considérer que l'on assiste, dans les faits et dans les analyses, au retour à la situation antérieure. La structure sociale s'est complexifiée et des enjeux considérés jadis comme secondaires occupent désormais une place importante dans la vie sociale (inégalités de genres, inégalités entre les générations, discriminations ethniques, etc.), rendant plus difficile l'émergence d'une conscience de classe.

Ouverture

Le récent mouvement social contre la réforme des retraites peut-il être considéré comme le signe d'un retour de la lutte des classes ?

L'action de l'école

CHAPITRE 7

1 Un projet d'émancipation par l'école

A La méritocratie républicaine

- Dans les sociétés démocratiques, avec la mise en avant de l'égalité des citoyens, la place occupée par chacun doit dépendre de son mérite et non de son origine sociale. En opposition avec la logique aristocratique où les titres se transmettent par héritage, il s'agit de promouvoir l'**égalité des chances***. L'école joue un rôle central dans cette promotion. En permettant une transmission des savoirs, elle offre à tous une possibilité d'ascension sociale par la réussite scolaire.

- Le développement d'une école publique, notamment sous la IIIe République, avait pour objectif de faire de cette dernière un vecteur de **mobilité sociale**. S'il existait des positions socialement plus valorisées que d'autres et qu'il n'était pas question de remettre en cause ces inégalités, le pouvoir politique mettait en avant la nécessité que l'accès à l'élite soit possible pour tous, en fonction de son mérite et non de son origine. En lien avec la volonté de consolider l'esprit républicain, on entendait prôner une démocratisation de l'accès à l'élite par la sélection scolaire (élitisme républicain).

> **Mot-clé**
> **Mobilité sociale :** changement de position sociale.

- L'école républicaine se voulait ainsi au service de l'égalité des chances. Cette volonté a conduit à forger une culture du classement et de la sélection très forte dans le système scolaire français : création des grandes écoles avec une sélection sur concours, mise en place d'un diplôme national de fin d'études, etc. L'école se veut, par ailleurs, gratuite et des bourses sont offertes aux personnes d'origine modeste pour éviter une sélection par l'argent.

B La démocratisation scolaire

- Progressivement, dans un contexte où les diplômes prennent une importance croissante, il n'a plus été question de sélectionner uniquement une élite mais de permettre à tous d'accéder à l'éducation. Ainsi, a été mise en place l'« école unique » entre 1959 (avec le décret Berthoin qui porte la scolarité obligatoire à 16 ans et permet la généralisation de l'entrée au collège) et 1975 (avec la réforme Haby instaurant le collège unique, tous les collégiens devant suivre le même parcours). De nouvelles filières sont créées (technologiques en 1968 et professionnelles en 1985 au niveau du lycée, par exemple, ou dans le supérieur avec la création des BTS en 1962) afin de permettre la scolarisation la plus large possible. Les **taux de scolarisation*** augmentent.

- Une démocratisation quantitative ou **massification** de l'enseignement est, de ce fait, clairement observée depuis 1950. Quel que soit le diplôme considéré ou le type de formation, on observe qu'une part plus grande de la population y a accès. Les **taux d'accès aux différents diplômes*** ou formations augmentent. Ainsi, en 1951, 5,3 % d'une génération avait le Bac contre 79,7 % en 2019 (42,5 % de bacheliers généraux, 16,4 % de bacheliers technologiques, 20,8 % de bacheliers professionnels).

Mot-clé

Massification scolaire : augmentation des taux de scolarisation, des taux d'accès aux diplômes (quel que soit le diplôme considéré) et aux différents types de formations.

Document 1. *Le pourcentage d'une génération qui a le Bac en fonction de l'année de naissance*

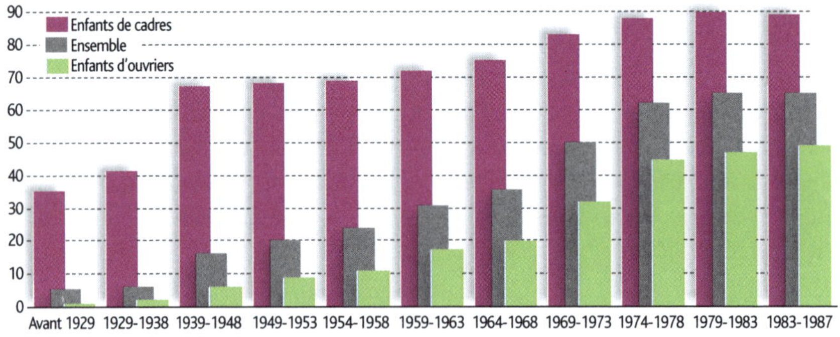

Ministère de l'Éducation nationale.

C L'inflation scolaire

- On peut, toutefois, questionner les effets de cette massification sur la mobilité sociale. Elle aurait dû permettre une ascension sociale des enfants aux origines modestes et servir ainsi l'égalité des chances. Or, c'est rarement ce qui a été constaté. **Avec la massification de l'enseignement, les diplômes ont perdu de leur valeur.** Avoir le Bac aujourd'hui ne suffit plus à un fils d'ouvrier pour obtenir un emploi socialement plus valorisé que celui de son père. D'une manière générale, décrocher un diplôme supérieur à celui de son père ne permet plus d'assurer une mobilité sociale ascendante. C'est le **paradoxe d'Anderson**.

- Il existe un phénomène d'**inflation scolaire**. Le diplôme joue toujours un rôle majeur dans les trajectoires individuelles (les fortes ascensions sociales sont quasiment toujours à relier à une forte réussite scolaire) et demeure le meilleur rempart contre le **déclassement**. Toutefois, il faut atteindre un niveau toujours plus élevé de diplôme pour s'assurer une bonne intégration sur le marché du travail.

> **Mots-clés**
> - **Déclassement (intergénérationnel) :** fait d'avoir une position sociale moins valorisée que celle de ses parents (mobilité sociale descendante).
> - **Inflation scolaire :** augmentation de la part des diplômés dans la population, ce qui rend chaque niveau de diplôme moins distinctif.

2 L'École et la reproduction sociale

A Le poids de l'origine sociale

- On constate que l'origine sociale joue toujours fortement sur la réussite scolaire. Si les enfants de milieux défavorisés sont plus scolarisés qu'avant, les inégalités d'accès à l'éducation restent fortes et se sont, en partie, simplement déplacées. Ces derniers restent rares dans les formations les plus prestigieuses (*ex. :* les grandes écoles) et sont surreprésentés dans les études courtes. En 2017, les enfants de cadres supérieurs sont 2,9 fois plus nombreux que les enfants d'ouvriers parmi les étudiants alors qu'ils sont presque deux fois moins nombreux dans la population totale. La **démocratisation qualitative** désigne ainsi l'augmentation des taux de scolarisation qui s'accompagne d'une réduction des inégalités sociales d'accès aux différentes formations. Jusque dans les années 1960, démocratisation quantitative et qualitative ont pu être observées conjointement mais, depuis cette époque, seule la démocratisation quantitative progresse.

> **Mot-clé**
> **Démocratisation qualitative (égalisatrice) :** augmentation des taux de scolarisation qui s'accompagne d'une réduction des inégalités sociales d'accès aux différentes formations.

- Les différences de parcours scolaires en fonction de l'origine sociale se situent, aujourd'hui, avant tout dans le type de Bac obtenu et dans la poursuite d'études supérieures (ainsi que, là aussi, dans le type de filière choisie). Au-delà des diplômes obtenus, les enquêtes PISA montrent que les inégalités d'apprentissage en fonction de l'origine sociale restent très fortes en France. **Après quatre décennies, l'inégalité sociale des chances scolaires n'a pas bougé**. Dans les années 1960, les chances d'obtention d'un Bac général étaient de 56 % pour un enfant de cadre et de 11 % pour un enfant d'ouvrier, soit une différence de 45 points. Ces chances sont aujourd'hui respectivement de 72 et 22 %, soit 50 points de différence. L'écart s'est même accru. Loin de permettre l'égalité des chances, l'école favorise la **reproduction sociale**. En connaissant, en moyenne, une réussite scolaire moindre que celle des enfants de milieux favorisés, les enfants issus de classes populaires vont obtenir des diplômes qui les conduiront à occuper des positions sociales moins valorisées et vont ainsi reproduire la position sociale de leurs parents.

Mot-clé

Reproduction sociale (ou hérédité sociale) : processus qui conduit les individus à appartenir à la même catégorie sociale que leurs parents et, plus largement, à ce que les structures sociales se maintiennent.

Document 2. *La part des enfants de cadres et d'ouvriers selon les filières*

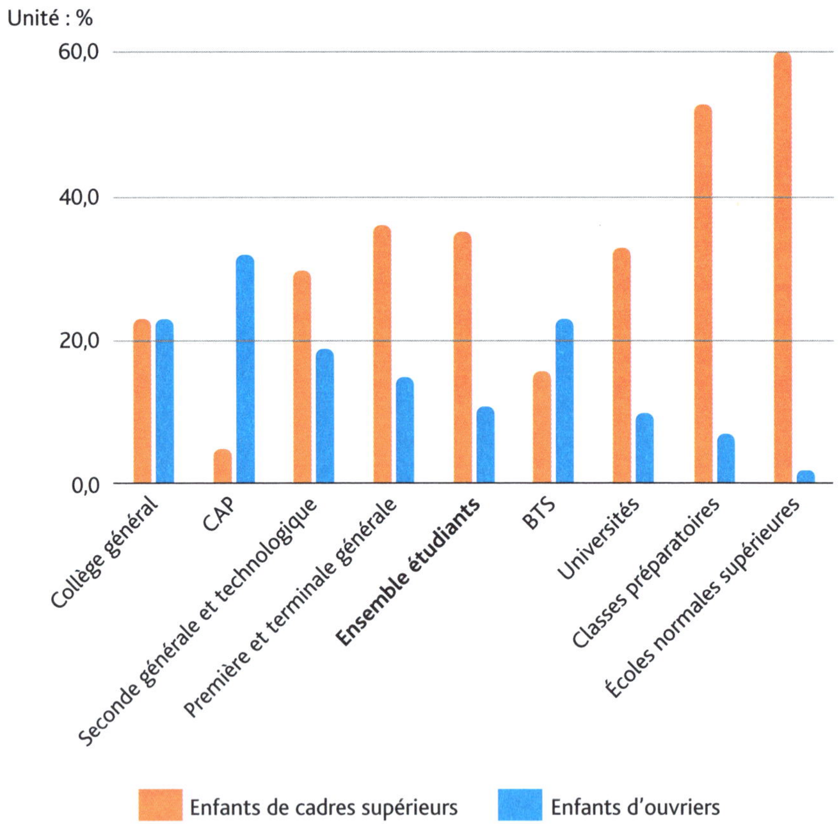

Lecture : les enfants de cadres représentent 5 % des élèves de CAP.

Ministère de l'Éducation nationale – Données 2021-2022 © Observatoire des inégalités.

B Les causes de l'inégalité des chances

- Ces différences de réussite scolaire s'expliquent, en partie, par le **contexte familial et social** dans lequel les enfants grandissent. En effet, les parents issus de milieux favorisés disposent de plus de capitaux qui favorisent la réussite scolaire de leurs enfants. Le capital économique permet, notamment, de disposer d'un logement suffisamment grand pour que l'enfant bénéficie d'un cadre propice au travail et de financer des séjours linguistiques et des cours particuliers pour palier certaines difficultés scolaires. Le **capital culturel*** joue aussi beaucoup. La culture générale des parents issus de milieux favorisés (notamment en lien avec leur niveau élevé de diplôme), leur maîtrise d'un langage soutenu, les livres présents au domicile favorisent la réussite scolaire de leurs enfants. Le capital social a aussi une importance car le réseau de relations des parents permet de disposer d'informations sur les formations porteuses et de bien conseiller son enfant.

> **Mot-clé**
> **Capital économique :** au sens large, ensemble des ressources économiques (patrimoine, revenus).

> **Mot-clé**
> **Capital social :** ensemble des facilités sociales (réseau de relations, familiarité avec les institutions, etc.) qu'un ménage ou un individu est capable de mobiliser à son profit ou au profit de ses enfants.

- Au-delà de ce qu'on a pu appeler un « handicap culturel » des enfants issus de milieux populaires, la spécificité de leur orientation s'explique aussi par des **stratégies particulières des familles**. À niveau scolaire égal, les **choix d'orientation** ne sont pas les mêmes. Raymond Boudon souligne le fait que les familles réalisent des calculs coûts/avantages. Poursuivre des études supérieures est coûteux et l'effort est relativement plus important dans les milieux populaires. Les gains associés à ces poursuites d'études n'étant pas assurés, les familles populaires ont tendance, à niveau scolaire égal, à plus privilégier les études courtes que les familles favorisées.

- Il existe, par ailleurs, un cercle vicieux entre **ségrégation spatiale** et scolaire : les lycées de centre-ville attirent les familles et cela conduit à une augmentation du prix du logement dans ce secteur. Cette augmentation du prix conduit à ce que les familles les moins favorisées ne peuvent s'y loger et sont contraintes de vivre en périphérie. Les enfants de milieux favorisés vont ainsi être surreprésentés en centre-ville, renforçant ainsi la ségrégation scolaire.

- **La structure scolaire** joue aussi sur la reproduction sociale. En fonction des pédagogies mises en œuvre, de la configuration des classes et des politiques scolaires menées, l'école peut amplifier ou réduire les inégalités qui lui préexistent. Des classes aux effectifs trop nombreux, des consignes pas assez explicites, des programmes de révision trop flous nuisent, par exemple, à l'égalité des chances.

C Une reproduction genrée

- On observe aussi des **parcours scolaires différenciés en fonction du genre**. Si les filles réussissent globalement mieux dans les apprentissages et sont, en définitive, de meilleures élèves, elles choisissent souvent des filières moins porteuses professionnellement ou qui préparent à des métiers considérés comme féminins (par exemple dans le domaine de la petite enfance) renforçant ainsi la reproduction sociale.

  Ex. : Les filles s'orientent moins en classes préparatoires aux grandes écoles à niveau égal.

- Ainsi, en 2022, le taux de retard scolaire des filles à l'entrée en sixième est de 3,9 % contre 5,3 % pour les garçons. Le taux de réussite au DNB des filles est de 91 % contre 85 % pour les garçons. Au bac, les filles obtiennent nettement plus de mentions « bien » ou « très bien » que les garçons. À niveau égal, elles sont néanmoins moins confiantes que les garçons pour réussir l'année à venir.

Document 3. *La part des filles dans différentes spécialités au lycée en voie générale en France en 2022*

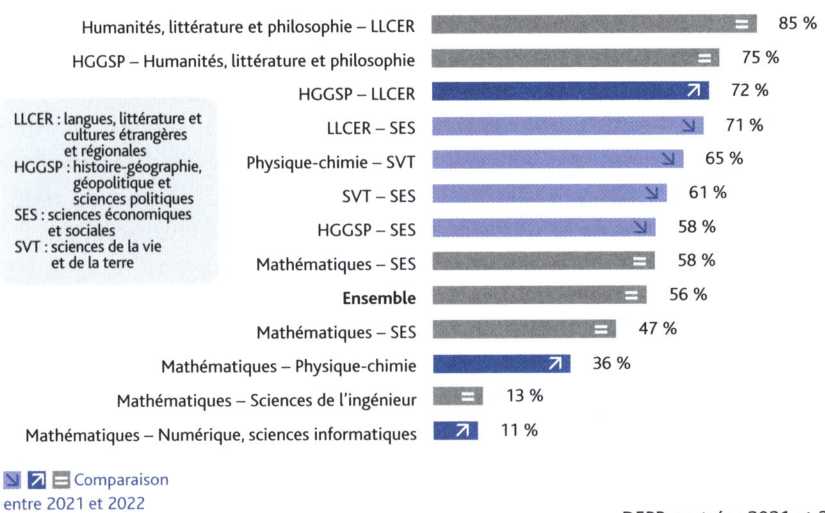

DEPP, rentrées 2021 et 2022.

- Si la socialisation familiale des enfants explique, en partie, ces différences de comportement, les **enseignants jouent aussi un rôle important** (conseils donnés au moment des choix d'orientation, attitudes en classe différente vis-à-vis des filles et des garçons, etc.).

COMMENT FAIRE ?

Calculer, lire et interpréter une proportion et un pourcentage de répartition

LA PROPORTION

- Le calcul d'une **proportion** permet de mesurer ce que représente **une valeur par rapport à une autre**.

$$\textbf{Proportion} = \frac{\text{valeur n° 1}}{\text{valeur n° 2}}$$

- Elle permet d'**effectuer des comparaisons dans l'espace et dans le temps**.

Application

Document 4. *La proportion de personnes sans instruction ou diplômées de l'enseignement supérieur en France selon le pays de naissance (en %)*

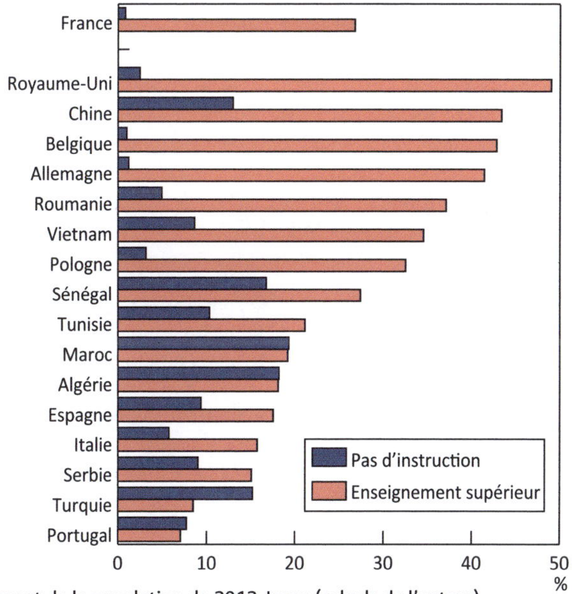

Source : recensement de la population de 2012, Insee (calculs de l'auteur).

Champ : natifs et immigrés de 18 ans et plus en France venant d'un des 16 pays d'origine les plus fréquents (qui représentent près de trois quarts de l'ensemble des immigrés majeurs).

Lecture : parmi les immigrés de plus de 18 ans vivant en France et nés en Chine, 13 % n'ont jamais fréquenté l'école et 43 % possèdent un diplôme de l'enseignement supérieur, contre 1 % et 27 % parmi les natifs.

Mathieu Ichou, *Population & Sociétés*, n° 541, Ined, février 2017.

• Nous voyons dans ce document que, parmi les immigrés de plus de 18 ans vivant en France et nés en Chine (groupe de référence), 43 % possèdent un diplôme de l'enseignement supérieur. Le chiffre a été obtenu en divisant le nombre d'immigrés de plus de 18 ans vivant en France, nés en Chine et diplômés du supérieur par l'ensemble des immigrés de plus de 18 ans vivant en France et nés en Chine.

LE POURCENTAGE DE RÉPARTITION

Un **pourcentage de répartition** est une proportion qui représente **la valeur d'une partie d'un ensemble par rapport à cet ensemble** :

$$\textbf{Pourcentage de répartition} = \frac{\text{valeur de la partie}}{\text{valeur de l'ensemble}}$$

Application : la médiane

Document 5. *Les salaires mensuels nets en 2016 en France*

Cadres[1]	4 060
Professions intermédiaires	2 241
Employés	1 590
Ouvriers	1 681
Hommes	2 431
Femmes	1 969
Ensemble y c. emplois aidés	**2 238**
Ensemble hors emplois aidés	2 263

1. Y compris chefs d'entreprise salariés.

Champ : France, salariés en EQTP du privé et des entreprises publiques, y compris bénéficiaires de contrats aidés et de contrats de professionnalisation ; hors apprentis, stagiaires, salariés agricoles et salariés des particuliers employeurs.
Salaire indiqué en équivalent temps plein.

Insee, déclarations annuelles de données sociales (DADS).

• Pour comparer le salaire mensuel net des femmes à celui des hommes, nous pouvons calculer ce que les femmes gagnent par rapport aux hommes soit $\frac{1\,969}{2\,431}$ = 0,81, ce qui signifie que les femmes ont en moyenne 81 % du salaire des hommes et qu'elles gagnent donc 19 % de moins.

• On peut aussi calculer ce que les hommes gagnent par rapport aux femmes, soit $\frac{2\,431}{1\,969}$ = 1,23, ce qui signifie que les hommes ont en moyenne un salaire qui vaut 123 % de celui d'une femme et que donc ils gagnent en moyenne 23 % de plus que les femmes.

EXERCICES

Vérifier ses connaissances

1 L'inégalité des chances

Reliez chaque exemple au facteur d'inégalité de réussite scolaire qu'il illustre.

Exemples	Facteurs
Une mère ingénieure aide son fils à préparer son contrôle de maths. •	• Rôle de l'école
Des parents déménagent pour habiter près d'un lycée prestigieux et y scolariser leurs enfants. •	• Rôle du capital culturel
Un professeur reprend plus sévèrement une fille qu'un garçon à la suite d'une attitude déplacée en classe. •	• Investissements familiaux
Un établissement supprime le soutien mis en place pour les élèves les plus faibles. •	• Socialisation différenciée selon le genre
Un parent, très impliqué dans la scolarité de son enfant, passe beaucoup de temps à se renseigner sur les filières porteuses professionnellement après le Bac. •	• Effet des stratégies des ménages

→ *Corrigé p. 146*

2 L'évolution du système éducatif

Document 6. *Les trois voies du lycée : repères socio-historiques*

Moins d'un tiers des élèves de première ou terminale générales sont des enfants d'ouvriers ou d'employés, alors que ces derniers représentent la moitié des élèves de 6ᵉ. Dans la voie technologique, ils constituent 45 % des élèves, répartis entre 8 séries de sciences et technologies. La voie professionnelle (bacs professionnels et brevets des métiers) est, quant à elle, majoritairement fréquentée par des élèves issus des classes populaires : 55 % de son public sont des enfants d'ouvriers ou d'employés, auxquels il faut ajouter 13 % d'enfants de chômeurs n'ayant jamais travaillé ou de personnes sans activité professionnelle. [...]
Malgré toutes les rénovations du lycée entreprises ces deux dernières décennies, ces proportions sont très stables depuis 2000. Et pourtant, la proportion de bacheliers dans une génération a augmenté depuis 2009. Après avoir atteint un palier autour de 62 % entre 1995 et 2008, elle a grimpé jusqu'à 79 % en 2017 suite à la réforme de la voie professionnelle. En effet, la proportion de bacheliers professionnels a doublé en une dizaine d'années,

dépassant celle de bacheliers technologiques (22 % contre 16 %). Si cette évolution contribue à élargir la diffusion du bac dans les nouvelles générations, en particulier dans les classes populaires, elle ne s'accompagne d'aucune diminution des inégalités d'obtention des trois types de bac selon l'origine sociale.

Jean-Pierre Terrail et Tristan Poullaouec, « Les trois voies du lycée : repères socio-historiques », 6 novembre 2017, www.democratisation-scolaire.fr.

1. Comment qualifier les évolutions en cours dans le système scolaire ?
2. En mobilisant les concepts d'égalité des chances, de massification scolaire et de démocratisation scolaire, expliquez la phrase soulignée.

→ *Corrigé p. 146*

S'entraîner

3 La scolarisation dans le premier degré

Document 7. *Effectifs des élèves du premier degré à la rentrée 2018 (en milliers)*

	Rentrée 2018			
	Public	**Privé**	**TOTAL**	*Part de filles (en %)*
Préélémentaire	**2 168,1**	**324,4**	**2 492,5**	**48,9**
2 ans	70,0	19,1	89,1	*50,3*
3 ans	672,2	97,6	769,7	*48,9*
4 ans	707,8	102,8	810,6	*49,0*
5 ans et plus	718,1	104,9	823,1	*48,7*
Élémentaire	**3 592,0**	**614,6**	**4 206,6**	**49,1**
CP	724,0	117,9	841,9	*48,9*
CE1	715,9	119,9	835,8	*49,2*
CE2	723,2	122,8	846,0	*49,2*
CM1	710,6	125,3	835,8	*49,1*
CM2	718,3	128,7	847,1	*49,1*
ULIS	**47,7**	**3,4**	**51,1**	**36,2**
TOTAL	**5 807,8**	**942,5**	6 750,2	**48,9**

Champ : France métropolitaine + DOM, public et privé (sous et hors contrat).

MENJ-MESRI-DEPP, *L'état de l'école 2019*.

1. Faites une phrase avec 6 750,2.
2. Faites une phrase avec 724.
3. Calculez la part des élèves scolarisés dans le privé dans le premier degré.

→ *Corrigé p. 146*

4 Socialisation et réussite scolaire

Document 8. *L'étude du cas de la famille Belhoumi*

Cette étude de cas a permis de mieux saisir, par l'intermédiaire de trajectoires genrées au sein d'une même fratrie, des éléments de compréhension, contextualisés dans le temps, sur les mobilités sociales [...]

L'enquête a souligné avec force le caractère déterminant de la certification scolaire, l'« arme du diplôme[2] » et l'importance des conditions de socialisation. Le suivi détaillé dans une même famille des parcours a fait apparaître les facteurs sociaux qui sont sous-jacents à la meilleure réussite scolaire des filles comme aux plus grandes chances d'échec à l'école des garçons.

[...] L'enquête a ainsi mis en évidence la force des dispositions sexuées dans les familles algériennes : pour les filles, à la fois la vision de l'école comme la voie de salut et d'émancipation pour échapper à l'enfermement domestique promis aux femmes de la lignée, ainsi que l'effet « bénéfique » sur leur scolarité de la restriction de leur liberté de circulation. Elle a, à l'opposé, pu mesurer l'effet éminemment négatif des privilèges éducatifs accordés aux garçons dans leur enfance et adolescence.

N.B. : enquête réalisée sur une famille algérienne émigrée en France.

Stéphane Beaud, *La France des Belhoumi. Portraits de famille (1977-2017)*, pp. 317-332, Éditions de la Découverte, 2018.

1. Que signifie l'idée qu'il existe des « facteurs sociaux sous-jacents à la réussite scolaire » ?
2. Comment l'auteur explique-t-il la meilleure réussite scolaire des filles ?
3. Comment peut-on, à l'inverse, expliquer les plus faibles résultats scolaires des garçons ?

→ *Corrigé p. 147*

5 Le poids de l'origine sociale

Document 9. *Du collège au lycée, la part des différentes catégories sociales en France*

	Collège	Segpa*	Seconde générale ou technologique	CAP	Bac pro
Agriculteurs	1,5	0,9	1,3	0,7	1,0
Artisans, commerçants et chefs d'entreprise	10,5	6,3	10,7	6,7	9,2
Cadres supérieurs	23,3	2,3	30,4	4,5	8,4
Professions intermédiaires	12,9	5,5	13,9	8,0	11,3
Employés	17,3	15,5	16,6	16,8	19,5
Ouvriers	23,0	36,0	18,7	32,4	32,5
Inactifs	11,4	33,4	8,4	30,9	18,0
Ensemble	100	100	100	100	100

*Les sections d'enseignement général et professionnel adapté (Segpa) sont les classes de collège qui accueillent les élèves les plus en difficulté.

Ministère de l'Éducation nationale – Données 2021 © Observatoire des inégalités.

1. Proposez une phrase avec 1,5.
2. Analysez les informations présentes dans le document.

→ *Corrigé p. 147*

SUJET DU BAC

Épreuve composée – Parties 1 et 2

Partie 1 – Mobilisation des connaissances
Expliquez la différence entre processus de massification et de démocratisation.

Partie 2 – Étude d'un document

Document. *La répartition des lycéens selon leur origine sociale à la rentrée 2018 (en %)*

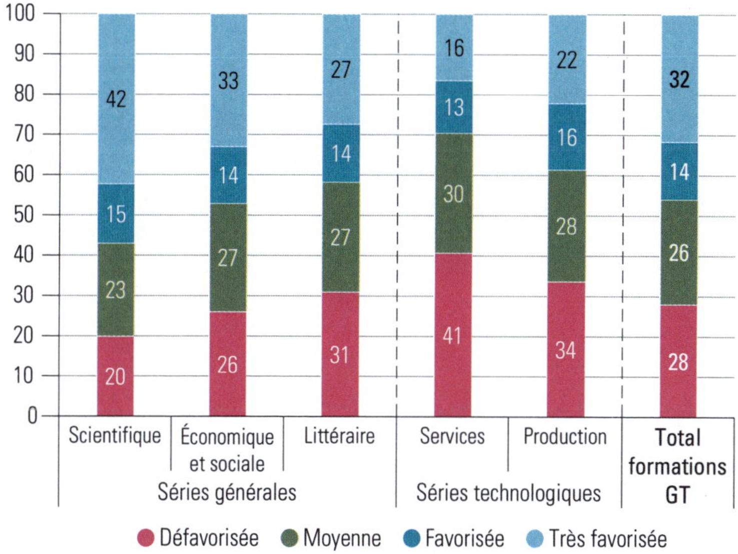

Champ : France métropolitaine + DOM, public et privé, établissements sous tutelle du MENJ (y compris EREA).
Source : MENJ-MESRI-DEPP

© DEPP, *L'état de l'école 2019*.

1. Faites une phrase avec 20 et une autre avec 41.
2. Analysez les données présentes dans le document.

CORRIGÉS

1 → *Énoncé p. 141*

Une mère ingénieure aide son fils à préparer son contrôle de maths.	Rôle du capital culturel
Des parents déménagent pour habiter près d'un lycée prestigieux et y scolariser leurs enfants.	Effet des stratégies des ménages
Un professeur reprend plus sévèrement une fille qu'un garçon à la suite d'une attitude déplacée en classe.	Socialisation différenciée selon le genre
Un établissement supprime le soutien mis en place pour les élèves les plus faibles.	Rôle de l'école
Un parent, très impliqué dans la scolarité de son enfant, passe beaucoup de temps à se renseigner sur les filières porteuses professionnellement après le Bac.	Investissements familiaux

2 → *Énoncé p. 141*

1. On observe une augmentation du taux d'accès au bac. Cette dernière a été permise grâce à l'apparition de nouveaux bacs en lien avec la création des séries professionnelle et technologique.

2. L'évolution du système scolaire est caractérisée par l'existence d'un processus de massification scolaire. Cette dernière ne s'est toutefois pas traduite par un mouvement de démocratisation d'une même ampleur ; l'inégalité des chances reste forte.

3 → *Énoncé p. 142*

1. 6 750 200 élèves étaient scolarisés dans le premier degré à la rentrée 2018.

2. 724 000 élèves étaient scolarisés en CP dans un établissement public dans le premier degré à la rentrée 2018.

3. $\frac{942{,}5}{6\,750{,}2} = 13{,}96\ \%$. 13,96 % des élèves du premier degré étaient scolarisés dans le privé à la rentrée 2018.

4 → *Énoncé p. 143*

1. Cela signifie que la réussite scolaire dépend du contexte social dans lequel l'enfant a grandi et non de capacités de réussite qui seraient innées.

2. La meilleure réussite scolaire des filles s'explique par une éducation stricte. Les filles sont plus limitées dans leurs sorties et elles s'impliquent plus dans l'école pour pouvoir s'émanciper.

3. La plus grande tolérance dont bénéficient les garçons les conduit à être moins contrôlés dans leur scolarité, ce qui nuit au sérieux scolaire et donc à leur réussite.

5 → *Énoncé p. 144*

1. En 2021, en France, 1,5 % des collégiens sont des enfants d'agriculteurs.

2. On observe que les enfants issus de milieux défavorisés sont surreprésentés dans les filières professionnalisantes. Ils représentent ainsi 32,5 % des élèves en Bac pro (8,4 % d'enfants de cadres supérieurs) contre 18,7 % des élèves de Seconde générale et technologique (30,4 % d'enfants de cadres supérieurs). Cela montre l'existence d'une inégalité des chances devant l'école en fonction du milieu d'origine.

SUJET DU BAC

Partie 1

La massification scolaire désigne l'augmentation des taux de scolarisation, des taux d'accès aux diplômes (quel que soit le diplôme considéré) et aux différents types de formations. La démocratisation renvoie au processus de réduction des inégalités sociales d'accès aux différentes formations. Cela signifie qu'il y a une amélioration de l'égalité des chances. Il peut y avoir massification sans qu'il y ait démocratisation. En effet, les enfants de tous les milieux sociaux peuvent voir leur réussite au baccalauréat s'améliorer sans que l'inégalité des chances diminue si cette augmentation profite de la même façon à tous.

Partie 2

1. 20 % des lycéens en formation en séries générales scientifiques étaient d'origine sociale défavorisée en 2018 en France. 41 % des lycéens en formation en séries technologiques spécialisées dans les services sont d'origine défavorisée en 2018 en France.

2. Nous pouvons observer que la composition sociale des lycéens varie selon la série considérée. Les lycéens issus de milieux défavorisés représentent une part plus importante des lycéens en séries technologiques qu'en séries générales. La série générale scientifique, qui est la série généralement la plus valorisée socialement, est celle qui concentre le plus de lycéens issus de milieux très favorisés. Cela témoigne du poids de l'origine sociale dans les parcours scolaires et nous permet de conclure que l'école participe à la reproduction des inégalités.

La mobilité sociale

CHAPITRE 8

1 Mesurer la mobilité sociale

A Définitions

- **La mobilité sociale** peut être considérée de différentes manières. La **mobilité intergénérationnelle** renvoie au changement de position sociale d'un individu par rapport à celle de ses parents. On compare le plus souvent la position du fils/fille par rapport à celle de son père. Si sa position sociale est plus valorisée socialement, on parlera d'**ascension sociale** (ou de mobilité verticale ascendante), si la position sociale est moins valorisée, de **déclassement** (ou de mobilité verticale descendante). L'immobilité sociale est un indicateur de la reproduction sociale. Quand elle est importante, on dit qu'il y a une forte hérédité sociale.

> **Mots-clés**
>
> • **Hérédité sociale :** processus qui amène les individus à occuper une position sociale identique à leur origine sociale.
>
> • **Reproduction sociale :** mécanisme qui conduit une société à maintenir ses caractéristiques essentielles de générations en générations. On parle, notamment, de reproduction sociale pour désigner une situation de forte hérédité sociale.

- La mobilité observée se mesure par l'effectif total des individus qui sont mobiles. On peut calculer le **taux absolu de mobilité** en faisant le **rapport entre le nombre total des individus mobiles et l'effectif total de la population étudiée**.

- On parle de **mobilité de statut** quand il y a passage d'une catégorie de salarié à une catégorie de non salarié (ou inversement) et de **mobilité horizontale** quand un individu occupe une position différente de celle de son père mais qu'elle correspond à un niveau social équivalent.

- La **mobilité professionnelle** renvoie à la mobilité au cours de la vie d'un individu. Elle désigne les changements de positions sociales en cours de carrière. La **mobilité géographique** désigne le changement de zone géographique. Elle s'appréhende le plus souvent à travers la mobilité résidentielle définie comme le fait de déménager, y compris au sein de la même commune.

Document 1. *Évolution de la mobilité en cours de carrière selon la génération**

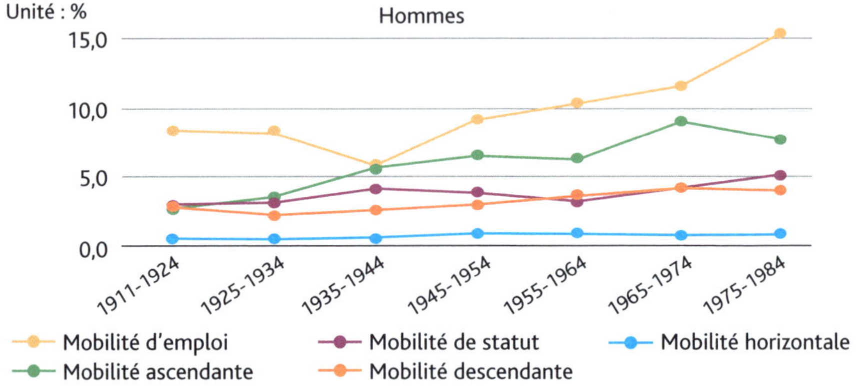

* Âgés de 30 à 59 ans. Mobilité mesurée à intervalles de cinq ans de carrière.

Lecture : 7,7 % des hommes nés entre 1975 et 1984 ont connu une mobilité ascendante.

Calculs de Marta Vejkovic d'après l'Insee © Observatoire des inégalités.

B Les tables de mobilité

La présentation des tables

- **Les tables de mobilité** sont des **tableaux à double entrée** qui permettent de décrire la position sociale d'une génération d'individus en fonction de la position sociale de leur père (ou de leur mère). Il en existe trois versions.
  – **La table de mobilité brute** indique les effectifs d'une génération ayant une position sociale donnée compte tenu de celle de leur père.

Document 2. *Table de mobilité brute en France en 2017*

GSP du fils	GSP du père						
	Agriculteur	ACCE*	Cadre et PIS**	Professions intermédiaires	Employé	Ouvrier	Ensemble
Agriculteur	165 142	5 941	4 363	4 685	3 305	16 571	**200 009**
ACCE*	48 854	201 348	95 883	83 726	52 241	233 773	**715 825**
Cadre et PIS**	70 096	225 887	446 219	305 245	150 715	309 603	**1 507 766**
Professions intermédiaires	99 887	212 289	213 508	317 279	189 867	600 558	**1 633 387**
Employé	48 314	90 110	71 633	126 159	110 176	308 690	**755 082**
Ouvrier	222 659	216 238	76 933	187 938	188 756	1 221 806	**2 114 330**
Ensemble	**654 953**	**951 813**	**908 539**	**1 025 032**	**695 060**	**2 691 000**	**6 926 398**

Champ : hommes âgés de 40 à 59 ans ayant déjà exercé une activité professionnelle.
* ACCE : artisans, commerçants et chefs d'entreprise.
** PIS : profession intellectuelle supérieure.

Insee, Enquête emploi 2017.

Ainsi, chez les hommes ayant entre 40 et 59 ans en 2017 en France et ayant déjà exercé une activité professionnelle, on comptabilisait 165 142 agriculteurs qui avaient un père agriculteur.
– **La table de destinée** est un tableau à double entrée qui indique, en parts relatives (%), le devenir social des individus qui ont une origine sociale donnée. Par exemple, 25,2 % des hommes ayant entre 40 et 59 ans en 2017 en France et ayant déjà exercé une activité professionnelle dont le père est agriculteur sont devenus eux-mêmes agriculteurs.
– **La table de recrutement** est un tableau à double entrée qui indique, en parts relatives (%), l'origine sociale des individus qui ont une position sociale donnée. Par exemple, 82,6 % des hommes agriculteurs ayant entre 40 et 59 ans en 2017 en France ont un père agriculteur.

L'intérêt des tables

- Les tables de mobilité permettent de mettre en évidence **le poids de la reproduction sociale** en faisant ressortir la fréquence des situations où le fils a la même position sociale (ou une position proche) que celle de son père. Elles permettent de calculer de façon précise la part des « immobiles », des déclassés et des individus connaissant une ascension sociale et de comparer ces chiffres au cours du temps.

Les limites des tables

- Elles présentent néanmoins des **limites** : la mobilité n'est vue que sous l'angle des groupes socio-professionnels alors que **la profession n'est pas le seul indicateur** pertinent de position sociale. Par ailleurs, avoir le même métier que son père ne signifie pas nécessairement avoir la même position sociale car le statut des métiers évolue et que le **statut dans l'emploi** est aussi un facteur important (être un ouvrier qualifié en CDI à temps plein ne renvoie pas à la même situation qu'être un ouvrier non qualifié en intérim à temps partiel). Enfin, les tables de mobilité mesurent la mobilité en ne tenant compte de **la profession que d'un seul parent**. Pourtant, un fils d'un employé et d'une cadre qui devient cadre connaît une ascension sociale si on se réfère à la position du père mais pas par rapport à celle de la mère.

C La fluidité sociale

- La mobilité observée peut s'expliquer par une évolution de la structure professionnelle, on parle alors de **mobilité structurelle**. En effet, en lien avec le déclin du secteur agricole, les fils d'agriculteurs sont, pour partie, contraints d'exercer une autre profession que celle de leur père car le secteur ne permet pas à tous de travailler. La structure des professions dans la génération des pères n'étant pas la même que celle dans la génération des fils, cela conduit à une mobilité de façon mécanique. Depuis les années 1970, la mobilité structurelle a eu tendance à baisser chez les hommes en France.

Document 3. *La décomposition de la mobilité sociale observée des hommes par rapport à leur père*

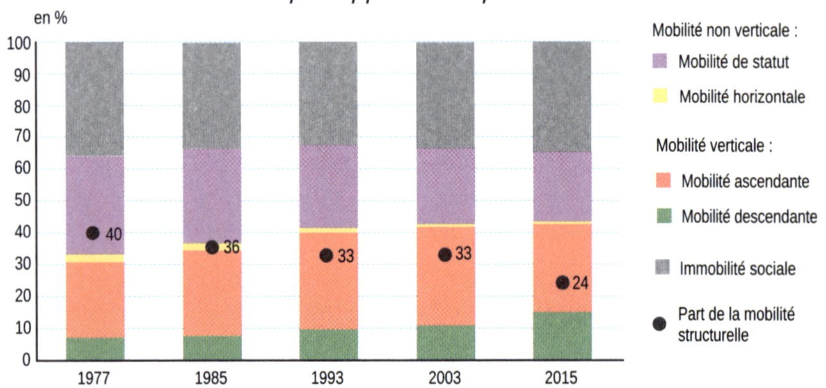

Lecture : en 2015, 65 % des hommes français âgés de 35 à 59 ans, actifs ayant un emploi ou anciens actifs occupés, relèvent d'une catégorie socioprofessionnelle différente de celle de leur père. 24 % de cette mobilité sociale observée est liée à l'évolution structurelle des emplois entre la génération des hommes et celle de leur père.

Champ : France métropolitaine, hommes français actifs occupés ou anciens actifs occupés, âgés de 35 à 59 ans au 31 décembre de l'année d'enquête.

Source : Insee, enquêtes Formation et qualification professionnelle 1977, 1985, 1993, 2003 et 2014-2015.

Insee Première, n° 1739, février 2019.

- La mobilité observée peut aussi découler de l'existence d'un contexte social plus favorable à l'égalité des chances. La **fluidité sociale*** désigne une situation où tous les individus ont la même probabilité d'accéder à une position sociale donnée, quelle que soit la position sociale de leur père. Aucune société n'étant parfaitement fluide, on peut mesurer l'importance de la fluidité sociale à travers la mesure des ***odds ratio****, c'est-à-dire des probabilités relatives d'accéder à une position sociale plutôt qu'à une autre pour des enfants issus de milieux différents. On va ainsi faire le rapport entre la probabilité pour un fils d'une certaine catégorie d'accéder à une position plutôt qu'à une autre et cette même probabilité pour le fils d'une autre catégorie sociale.

Mot-clé

Égalité des chances : situation dans laquelle tous les individus ont la même probabilité d'accès aux positions sociales les plus valorisées et cela, indépendamment de leur origine sociale.

- **La société française présente ainsi une fluidité sociale limitée**. Pour la génération des hommes ayant entre 40 et 59 ans en France en 2017, les enfants de cadres et professions intellectuelles supérieures ont 29,2 fois plus de chances d'être cadres eux-mêmes plutôt que de devenir ouvriers que les fils d'ouvriers.
- **Une société plus mobile n'est pas nécessairement une société plus fluide**. Un fils d'ouvrier qui devient employé n'occupe pas la même position sociale que son père mais il n'a pas connu d'ascension sociale pour autant. Un fils d'agriculteur qui devient ouvrier est mobile mais le fait que de nombreux fils d'agriculteurs occupent un métier différent de celui de leur père du fait du déclin du secteur agricole ne nous dit rien de l'évolution de la fluidité sociale.

D L'évolution de la mobilité sociale

- Si l'on considère l'évolution de la mobilité sociale depuis le milieu du XXe siècle, on peut noter qu'elle a augmenté. En 2015, 65 % des hommes et 71 % des femmes occupent, en effet, une position sociale différente de celle de leur père ou de leur mère (pour les femmes). Cette mobilité est plus souvent ascendante (28 %) que descendante (15 %) pour les hommes et plus encore pour les femmes (respectivement 40 % et 12 %).
- **La fluidité sociale a, elle aussi, progressé**. En 1977, les chances relatives de devenir cadre plutôt qu'employé ou ouvrier qualifié étaient 28 fois plus élevées pour les fils de cadres que pour les fils d'employés et d'ouvriers qualifiés. En 2015, elles sont 12 fois plus élevées. L'évolution est encore plus marquée pour les femmes (par rapport à leur mère) puisqu'on est passé d'un rapport de chances égal à 35 (pour les filles de cadres) à 8 en 2015. Si la transmission des inégalités sociales s'est fortement réduite jusqu'en 1993, elle a tendance à stagner depuis.
- Si l'on ne peut conclure à une panne de l'ascenseur social, il faut néanmoins noter que, pour les hommes, la **progression de la mobilité est plus faible que dans le passé**, notamment pour les employés et ouvriers qualifiés dont 43 % des fils occupent la même position que leur père en 2015, comme en 1985. Si 40 % occupent une position plus élevée (professions intermédiaires ou cadres) contre 23 % en 1977, cela génère des craintes sur l'évolution de la société française. En 2015, les inégalités d'accès à la catégorie des cadres restent encore fortes pour les catégories en bas de l'échelle sociale. Pour les femmes, près d'une employée ou ouvrière non qualifiée sur deux est originaire du même milieu social depuis 1977.

- On observe, par ailleurs, une **montée des déclassements**. Si les trajectoires descendantes restent minoritaires, elles sont plus fréquentes, ce qui suscite de vives inquiétudes.

- Si le nombre de transformations sont communes aux deux sexes, on observe aussi des différences. La chute de l'immobilité sociale a été beaucoup plus forte pour les filles d'indépendants que pour les fils d'indépendants, conséquence probable de la raréfaction progressive du statut d'aide familiale. Par rapport à leur père, les trajectoires des femmes sont plus souvent descendantes que celles des hommes. En 2015, 18,5 % des filles de cadres sont employées ou ouvrières non qualifiées contre 11,6 % des fils de cadres. La part de femmes devenues cadres comme leur père est de 35 % contre 41,7 % pour les hommes. Se maintenir au plus haut de l'échelle sociale est ainsi moins fréquent pour les femmes que pour les hommes.

Document 4. *La décomposition de la mobilité sociale observée des femmes par rapport à leur père*

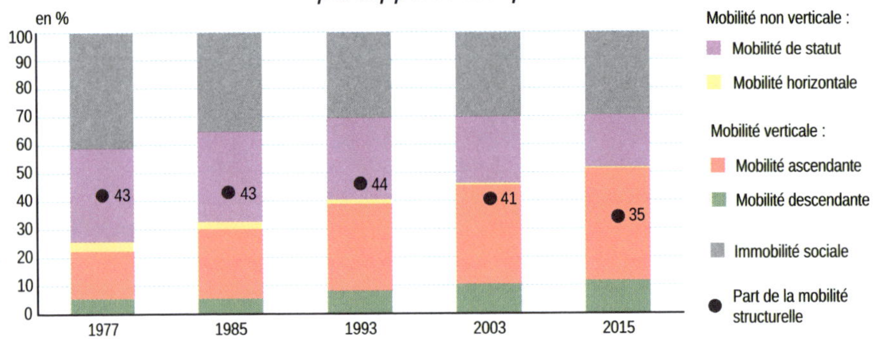

Champ : France métropolitaine, femmes françaises actives occupées ou anciennes actives occupées, âgées de 35 à 59 ans au 31 décembre de l'année d'enquête.

Source : Insee, enquêtes Formation et qualification professionnelle 1977, 1985, 1993, 2003 et 2014-2015.

Insee Première, n° 1739, février 2019.

2 Les facteurs de la mobilité sociale

A L'évolution de la structure professionnelle

- La croissance de la mobilité observée provient, pour partie, des **transformations structurelles** de la France, avec le passage d'une société agricole à une société industrielle, puis post-industrielle. Depuis le milieu des années 1970, l'essor du salariat, la poursuite du **déclin de l'emploi agricole**, le recul de l'emploi industriel, la **tertiarisation de l'économie** et le **développement de l'emploi qualifié** ont modifié la structure des emplois occupés.

- Pour les hommes, parmi les actifs occupés ou anciens actifs occupés, 10 % des hommes et 25 % de leurs pères étaient agriculteurs en 1977, contre respectivement 3 % et 8 % en 2015. Au contraire, les emplois salariés les plus qualifiés se sont, eux, développés. Par exemple, parmi les actifs occupés ou anciens actifs occupés, 11 % des hommes et 5 % de leurs pères étaient cadres en 1977, contre respectivement 20 % et 14 % en 2015. Depuis la fin des années 1970, la structure des emplois des hommes est de plus en plus proche de celle de leurs pères.

Document 5. *L'évolution de la structure des emplois entre 1977 et 2015 pour les hommes*

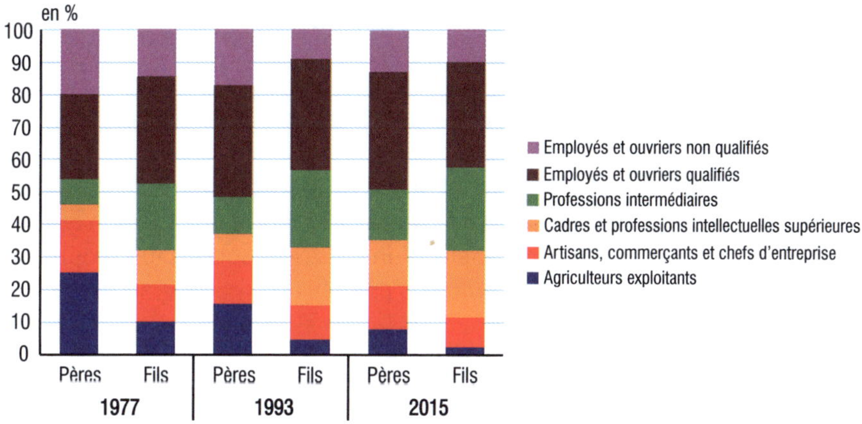

Lecture : en 2015, 3 % des hommes et 8 % de leurs pères sont agriculteurs exploitants [...].

Champ : France métropolitaine, femmes et hommes français actifs occupés ou anciens actifs occupés, âgés de 35 à 59 ans au 31 décembre de l'année d'enquête.

Source : Insee, enquêtes Formation et qualification professionnelle 1977, 1993 et 2014-2015.

Insee, *Éclairage – La mobilité sociale des femmes et des hommes : évolutions entre 1977 et 2015*, Insee Références, édition 2019.

- Pour les femmes, les changements depuis la fin des Trente Glorieuses ont été encore de plus grande ampleur et si, ces dernières années, un certain rapprochement s'est opéré entre la structure des emplois des femmes et celle de leurs aînées, il reste moins marqué que pour les hommes.

B L'école

- L'essor de la mobilité observée a aussi son origine dans une lente augmentation de la fluidité sociale. Claude Thélot (1982) estimait qu'un quart de la réduction totale de l'immobilité sociale entre 1953 et 1977 découlait de cette ouverture sociale accrue. Les évolutions du système scolaire ont joué un rôle clé dans l'accroissement de la fluidité sociale. La **réduction de l'inégalité des chances scolaires** et la **massification de l'enseignement** sont des facteurs déterminants pour expliquer la réduction de l'inégalité des chances sociales.

- La diminution de l'inégalité des chances scolaires ne suffit pas, néanmoins, à elle seule à réduire l'inégalité des chances sociales. Le bénéfice, en termes de statut professionnel, associé à un niveau donné d'éducation, varie aussi selon l'origine sociale (plus faible pour les individus originaires de milieux plus modestes).
- Par ailleurs, la massification de l'enseignement a conduit à un déclin progressif des rendements de l'éducation sur le marché du travail. Avec le baccalauréat, les débouchés professionnels sont moindres que par le passé. On a pu parler d'un phénomène d'**inflation scolaire**.

C La famille

- **La famille joue un rôle important dans la reproduction sociale**. En lien avec l'existence de **socialisations différenciées**, notamment selon le milieu social, certains individus bénéficient d'un contexte social plus propice à la réussite scolaire, en particulier du fait d'une plus ou moins grande transmission de **capital culturel**.
- **Les stratégies des familles** permettent aussi de comprendre l'hérédité sociale, mais également certaines ascensions sociales, en particulier pour les enfants issus de la classe moyenne. Les stratégies portent sur les choix éducatifs (orientation scolaire, paiement de cours particuliers, organisation d'activités à but éducatif pour son enfant le week-end, etc.), le choix du lieu d'habitation (***exemple :*** pour être proche des bons établissements) ou sur la mobilisation de son réseau social pour obtenir des informations utiles ou favoriser le parcours de son enfant (***exemple :*** pour obtenir un stage).
- Les **réussites dites « paradoxales »** (car atypiques d'un point de vue statistique, comme cela est le cas pour un fils d'ouvrier non qualifié qui connaît une forte réussite scolaire et devient cadre), ou les **échecs paradoxaux** (comme un fils de cadre en échec scolaire qui connaît un déclassement) peuvent aussi se comprendre par les dynamiques familiales. Les enfants de cadres peuvent ne pas bénéficier du capital culturel de leurs parents du fait de faibles interactions et les enfants de milieux populaires peuvent être encouragés par leurs proches à s'investir dans l'école du fait d'une forte valorisation de cette dernière même s'ils n'ont pas les compétences scolaires pour aider leur enfant.

COMMENT FAIRE ?

Lire et construire les tables de mobilité

• Les **tables de mobilité** indiquent le lien entre la profession d'un individu et celle de son père (ou de sa mère).

• À partir d'une table brute de mobilité, il est possible de construire les tables de destinée et de recrutement.
– **La table de destinée** est obtenue en divisant le nombre de personnes appartenant à une catégorie et ayant une certaine origine sociale par le nombre de personnes ayant cette même origine (mais n'appartenant pas forcément au même groupe social).
– **La table de recrutement** est obtenue en divisant le nombre de personnes appartenant à une catégorie et ayant une certaine origine sociale par le nombre de personnes appartenant à cette même catégorie (mais n'ayant pas forcément la même origine sociale).

Application

Document 6. *Table de mobilité brute en France en 2017*

	GSP du père						
GSP du fils	Agriculteur	ACCE[1]	Cadre et PIS[2]	PI[3]	Employé	Ouvrier	**Ensemble**
Agriculteur	165 142	5 941	4 363	4 685	3 305	16 571	**200 009**
ACCE[1]	48 854	201 348	95 883	83 726	52 241	233 773	**715 825**
Cadre et PIS[2]	70 096	225 887	446 219	305 245	150 715	309 603	**1 507 766**
PI[3]	99 887	212 289	213 508	317 279	189 867	600 558	**1 633 387**
Employé	48 314	90 110	71 633	126 159	110 176	308 690	**755 082**
Ouvrier	222 659	216 238	76 933	187 938	188 756	1 221 806	**2 114 330**
Ensemble	**654 953**	**951 813**	**908 539**	**1 025 032**	**695 060**	**2 691 000**	**6 926 398**

Champ : hommes âgés de 40 à 59 ans ayant déjà exercé une activité professionnelle.
1. ACCE : artisans, commerçants et chefs d'entreprise.
2. PIS : profession intellectuelle supérieure.
3. PI : profession intermédiaire.

Insee, Enquête emploi 2017.

• La dernière ligne « Ensemble » indique, pour chaque groupe professionnel, le nombre d'individus ayant un père appartenant à cette catégorie.

• La dernière colonne « Ensemble » indique, pour chaque groupe professionnel, le nombre d'individus appartenant à cette catégorie.

• Pour **transformer cette table de mobilité en table de destinée** et connaître le pourcentage de fils d'agriculteurs devenus employés, il faut diviser le nombre de fils d'agriculteurs devenus employés (48 314) par le nombre de fils d'agriculteurs (654 953). On trouve 7,4 %. On procède ainsi pour toutes les valeurs.

En %	GSP du père						
GSP du fils	Agriculteur	ACCE	CPIS	PI	Employé	Ouvrier	**Ensemble**
Agriculteur	25,2	0,6	0,5	0,5	0,5	0,6	2,9
ACCE	7,5	21,2	10,6	8,2	7,5	8,7	**10,3**
CPIS	15,3	22,3	23,5	31,0	27,3	22,3	**21,8**
PI	10,7	23,7	49,1	29,8	21,7	11,5	**23,6**
Employé	7,4	9,5	7,9	12,3	15,9	11,5	**10,9**
Ouvrier	34,0	22,7	8,5	18,3	27,2	45,4	**30,5**
Ensemble	**100**	**100**	**100**	**100**	**100**	**100**	**100**

• La dernière colonne « Ensemble » indique le pourcentage d'individus appartenant à une catégorie donnée. Pour le calculer, on divise le nombre d'individus appartenant à une catégorie par le nombre total de personnes. Ainsi, en divisant le nombre d'agriculteurs (200 009) par 6 926 398, on trouve 2,9%, ce qui correspond à la proportion d'agriculteurs dans la population.

• Pour **transformer cette table de mobilité en table de recrutement** et connaître le pourcentage d'employés ayant un père agriculteur, il faut diviser le nombre de fils d'agriculteurs devenus employés (48 314) par le nombre d'employés (755 082). On trouve 6,4 %.

En %	GSP du père						
GSP du fils	Agriculteur	ACCE	CPIS	PI	Employé	Ouvrier	**Ensemble**
Agriculteur	82,6	3,0	2,2	2,3	1,7	8,3	**100**
ACCE	6,8	28,1	13,4	11,7	7,3	32,7	**100**
CPIS	4,6	15,0	29,6	20,2	10,0	20,5	**100**
PI	6,1	13,0	13,1	19,4	11,6	36,8	**100**
Employé	6,4	11,9	9,5	16,7	14,6	40,9	**100**
Ouvrier	10,5	10,2	3,6	8,9	8,9	57,8	**100**
Ensemble	9,5	**13,7**	**13,1**	**14,8**	**10,0**	**38,9**	**100**

• La dernière ligne « Ensemble » indique le pourcentage d'individus ayant une origine sociale donnée. Pour la calculer, on divise le nombre d'individus ayant une certaine origine par le nombre total de personnes. Ainsi, en divisant le nombre de fils d'agriculteurs (654 953) par 6 926 398, on trouve 9,5 %, ce qui correspond à la proportion de fils d'agriculteurs dans la population.

EXERCICES

Vérifier ses connaissances

1 Les différents types de mobilité

Reliez chaque situation au terme adapté pour la qualifier.

Un fils d'ouvrier qui occupe un emploi de cadre. •	• Mobilité géographique
Un employé qui décroche une promotion et devient cadre. •	• Mobilité intergénérationnelle ascendante
Un fils de cadre qui occupe un emploi de profession intermédiaire. •	• Mobilité professionnelle
Un cadre qui déménage de Lyon à Marseille. •	• Mobilité intergénérationnelle descendante

→ *Corrigé p. 163*

2 L'analyse d'une table de destinée

Document 7. *Les destinées sociales pour les hommes selon la catégorie sociale du père en 2019*

	Catégorie socioprofessionnelle du fils						
Catégorie socioprofessionnelle du père	Agriculteurs exploitants	Artisans, commerçants et chefs d'entreprise	Cadres et professions intellectuelles supérieures	Professions intermédiaires	Employés et ouvriers qualifiés	Employés et ouvriers non qualifiés	Ensemble
Agriculteurs exploitants	27,6	9,0	12,2	14,8	26,0	10,4	**100,0**
Artisans, commerçants et chefs d'entreprise	0,7	21,1	23,1	22,3	24,6	8,3	**100,0**
Cadres et professions intellectuelles supérieures	0,3	7,9	50,4	25,3	11,5	4,6	**100,0**
Professions intermédiaires	0,5	7,5	30,4	31,2	23,2	7,2	**100,0**
Employés et ouvriers qualifiés	0,6	7,9	13,9	25,0	40,6	11,9	**100,0**
Employés et ouvriers non qualifiés	0,6	8,7	9,2	19,5	39,7	22,3	**100,0**
Ensemble	2,4	**9,8**	**22,5**	**24,2**	**30,2**	**10,9**	**100,0**

Champ : France métropolitaine, hommes français actifs occupés ou anciens actifs occupés, âgés de 35 à 59 ans au 31 décembre 2019.

Insee, enquête Emploi 2019.

1. Proposez une phrase avec le chiffre 9.
2. Faites une phrase avec le chiffre 2,4.
3. Que peut-on dire sur le lien existant entre l'emploi des mères et l'emploi des filles ?

→ *Corrigé p. 163*

S'entraîner

3 La mobilité des femmes

Document 8. *L'évolution de l'emploi féminin*

Hormis quelques études [Peugny, 2014 ; Vallet, 2014 ; Razafindranovona, 2017], les analyses de la mobilité sociale ne portent que sur les hommes. Le faible taux d'activité des femmes et les caractéristiques de leurs emplois ont en effet longtemps rendu difficile la comparaison de leur position professionnelle, avec celle de l'un ou l'autre de leur parent. Au cours des dernières décennies, les comportements d'activité des femmes se sont cependant rapprochés de ceux des hommes. Il est désormais possible de s'intéresser à leur mobilité sociale, en comparant leur catégorie socioprofessionnelle à celle de leur mère, même si la moindre participation au marché du travail de ces dernières limite le champ d'analyse (sources). En 2015, 71 % des femmes françaises de 35 à 59 ans, actives occupées ou anciennes actives occupées, appartiennent à une autre catégorie socioprofessionnelle que celle de leur mère, encore en emploi ou l'ayant été. [...] Une partie de la mobilité sociale des femmes par rapport à leur mère est directement liée à l'évolution intergénérationnelle de leurs professions.

Insee Première, n° 1 739, février 2019.

1. Comment appelle-t-on la mobilité évoquée dans la phrase soulignée ?
2. Pourquoi était-il compliqué d'étudier la mobilité des femmes dans le passé ?

→ *Corrigé p. 163*

4 L'évolution de la structure sociale

Document 9. *L'évolution de la part des catégories socioprofessionnelles dans l'emploi total (en %)*

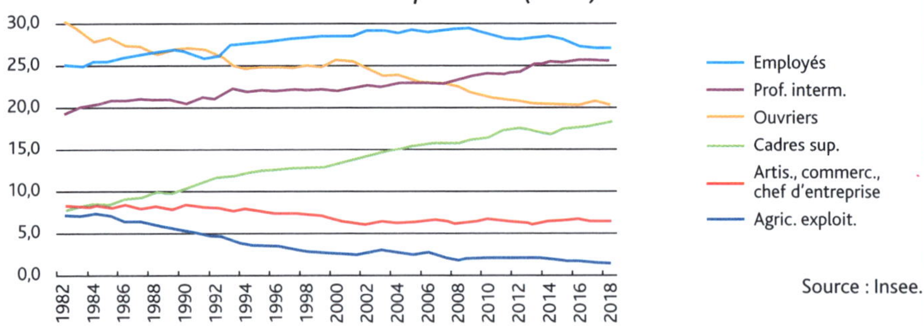

Centre d'observation de la société, « Comment évoluent les catégories sociales en France ? », 10 décembre 2019.

1. Quelles sont les conséquences sur la mobilité sociale de l'évolution de la part des agriculteurs exploitants ?
2. Quel phénomène découle de la hausse de la part des cadres et des professions intermédiaires ?

→ *Corrigé p. 164*

SUJET DU BAC

Sujet de dissertation

Dans quelle mesure l'école est-elle un facteur de mobilité sociale ?

Document 1. *Origine sociale et retard scolaire à la rentrée 2018 (en %)*

	Scolarisation dans un collège public			
	En REP+	En REP	Hors EP	Ensemble
Proportion d'enfants d'ouvriers et d'inactifs	74,3	60,0	37,8	**43,6**
Proportion d'enfants de cadres et d'enseignants	8,3	16,8	35,0	**30,6**
Proportion d'élèves entrant en 6e en retard	15,3	10,6	6,4	**7,6**

Lecture : 74,3 % des élèves de collèges en REP+ sont des enfants d'ouvriers ou d'inactifs contre 37,8 % des élèves de collèges publics hors EP.
Champ : France métropolitaine + DOM, public.
Source : MENJ-MESRI-DEPP. © DEPP, *L'état de l'école 2019.*

Document 2. *Niveau de diplôme des 25-34 ans selon le milieu social, en 2018 (en %)*

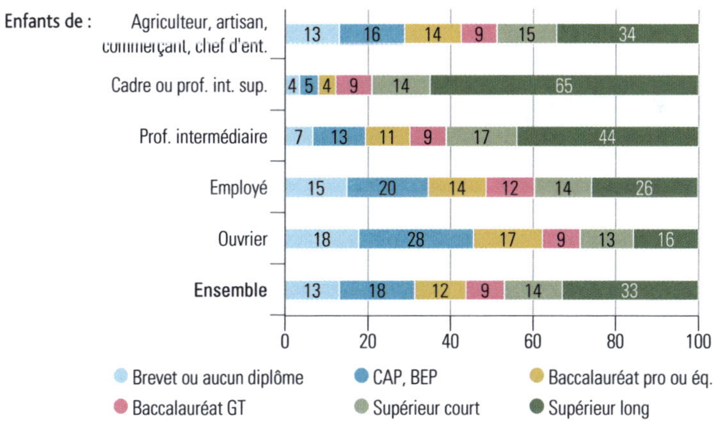

Lecture : en 2018, 47 % des adultes de 25-34 ans sont diplômés de l'enseignement supérieur. Ce sont 79 % des adultes issus d'un milieu social très favorisé (CSP : cadres ou professions intellectuelles supérieures) contre 29 % des adultes issus d'un milieu ouvrier.
Note : la catégorie socioprofessionnelle d'un retraité ou d'un chômeur est celle de son dernier emploi. La profession du père est privilégiée, celle de la mère y est substituée lorsque le père est absent, décédé, ou n'a jamais travaillé.
Champ : France métropolitaine + DOM (hors Mayotte), données provisoires.
Sources : Insee, enquêtes Emploi ; traitement MENJ-MESRI-DEPP. © DEPP, *L'état de l'école 2019.*

Document 3.

Les destinées scolaires se jouent pour beaucoup dès le primaire. Elles dépendent plus particulièrement encore de l'entrée initiale dans la culture écrite au cours de l'année de CP. L'observation précise des pratiques d'enseignement de la lecture et de leurs effets sur les apprentissages différenciés des élèves permet d'isoler celles qui sont le plus efficaces envers les élèves des milieux populaires.

Or, ces pratiques efficaces sont aujourd'hui statistiquement minoritaires dans le système éducatif français. Il y a là une marge de progression très importante pour l'amélioration de l'entrée dans la culture écrite des élèves aujourd'hui les plus en difficultés.

Qu'en est-il pour l'enseignement secondaire ? Si les acquis cognitifs à l'entrée en sixième sont déterminants pour la suite du parcours scolaire, les inégalités scolaires continuent néanmoins à se creuser au fil du collège et du lycée. Comment expliquer ce constat ? Certainement, là encore, par un examen précis du fonctionnement courant de l'école française.

S'adapter aux difficultés d'apprentissage des élèves vulnérables passe souvent par une modération des exigences intellectuelles. Cela conduit inévitablement, sur le registre des contenus d'enseignement, à donner moins à ceux qui ont moins, et ainsi à creuser plus encore dans l'enseignement secondaire les inégalités scolaires déjà très visibles à l'issue du primaire.

Jérôme Deauvieau, *Ce que dit la sociologie sur les origines des inégalités scolaires*, www.democratisation-scolaire.fr, 4 juillet 2019.

CORRIGÉS

1 → *Énoncé p. 159*

Un fils d'ouvrier qui occupe un emploi de cadre.	Mobilité géographique
Un employé qui décroche une promotion et devient cadre.	Mobilité intergénérationnelle ascendante
Un fils de cadre qui occupe un emploi de profession intermédiaire.	Mobilité professionnelle
Un cadre qui déménage de Lyon à Marseille.	Mobilité intergénérationnelle descendante

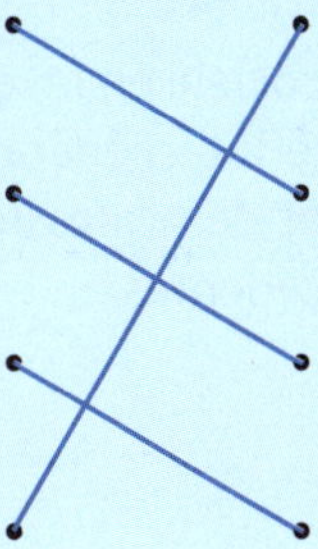

2 → *Énoncé p. 159*

1. En 2019, 9 % des hommes de père agriculteur exploitant sont artisans, commerçants ou chefs d'entreprise.

2. En France métropolitaine, 2,4 % des hommes français actifs occupés ou anciens actifs occupés, âgés de 35 à 59 ans au 31 décembre 2019, sont agriculteurs.

3. On observe une tendance à la reproduction sociale. Celle-ci est la plus forte chez les fils de CPIS puisque 50,4 % des enfants de CPIS sont eux-mêmes CPIS. Les trajets longs de mobilité sont rares (quand la profession du fils est très différente de celle du père) et les situations de déclassement ou d'ascension sociale renvoient le plus souvent au passage à la catégorie située socialement juste en-dessous ou juste au-dessus de celle du père (***exemple*** : fils d'employé devenu profession intermédiaire).

3 → *Énoncé p. 160*

1. Il s'agit de la mobilité structurelle.

2. Les femmes avaient un faible taux d'activité, ce qui fait que la comparaison avec la position sociale de la mère était impossible, la mère n'ayant pas de profession enregistrée. Les femmes travaillaient, par ailleurs, souvent de façon informelle (aide de leur mari non enregistrée officiellement, par exemple), ce qui fait que les statistiques disponibles étaient biaisées.

4 → *Énoncé p. 160*

1. La baisse du nombre d'agriculteurs exploitants conduit à ce que les fils d'agriculteurs soient contraints, pour partie, de changer de secteur d'activité. Cela conduit à de la mobilité structurelle.

2. L'évolution de la structure sociale en faveur des cadres et des professions intermédiaires favorise la mobilité intergénérationnelle ascendante puisqu'il y a en pourcentage plus de cadres et de professions intermédiaires dans les nouvelles générations que dans les précédentes.

SUJET DU BAC

Introduction

Accroche

La démocratisation scolaire est en panne : les inégalités face à l'école stagnent depuis un demi-siècle. Nous faisons face aujourd'hui à une véritable crise de l'institution scolaire qui n'est plus perçue comme capable d'assurer la promotion sociale des enfants issus de milieux populaires. Alors que l'école de la République s'est construite sur l'idée d'une émancipation par le savoir qui permettrait à tout citoyen d'accéder aux positions sociales les plus valorisées en obtenant les diplômes nécessaires, force est de constater que ce vœu est resté pieux. À la fois, les diplômes ne suffisent pas à assurer la mobilité sociale de leurs titulaires et l'obtention de ces derniers est fortement liée aux caractéristiques sociales des élèves qui les passent.

Définition des termes du sujet

La mobilité sociale sera ici étudiée du point de vue intergénérationnel, c'est-à-dire que nous parlerons de mobilité sociale quand les enfants, une fois devenus adultes, occupent une position sociale différente de celle de leurs parents. La mobilité est traditionnellement mesurée à l'aune du critère de la PCS et en comparant la profession du père avec celle du fils ou de la fille. Il est possible de distinguer la mobilité sociale totale, qui correspond à l'ensemble des changements observés entre la position sociale du père et celle de leurs fils ou filles, de la fluidité sociale, qui correspond à la mobilité relative, c'est-à-dire aux chances relatives des fils/filles d'accéder à une certaine catégorie sociale en fonction de leur origine.

Problématisation

Dans quelle mesure l'école peut-elle assurer la mobilité sociale ? Qu'en est-il aujourd'hui ? Comment expliquer l'existence d'inégalités scolaires fortes en fonction du milieu d'origine dans le contexte d'une école publique, gratuite, fondée sur la sélection par les notes ?

Annonce du plan

Nous verrons, dans un premier temps, que l'école s'est construite sur un projet méritocratique qui entend faire de cette institution le moteur de la mobilité sociale. Nous montrerons ensuite que, dans les faits, l'école est actuellement au service de la reproduction sociale et réfléchirons, dans un troisième temps, aux conditions qui permettraient à l'école d'être réellement au service de la mobilité sociale.

Développement

Partie 1

→ Objectif : expliquer le projet d'émancipation par l'école.

Première sous-partie : l'explication du principe de la méritocratie républicaine.

Nous avons assisté au développement d'une école publique, notamment sous la IIIe République, pour que l'école devienne un vecteur de mobilité sociale.

Si l'idée qu'il doit exister une élite dans la société est acceptée, il y a la volonté de démocratiser l'accès à cette élite par l'école (élitisme républicain). L'accès aux positions sociales valorisées doit être lié au mérite des personnes et non à leurs origines sociales. L'école républicaine se veut ainsi au service de la mobilité sociale. Cela a conduit à forger une culture du classement et de la sélection très forte dans le système scolaire français : création des grandes écoles avec sélection sur concours, mise en place d'un diplôme national de fin d'études, etc. L'école se veut gratuite pour éviter une sélection par l'argent, des bourses sont offertes aux personnes d'origine modeste, etc.

Seconde sous-partie : la démocratisation de l'enseignement.

Progressivement, il n'a plus été question de sélectionner uniquement une élite mais de permettre à tous d'accéder à l'éducation. Il y a eu une volonté de démocratiser d'une façon générale l'accès à l'éducation dans un contexte où les diplômes prennent une importance croissante. Des réformes ont eu lieu en ce sens : mise en place de l'école unique entre 1959 (avec le décret Berthoin qui porte la scolarité obligatoire à 16 ans et permettra la généralisation de l'entrée au collège) et 1975 (réforme Haby instaurant le collège unique).

Les individus issus de milieux populaires qui occupent une position sociale valorisée doivent souvent leur ascension sociale à leur réussite scolaire. L'école permet la mobilité ascendante des enfants de milieux populaires et peut conduire à un déclassement pour les enfants de milieux favorisés qui seraient en échec scolaire.

Transition

Si l'école est porteuse d'un projet d'émancipation, qu'en est-il de la réalité de son fonctionnement ? Au-delà des cas particuliers d'ascension sociale par l'école (ou de déclassement lié à elle), favorise-t-elle réellement la mobilité sociale ?

Partie 2

→ Objectif : montrer que l'école est au service de la reproduction sociale.

Première sous-partie : l'explication des effets de l'inflation scolaire.

Si une massification du système scolaire a clairement été observée, nous pouvons questionner les effets de cette massification sur la mobilité sociale. Elle aurait dû permettre une ascension sociale massive des enfants aux origines modestes mais ce n'est pas ce qui a été constaté. Il a été évoqué l'existence d'un phénomène d'inflation scolaire. Avec la massification de l'enseignement, les diplômes ont perdu de leur valeur. Avoir le baccalauréat aujourd'hui pour un fils d'ouvrier ne lui suffit plus pour obtenir un emploi socialement plus valorisé que celui de son père. D'une manière générale, avoir un diplôme supérieur à celui de son père ne suffit plus à assurer une mobilité sociale ascendante (paradoxe d'Anderson). Il est nécessaire aujourd'hui de détenir des diplômes bien plus importants que dans le passé pour avoir un emploi qualifié. Nous pouvons voir dans le document 2 que 31 % de la population a un diplôme inférieur au baccalauréat et que le tiers de la population détient un diplôme du supérieur long.

Seconde sous-partie : l'explication des mécanismes de reproduction sociale.

Si le diplôme ne garantit pas la mobilité sociale ascendante, il permet néanmoins de rendre moins probable la mobilité descendante. Le problème découle du fait que cette protection n'est pas obtenue par tous de façon uniforme, le poids de l'origine sociale jouant toujours très fortement. Les inégalités d'apprentissage restent très fortes en France. Nous pouvons voir dans le document 1 que les enfants d'ouvriers et d'inactifs sont surreprésentés dans les REP et, dans le document 2, qu'il existe un fort lien entre origine sociale et niveau de diplôme. Les enfants de cadres font des études plus longues que les enfants issus de milieux populaires.

Si la socialisation différenciée des enfants explique en partie ces différences de comportement, les stratégies des familles jouent aussi un rôle important. Les pratiques pédagogiques jouent aussi un rôle important dans la reproduction sociale. Le document 3 nous montre que certaines pratiques pédagogiques sont plus inégalitaires que d'autres et que le poids de l'origine sociale dans la réussite scolaire peut être réduit par des pédagogies adaptées.

Conclusion

Résumé de l'argumentation

Si le projet républicain entendait faire de l'école un puissant vecteur de l'ascension sociale, force est de constater aujourd'hui que l'école ne sert plus la mobilité sociale et renforce même la reproduction sociale. L'élitisme républicain qui sous-tend notre modèle scolaire avec sa culture de la sélection empêche une réelle démocratisation du système scolaire.

Ouverture

Les inégalités scolaires sont souvent considérées comme une fatalité contre laquelle il serait impossible de lutter à moins de changer la société dans son ensemble. Les travaux en sciences de l'éducation montrent pourtant que des réformes sont envisageables pour limiter les inégalités d'apprentissage, ce qui conduirait à ce que notre système scolaire favorise la mobilité sociale du fait d'une répartition socialement moins déterminée des diplômes. Les débats actuels sur la carte scolaire, le développement de dispositifs en faveur des élèves issus de milieux populaires montrent que les préoccupations sont fortes et que des réformes sont attendues.

CHAPITRE 9 Les mutations du travail et de l'emploi

1 Travail, emploi, chômage

A Définitions

- **Le travail*** est une activité humaine conduisant à la production de biens et de services. Il peut prendre différentes formes.

Document 1. *Les différentes formes de travail*

Modes des « mises au travail »				
		Travail libre	Travail salarié	Travail forcé
Types d'activités	**Activités non marchandes**	Travail domestique Travail militant	Salariés des administrations et des ménages	Esclavage, corvées
	Activités marchandes	Travail indépendant	Salariés des entreprises	Peines de travail obligatoire
		Travail rémunéré = emploi		

D'après Freyssinet. Alain Beitone, Antoine Cazorla, Estelle Hemdane, *Dictionnaire de science économique*, 6e édition, Dunod, juin 2019.

- Les biens et services issus du travail sont considérés comme de la production au sens de la comptabilité nationale et être intégrés dans le calcul du PIB si le travail est rémunéré. Le travail bénévole n'est ainsi pas pris en compte. Dans cette optique, la mesure de la population active au sens de la comptabilité nationale n'inclut que les personnes qui ont un emploi ou qui en cherchent un. Les femmes au foyer qui réalisent un travail domestique important sont ainsi considérées comme inactives.

> **Mot-clé**
> **Population active :** ensemble des individus qui occupent un emploi ou qui sont au chômage.

- L'**emploi*** renvoie donc au travail rémunéré. Le statut d'emploi peut varier : un travailleur peut, par exemple, être indépendant ou salarié. Le **chômage*** est une situation dans laquelle un individu n'a pas d'emploi mais en recherche un.

> **Mot-clé**
> **Statut d'emploi :** type d'emploi occupé (salarié ou non salarié, secteur privé, public ou semi-public).

B L'évolution des formes d'emploi en France

- Au cours du XXe siècle, le salariat a fortement progressé et on a vu diminuer la part des travailleurs indépendants. La plupart des salariés étaient embauchés à temps plein en CDI.
- Depuis les années 1980, les emplois précaires et à temps partiel se développent et on assiste à un essor du travail non salarié avec, notamment, le développement du statut d'auto-entrepreneur.

Document 2. *Statut d'emploi, type de contrat et catégorie socioprofessionnelle en 2023 (en %)*

Catégorie	Sexe		Âge			Ensemble
	Femmes	Hommes	15-24 ans	25-49 ans	50 ans ou plus	
Statut d'emploi						
Indépendants dont :	**10,2**	**15,5**	**3,0**	**12,6**	**16,5**	12,9
Micro-entrepreneurs	3,2	3,2	1,2	3,4	3,3	**3,2**
Salariés	**89,8**	**84,5**	**97,0**	**87,4**	**83,5**	87,1
Emplois à durée déterminée	74,6	71,4	42,1	76,4	76,2	**73,0**
CDD de 3 mois ou plus	7,1	4,4	11,0	5,9	3,7	**5,7**
CDD de moins de 3 mois	2,4	1,7	6,6	1,7	1,2	**2,0**
CDD de durée inconnue	0,1	0,1	0,5	0,1	0,1	**0,1**
Intérim	1,3	2,6	5,5	1,8	1,2	**2,0**
Alternance, stage	3,2	3,6	28,9	1,0	0,0	**3,4**
Sans contrat ou contrat inconnu	1,0	0,7	2,4	0,5	1,1	**0,9**
Catégorie socioprofessionnelle						
Agriculteurs	0,9	2,1	0,3	1,2	2,4	**1,5**
Artisans, commerçants et chefs d'entreprise	4,5	8,8	1,5	6,5	8,6	**6,7**
Cadres	19,7	25,1	8,5	24,6	22,8	**22,4**
Professions intermédiaires	27,7	22,7	24,4	27,0	21,9	**25,1**
Employés qualifiés	21,6	6,8	18,2	14,2	12,5	**14,0**
Employés peu qualifiés	17,2	5,3	18,9	8,7	13,1	**11,1**
Ouvriers qualifiés	3,6	21,2	14,2	12,4	12,4	**12,6**
Ouvriers peu qualifiés	4,5	7,5	12,6	5,0	5,9	**6,0**
Non déterminée	0,4	0,5	1,4	0,4	0,4	**0,5**
Ensemble	**100,0**	**100,0**	**100,0**	**100,0**	**100,0**	**100,0**

Lecture : en 2023, 89,8 % des femmes en emploi sont salariées. 8,5 % des 15-24 ans en emploi sont cadres.
Champ : France hors Mayotte, personnes vivant en logement ordinaire, en emploi.

Insee, enquête Emploi 2023.

- Ces évolutions rendent plus **incertaines les frontières entre emploi, chômage et inactivité**. En effet, un chômeur ne trouvant pas à être embauché en tant que salarié peut choisir de devenir auto-entrepreneur et effectuer quelques missions (***exemple :*** de livraison), ce qui lui procure un certain revenu sans pour autant travailler autant qu'il le souhaiterait. Il n'est pas considéré comme chômeur au sens de la comptabilité nationale mais ce dernier considère sans doute qu'il n'a pas un « vrai » travail non plus. **Il se situe à la frontière entre chômage et emploi.**

- En lien avec le développement d'un chômage de masse, des chômeurs se découragent et deviennent des inactifs : ils ne cherchent plus vraiment d'emploi mais en accepteraient un si on le leur proposait. **Ils se trouvent à la frontière entre chômage et inactivité.**

C La qualité des emplois

- **Les emplois diffèrent selon de nombreuses dimensions**. Il existe tout d'abord des différences au niveau des **rémunérations**. Ces dernières peuvent être **plus ou moins élevées** mais aussi **plus ou moins stables** d'un mois à l'autre. Les salariés ont souvent des rémunérations moins variables.

- Les salariés jouissent d'un **contrat de travail qui les protège**. En cas de baisse de l'activité économique, ils ne vont pas être directement impactés contrairement aux travailleurs indépendants dont le revenu dépend de leur activité. Certains contrats de travail sont plus protecteurs que d'autres et ces différences conduisent aussi à des différences entre les emplois salariés.

- Les emplois diffèrent aussi en fonction des **conditions de travail**. Certains métiers sont plus pénibles que d'autres (horaires de nuit, tâches physiques à effectuer, environnement hostile, etc.). Les tâches à effectuer peuvent aussi être plus ou moins répétitives.

- Les **perspectives d'évolution** ne sont aussi pas les mêmes. Certains emplois permettent de connaître une mobilité professionnelle, notamment en raison de possibilités de **promotions internes** et d'**accès à la formation continue**. D'autres emplois enferment plutôt dans une certaine position sociale.

D Les effets du numérique

- L'**utilisation des nouvelles technologies**, notamment en lien avec le développement d'Internet, a **brouillé les frontières du travail**. Si le **télétravail** a contribué à une augmentation de la productivité, il a rendu aussi moins claire la distinction entre temps travaillé et temps libre. En moyenne, en 2023, près d'un salarié sur cinq a télétravaillé au moins un jour par semaine. Si le numérique permet plus de souplesse dans l'organisation de son temps de travail, il peut aussi conduire à un accroissement du temps de ce dernier sans qu'il y ait nécessairement de contrepartie.

- Le numérique permet aussi aux employeurs de mieux contrôler leurs employés. Ces derniers sont joignables et traçables à chaque instant. Les livreurs peuvent ainsi être suivis dans leurs déplacements afin de vérifier qu'ils ne font pas de détours ou de pauses non autorisées. **Les relations d'emploi ont ainsi été modifiées**.

- L'utilisation du numérique a conduit à la suppression d'un certain nombre de postes peu qualifiés, les tâches à effectuer pouvant être faites à présent par une machine équipée d'un logiciel sophistiqué. Des emplois qualifiés ont, en revanche, été créés car il faut des ingénieurs pour concevoir de tels logiciels. La productivité des cadres s'est accrue grâce à l'utilisation de nouvelles technologies, ce qui a conduit à des hausses de salaires. Le travail qualifié est complémentaire des nouvelles technologies alors que ces dernières permettent de substituer des biens d'équipements à des travailleurs non qualifiés. Il y a un risque de **polarisation des emplois** avec, d'un côté, des travailleurs qualifiés très demandés dont les salaires s'accroissent et, de l'autre, des travailleurs non qualifiés touchés par le chômage et par des baisses de salaire.

Document 3. *L'évolution des parts de l'emploi peu qualifié, intermédiaire et très qualifié (1993 et 2010)*

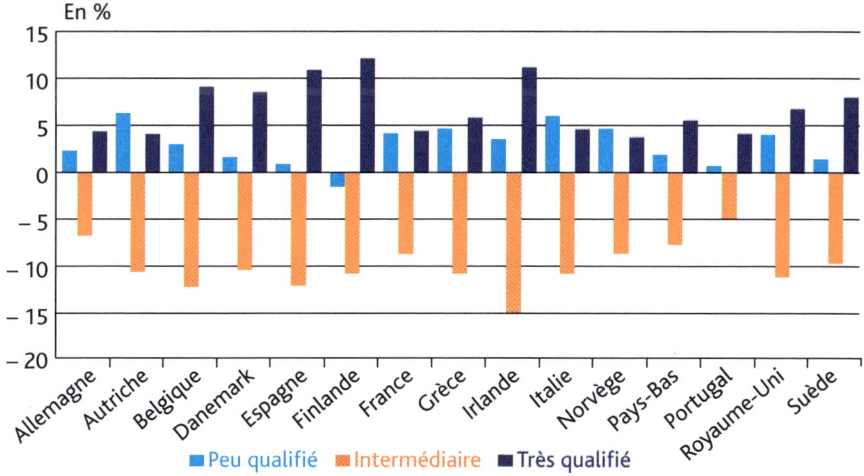

Source : Maarten Goos, Alan Manning, Anna Salomons (2014), *op.cit.*

Blog de l'OFCE, 10 octobre 2017.

2 L'organisation du travail

A Le modèle taylorien

- Frederick Taylor est un ingénieur qui a cherché à **rationaliser l'organisation du travail.** En 1911, il définit dans un ouvrage les principes d'une organisation scientifique du travail (OST). Pour chaque bien ou service à produire, il s'agit de **décomposer tous les gestes à effectuer** et de chercher à les optimiser pour gagner en rapidité. Un temps de travail est défini pour chaque geste et les ouvriers doivent s'y tenir pour maintenir la cadence. L'objectif consiste à définir la meilleure façon de produire. Il y a ainsi une **forte division horizontale du travail**. À chaque travailleur est attribué une tâche élémentaire afin d'automatiser et d'accélérer les gestes.

- Ce ne sont pas les ouvriers qui définissent l'organisation à adopter mais des ingénieurs qui imposent ensuite aux travailleurs l'organisation à respecter. Il existe ainsi également une **forte division verticale du travail** du fait de cette séparation entre le travail d'exécution et le travail intellectuel de conception, assuré par les ingénieurs du « bureau des méthodes ». Le **respect de la hiérarchie est essentiel** et les ouvriers n'ont pas leur mot à dire.

- Ce type d'organisation a permis des gains importants de productivité. En effet, en imposant une cadence et en optimisant les gestes à effectuer, les travailleurs ont gagné en efficacité.

- Taylor est, toutefois, conscient du caractère aliénant de ce type d'organisation et propose de **payer les salariés au rendement** pour les inciter à s'impliquer. Ces incitations se sont néanmoins révélées insuffisantes pour lutter contre l'absentéisme et la forte rotation de la main-d'œuvre qui augmentent à partir de la fin des années 1960 à la suite de vagues de protestation des travailleurs contre ce type d'organisation du travail.

Document 4. *L'organisation scientifique du travail*

- Ce type d'organisation a néanmoins aussi présenté des **limites importantes**. N'étant pas sur le terrain, les concepteurs de l'organisation du travail peuvent parfois proposer des méthodes qui ne sont pas les plus efficaces dans les faits. C'est parfois en déviant du protocole imposé que les travailleurs ont pu résoudre certaines difficultés rencontrées sur le terrain.
- Cette méthode est, par ailleurs, adaptée à une **production de masse relativement standardisée.** En effet, cela suppose que les mêmes gestes soient effectués de façon répétée. Pour répondre à la volonté de diversifier la production en lien avec les attentes du consommateur, l'OST s'est révélée peu adaptée.

B Le modèle post-taylorien

- De nouvelles formes d'organisation du travail voient le jour à partir des années 1970. Le **toyotisme**, préconisé par l'ingénieur Ohno, en est un exemple. Les travailleurs sont polyvalents et capables d'effectuer la conception, le dépannage et la maintenance, ainsi que le contrôle de la qualité des productions. Leur flexibilité leur permet de s'adapter à différentes situations et d'être réactifs en cas de problème. La collaboration entre tous les travailleurs est encouragée pour améliorer le processus de production. L'avis de tous est sollicité. Les équipes définissent elles-mêmes leur manière de s'organiser et les tâches ne sont plus nécessairement parcellisées.
- L'objectif des cinq zéros est avancé : zéro stock, zéro défaut, zéro papier, zéro panne, zéro délai. Des **cercles de qualité** sont mis en place. Ce sont des groupes de travail qui visent à l'amélioration des produits et des processus de production.
- La production est organisée en flux tendus en produisant à la commande grâce à la **méthode Kanban**. L'idée est de limiter la production d'un poste en amont d'une chaîne de travail aux besoins exacts du poste en aval. Le poste le plus en aval produit pour répondre à la demande des clients, il n'y a donc pas de stock car on produit à la commande.
- Cette organisation suppose une forte intégration des travailleurs à l'entreprise, ce qui n'est pas nécessairement le cas en dehors du Japon où la mise en œuvre de cette méthode a permis des forts gains de productivité.
- Au-delà du modèle spécifique du toyotisme, on observe une volonté de rompre avec la vision très hiérarchique du fonctionnement de l'entreprise. Le **management participatif** vise à plus impliquer l'ensemble du personnel dans la prise de décision. Cette évolution est néanmoins critiquée en ce qu'elle conduit à une multiplication de réunions qui ne sont pas toujours utiles et peuvent conduire à une perte de sens pour le travailleur.

3 L'intégration par le travail

A Une instance d'intégration

- Avoir un travail ne permet pas simplement de bénéficier d'un revenu. C'est aussi **source d'intégration sociale**. En effet, le travail permet de bénéficier d'un **statut social valorisant**. C'est aussi un **lieu de sociabilité**.
- Les personnes sans emploi ont ainsi souvent honte de leur statut et vont avoir plus de difficultés à maintenir des relations sociales. Un cercle vicieux peut s'instaurer : la perte de revenu oblige à vivre loin des centres urbains et limite les activités possibles. Cela peut conduire à un isolement et à un repli sur soi. La montée du chômage, la **persistance d'un taux de chômage élevé** et la **polarisation des emplois** posent problème du point de vue de l'intégration sociale.

B Une intégration fragilisée

- La **précarisation de l'emploi** a rendu l'intégration par le travail moins aisé. Ceux qui bénéficient d'un emploi stable connaissent toujours une forte intégration par le travail. Elle est plus complexe pour ceux qui changent souvent d'emploi car ils n'ont pas le temps de nouer des relations avec leurs collègues.
- L'**individualisation croissante** des rémunérations et de la définition des tâches rend aussi complexe l'identification à un collectif et ainsi l'intégration. Cela peut favoriser un repli sur soi au détriment de la solidarité entre travailleurs.

COMMENT FAIRE ?

Lire et interpréter un tableau à double entrée

• **Un tableau à double entrée est un document statistique permettant de faire le lien entre deux variables.**

• Pour l'exploiter :
① il faut lire tous les éléments situés au-dessus ou en dessous du tableau pour pouvoir le contextualiser. Il est, en particulier, nécessaire de repérer la date, la zone géographique concernée, le champ d'étude (la population interrogée), l'unité dans laquelle les données sont exprimées et la source. Le titre est aussi à analyser ;
② il faut vérifier la façon dont se lisent les données indiquées dans le tableau ;
③ enfin, il faut chercher à faire ressortir des informations importantes issues de l'analyse des données. Quelles conclusions peut-on tirer de l'analyse ?

Application

Document 5. *Les salaires nets mensuels selon le sexe et la catégorie sociale**

	Hommes en euros	Femmes en euros	Ensemble en euros	Écart femmes/ hommes en %
Cadres supérieurs	4 604	3 861	4 331	– 16
Professions intermédiaires	2 618	2 299	2 470	– 12
Employés	1 861	1 773	1 801	– 5
Ouvriers	1 912	1 638	1 863	– 14
Ensemble	**2 689**	**2 292**	**2 524**	**– 15**
Écart employés/ cadres (en euros)	– 2 743	– 2 088	– 2 530	

* Salaires nets en équivalent temps plein. Salariés du privé.

Lecture : les employés gagnent en moyenne 2 530 euros de moins par mois que les cadres, en équivalent temps plein, soit 58 % de moins.

Insee, Données 2021 © Observatoire des inégalités.

• Le tableau indique les salaires nets mensuels moyens en fonction du sexe et de la PCS. Dans la colonne « Ensemble », on considère l'ensemble des femmes et des hommes, alors que dans la ligne « Ensemble » on considère l'ensemble des PCS.

• Nous pouvons mettre en avant trois éléments de l'analyse de ce tableau :
– il existe des inégalités salariales entre les hommes et les femmes ;
– l'écart de salaire est variable en fonction de la PCS ;
– les écarts de salaire dus à la profession sont plus marqués que ceux liés au genre.

Vérifier ses connaissances

1 Les différents statuts

Pour chaque situation, indiquez quel est le concept adapté pour la décrire : *chômage, inactivité, sous-emploi, travail bénévole, travail non salarié, travail salarié*.

1. Sophie n'a pas d'emploi mais aimerait trouver un employeur qui accepte de l'embaucher en tant que graphiste.
2. Marc travaille 20 heures par semaine dans une boulangerie mais aimerait un emploi à temps complet.
3. Karim est médecin et exerce dans son propre cabinet médical.
4. Maïsa est une femme au foyer.
5. Adama aide à la distribution de repas aux sans-abris.
6. Julie est cadre dans une entreprise.

→ Corrigé p. 182

2 La qualité de l'emploi

Complétez le tableau ci-dessous.

	Emploi de mauvaise qualité
Conditions de travail	
Niveau de salaire	
Sécurité économique	
Horizon de carrière	
Potentiel de formation	
Variété des tâches	

→ Corrigé p. 182

3 Le halo du chômage

Document 6. *Personnes au chômage et dans le halo autour du chômage*

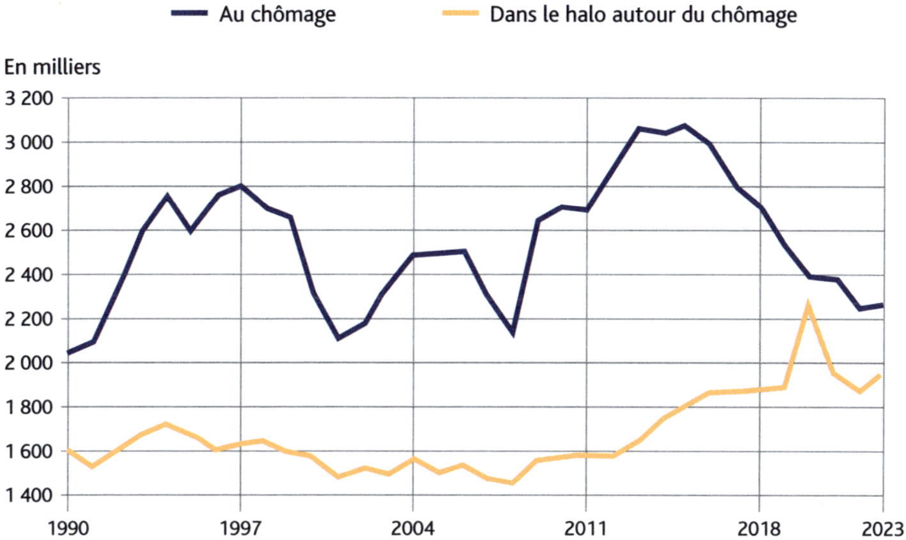

Insee, *Première* n° 1813, septembre 2020.

1. Qu'est-ce que le halo du chômage ?
2. Combien de personnes se situent dans le halo du chômage en 1990 ? et en 2023 ?
3. Quel constat peut-on tirer de l'analyse de ce graphique ?

→ *Corrigé p. 182*

S'entraîner

4 Les emplois précaires

Document 7. *Principaux secteurs contribuant à la hausse du taux de recours aux CDD très courts entre 1998 et 2017*

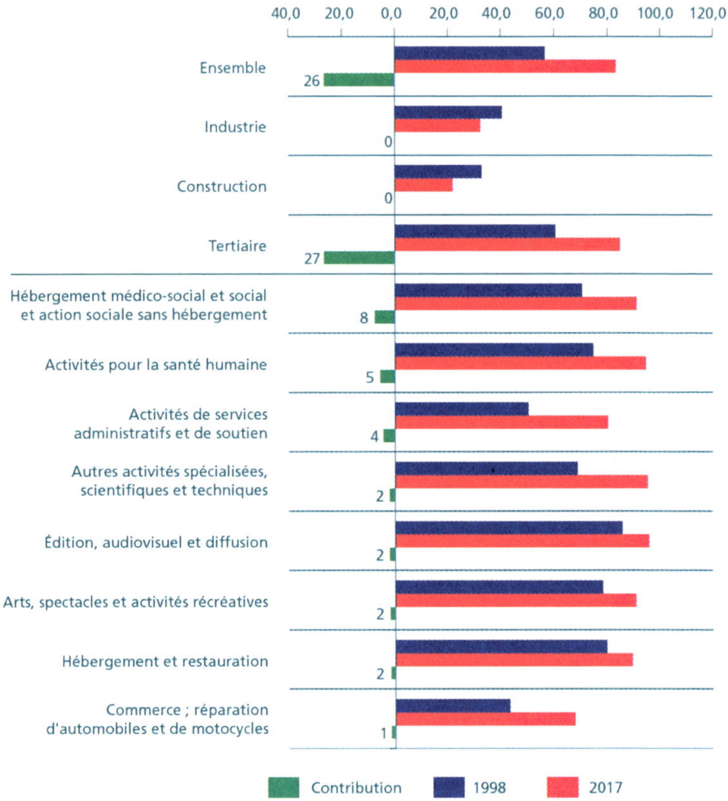

Note de lecture : la part de CDD très courts dans l'ensemble des CDD arrivés à terme est passée de 57 % en 1998 à 83 % en 2017, soit une hausse de 26 points. Parmi ces 26 points, 5 points s'expliquent par la hausse du recours aux contrats très courts dans le secteur « activités pour la santé humaine ».

Champ : France métropolitaine, établissements de 50 salariés ou plus du secteur privé (hors agriculture, hors intérim), champ MMO (mouvements de main-d'œuvre).

Source : Dares, MMO, données rétropolées avant 2016.

Dares analyses, « CDD, CDI : comment évoluent les embauches et les ruptures depuis 25 ans ? », 21 juin 2018.

Quelles informations peut-on tirer de l'analyse de ce document ?

→ *Corrigé p. 183*

5 La dualisation du marché du travail

Document 8. *CDD, CDI : comment évoluent les embauches et les ruptures depuis 25 ans ?*

En France, 88 % des salariés (hors intérim) [étaient] en contrat à durée indéterminée (CDI) et 12 % en contrat à durée déterminée (CDD) en 2017. Cette part de CDD dans l'emploi salarié a augmenté fortement entre 1982 et 2002, puis plus modérément. Au sein des flux d'embauches en CDD et CDI, la part des CDD a nettement progressé en vingt-cinq ans, notamment à partir des années 2000, passant de 76 % en 1993 à 87 % en 2017. Cette évolution structurelle dans les mouvements de main-d'œuvre s'accompagne d'une forte hausse des contrats de très courte durée ; en 2017, 30 % des CDD ne [duraient] qu'une seule journée. [...]
En 2017, 40 % des salariés [avaient] un contrat de moins d'un mois au cours d'un trimestre donné, sans avoir ce trimestre-là ni CDI ni CDD plus long et [signaient] en moyenne 3,5 CDD de moins d'un mois dans le trimestre. [...]
Le taux de rotation de la main-d'œuvre a augmenté fortement en vingt-cinq ans, passant de 29 % en 1993 à 96 % en 2017. Cette hausse résulte essentiellement du développement des CDD très courts, alors que le recours au CDI reste relativement stable. Les pratiques contractuelles font ainsi apparaître une dualisation du marché du travail plus marquée, entre des salariés en CDI et d'autres multipliant les contrats très courts.

Dares analyses, « CDD, CDI : comment évoluent les embauches et les ruptures depuis 25 ans ? », 21 juin 2018.

1. Résumez les évolutions en cours sur le marché du travail.

2. Quelles conséquences ces évolutions ont-elles sur le fonctionnement du marché du travail ?

→ *Corrigé p. 183*

SUJET DU BAC

Épreuve composée

Partie 3 – Raisonnement s'appuyant sur un dossier documentaire
À l'aide de vos connaissances et du dossier documentaire, vous montrerez que le travail conserve son rôle d'instance d'intégration sociale.

Document 1. *Niveau de vie[1] et taux de pauvreté[2] selon le statut d'activité en France en 2015*

	Niveau de vie médian (en euros 2015)	Personnes pauvres (en milliers)	Taux de pauvreté (en %)
Actifs occupés	22 500	1 987	7,8
Salariés	*22 490*	*1 475*	*6,5*
Indépendants	*22 680*	*512*	*17,3*
Chômeurs	14 060	1 092	37,6
Retraités	21 080	1 028	7,3
Autres inactifs	15 260	1 977	32,1
Ensemble de la population	**20 300**	**8 875**	**14,2**

Champ : France Métropolitaine.

1. Le niveau de vie correspond au revenu disponible d'un ménage en tenant compte de sa composition.

2. Le taux de pauvreté mesure la proportion d'individus appartenant à un ménage dont le niveau de vie est inférieur à un certain pourcentage du niveau de vie médian (ici 60 %).

Insee Première, « Les niveaux de vie en 2015 », Septembre 2017.

Document 2.

Dans nos sociétés, l'intégration professionnelle assure aux individus la reconnaissance de leur travail, au sens de leur contribution à l'œuvre productive, mais aussi, en même temps, la reconnaissance des droits sociaux qui en dérivent. [...] L'exemple des revendications récentes des professionnels des arts et du spectacle en faveur d'une meilleure protection sociale permet de comprendre à quel point l'intégration professionnelle ne passe pas uniquement par l'affirmation de soi dans l'univers du travail, mais qu'elle implique également la reconnaissance de droits dérivés de la logique protectrice de l'État-providence. [...]

On peut donc définir [...] l'intégration professionnelle comme la double assurance de la reconnaissance matérielle et symbolique du travail et de la protection sociale qui découle de l'emploi. On peut estimer que la première condition est remplie lorsque les salariés disent qu'ils éprouvent des satisfactions au travail [...]. La deuxième condition sera remplie si l'emploi exercé n'est pas aléatoire et qu'il implique une certaine durée, autrement dit, lorsqu'il permet au salarié de planifier son avenir. [...] Dans ce cas, les salariés peuvent élaborer des projets de carrière et s'investir dans le travail pour les réaliser. Les satisfactions qu'ils en retirent sont l'expression d'une intégration réussie dans l'entreprise, en particulier dans les relations avec les collègues et les supérieurs hiérarchiques.

Serge Paugam, *Le salarié de la précarité*, PUF, 2000.

CORRIGÉS

1 → *Énoncé p. 176*

1. Chômage
2. Sous-emploi
3. Travail non salarié
4. Inactivité
5. Travail bénévole
6. Travail salarié

2 → *Énoncé p. 176*

	Emploi de mauvaise qualité
Conditions de travail	Difficiles
Niveau de salaire	Inférieur à la moyenne
Sécurité économique	Emploi précaire
Horizon de carrière	Peu de perspectives de promotion interne
Potentiel de formation	Faible
Variété des tâches	Tâches répétitives

3 → *Énoncé p. 177*

1. Le halo du chômage renvoie aux situations qui ne sont pas considérées comme du chômage mais qui en sont très proches. Parmi les personnes inactives, il y a ainsi de nombreuses personnes qui souhaitent un emploi sans être considérées comme étant au chômage (chômeurs découragés).

2. Il y avait en 1990 environ 1,6 million de personnes dans le halo du chômage contre un peu moins de 2 millions en 2023.

3. Nous pouvons constater une augmentation du halo du chômage depuis le début des années 2000. Ce dernier semble se réduire récemment en lien avec la baisse du chômage mais en restant à un niveau élevé par rapport au début des années 1990.

4 → *Énoncé p. 178*

Nous pouvons constater, tout d'abord, que la part des CDD très courts parmi les CDD arrivés à terme a augmenté de 26 points entre 1998 et 2017. Cette hausse est plus ou moins marquée selon les secteurs. Cette augmentation des CDD très courts concernent uniquement le secteur tertiaire et, plus particulièrement, le domaine de l'hébergement médico-social et social et action sociale sans hébergement et les activités pour la santé humaine. 13 points des 26 points d'augmentation de la part des CDD très courts s'expliquent par des évolutions dans ces domaines.

5 → *Énoncé p. 179*

1. Nous pouvons observer une augmentation du recours aux emplois précaires, en particulier aux CDD très courts et une augmentation de la rotation de la main-d'œuvre.

2. Cela conduit à une dualisation du marché du travail car ces évolutions ne concernent pas l'ensemble des salariés mais la partie la moins diplômée.

SUJET DU BAC

Introduction

La montée du chômage inquiète. Avoir un emploi est, en effet, considéré comme un objectif désirable, que ce soit par rapport au revenu ou au statut social procuré. Le travail est ainsi une source d'intégration sociale, c'est-à-dire qu'il permet le développement du lien social en permettant aux individus de trouver une place dans la société.

Développement

• Idée n° 1 : le travail permet de se procurer un revenu.

Occuper un emploi permet d'avoir un revenu, ce qui est source d'intégration sociale. Le revenu permet de financer les dépenses de consommation courante, de logement, de loisirs qui sont nécessaires à une bonne intégration. Nous pouvons voir dans le document 1 qu'il y a un lien fort entre le statut d'activité et la pauvreté. Le taux de pauvreté est bien plus fort parmi les chômeurs que parmi les salariés.

• Idée n° 2 : le travail permet l'accès à la protection sociale.
En travaillant, des cotisations sociales sont acquittées et cela ouvre des droits sociaux aux travailleurs (chômage, retraite, etc.) qui le protègent. Le document 2 nous montre que l'intégration professionnelle conduit à une reconnaissance de droits sociaux protecteurs.

• Idée n° 3 : le travail est un lieu de sociabilité.
Au cours de son activité, des relations sociales se développent et cela est source d'intégration sociale. Le travail est une instance de socialisation qui permet de développer sa sociabilité et d'intégrer des normes sociales.

• Idée n° 4 : le travail donne un statut social valorisant.
Occuper un emploi permet aussi d'accéder à un statut valorisé socialement. Le travail peut être source d'épanouissement quand il permet une reconnaissance sociale. Il donne à l'individu un sentiment d'utilité sociale et transforme le regard d'autrui. Nous pouvons voir dans le document 2 que le travail permet une affirmation de soi, source de valorisation sociale.

Conclusion

Avoir un travail facilite ainsi grandement l'intégration sociale. Les récentes mutations du marché du travail, avec la précarisation des emplois notamment, interrogent néanmoins sur l'intégration sociale permise par ces nouvelles formes d'emploi qui se développent rapidement.

L'engagement politique dans les sociétés démocratiques

CHAPITRE 10

1 Les différents types d'engagement

A Adhérer à un collectif

- **L'engagement politique*** désigne l'ensemble des comportements individuels qui aspirent à faire évoluer la société. Cela peut se traduire par une volonté d'influencer les lois en vigueur mais aussi par des actions qui visent à faire évoluer le comportement des acteurs ou à répondre à des problèmes sociaux sans nécessairement que le cadre législatif évolue. On distingue l'engagement politique d'autres types d'engagement de par le fait qu'il a pour but une modification globale de la société en lien avec des considérations d'intérêt général.
- Une façon de s'engager politiquement est d'adhérer à un collectif. Cela peut être un **parti politique, un syndicat ou un autre type d'association**. L'adhésion peut être **passive** (être un simple membre) mais elle peut aussi être plus **active** avec une participation aux débats internes et aux actions définies collectivement, etc. L'engagement peut être **bénévole** mais peut aussi **conduire à une rémunération** si la personne occupe des fonctions particulières qui demandent un investissement important.
- L'adhésion à des partis et des syndicats est en baisse depuis la fin de la Seconde Guerre mondiale. En 2019, 10,3 % des salariés déclarent adhérer à une organisation syndicale contre 30,1 % en 1949.

Document 1. *Taux de syndicalisation selon le secteur et la catégorie socioprofessionnelle en 2013 et 2019*

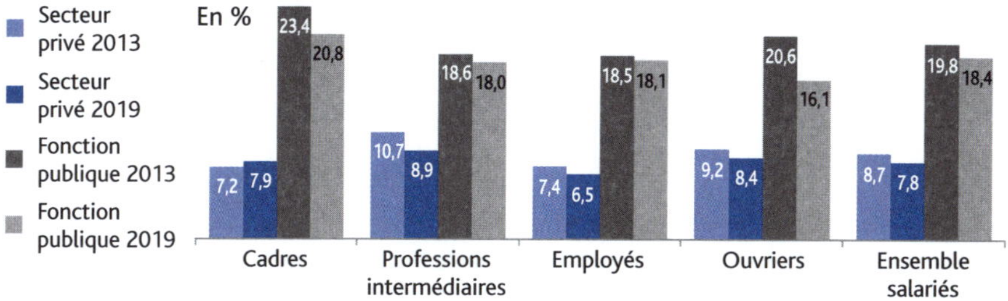

Lecture : en 2019, 20,8 % des cadres de la fonction publique sont syndiqués.
Champ : salariés, France (hors Mayotte).

Dares-DGAFP-Drees-Insee, enquêtes Conditions de travail 2013 à 2019.

- Les syndicats et les partis politiques sont des associations. Les partis ont comme spécificité d'avoir un financement encadré. Les **associations politiques** (***exemple :*** ATTAC) n'ont pas de définition juridique stricte qui les distinguerait des autres associations et il est, de ce fait, complexe de les comptabiliser. On peut, toutefois, noter qu'en 2016, 2,5 % de la population a adhéré à au moins une association pour la défense de droits ou d'intérêts communs au cours des 12 derniers mois. Les associations politiques peuvent être spécialisées dans le débat d'idées, le soutien de l'action d'une personnalité politique ou encore la collecte de financement pour soutenir des acteurs ou partis politiques.

Document 2. *Le taux d'adhésion aux associations selon la catégorie socioprofessionnelle en 2016*

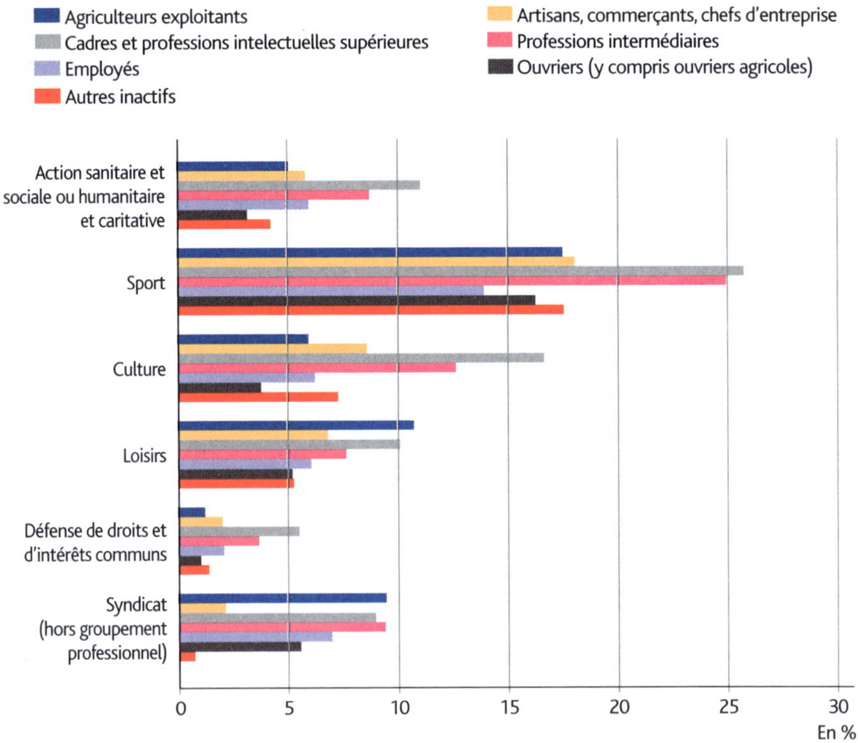

Note : les retraités ont été classés dans leur ancienne catégorie socioprofessionnelle.

Lecture : en 2016, 35,1 % des employés ont adhéré à au moins une association.

Champ : France métropolitaine, personnes âgées de 16 ans ou plus résidant en ménages ordinaires.

Insee, dispositif SRCV-Silc.

B Agir individuellement

- Il est aussi possible de **s'engager politiquement** sans adhérer à un collectif. Voter, aller à une manifestation ou faire évoluer sa consommation en fonction de ses convictions politiques sont aussi des actes de militantisme. On voit ainsi se développer la **consommation engagée** qui renvoie aux pratiques qui visent, à travers ses choix de consommation, à faire évoluer une cause politique. Cela peut passer par des **boycotts** de marques aux pratiques irrespectueuses pour les travailleurs ou l'environnement, par des choix de produits dont la production est organisée selon une logique que l'on valorise (***exemples :*** produits issus de l'agriculture biologique ou du commerce équitable).

Document 3. *L'achat de produits biologiques, en vrac ou d'occasion*

« Avez-vous déjà acheté (avant 2018), depuis six mois, soit depuis le 1er janvier 2018, avez-vous acheté… ? » (en %)

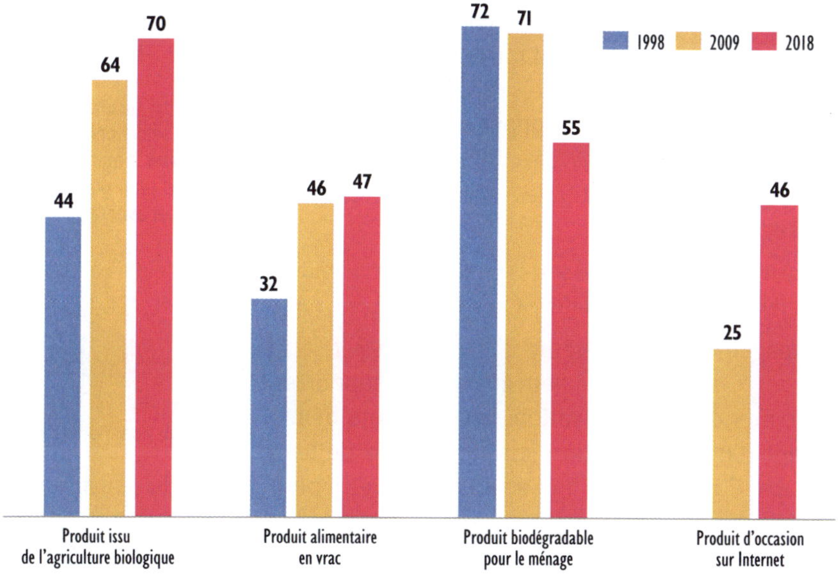

N.B. : les achats de produits biodégradables pour le ménage sont en baisse en raison de la généralisation des lessives sans phosphate depuis l'interdiction de ce produit dans les lessives domestiques en 2007.

CRÉDOC, enquêtes Tendances de consommation, 1998-2018.

- Les acteurs qui sont le plus engagés au niveau individuel sont aussi souvent ceux qui ont le plus de chance d'adhérer à un collectif. Les consommateurs les plus engagés ne s'inscrivent pas dans une logique de rejet du collectif et sont fortement mobilisés dans les formes les plus traditionnelles de la participation politique. La consommation engagée constitue souvent un **mode d'entrée vers un engagement politique** plus poussé.

2 Pourquoi s'engager ?

A Vouloir s'engager

- **S'engager est coûteux**. Cela prend du temps, implique des activités qui peuvent être laborieuses. Il semble finalement étonnant que des actions collectives voient le jour alors que chacun aurait intérêt à ne rien faire pour ne pas subir les coûts de l'engagement tout en attendant que les autres se mobilisent pour bénéficier des fruits de l'action. C'est le **paradoxe de l'action collective** : si chacun suit son intérêt individuel, il ne devrait pas y avoir d'action collective.

- On observe pourtant que les acteurs s'engagent et sont prêts à consacrer des ressources pour des causes auxquelles ils adhérent. On peut mobiliser différentes explications pour le comprendre : dans certains cas, les bénéfices de l'action sont réservés aux personnes qui y ont participé et il est donc dans l'intérêt de chacun de se mobiliser pour son propre intérêt. Certains groupes mettent en place ce type d'**incitations sélectives** pour favoriser l'engagement et limiter les comportements de passager clandestin.

> **Mot-clé**
> **Incitations sélectives** : dispositif qui avantage des personnes sélectionnées afin de les pousser à agir dans un certain sens pour pouvoir bénéficier de cet avantage.

Ex. : Un syndicat peut réserver ses conseils juridiques aux travailleurs syndiqués pour pousser les salariés à se syndiquer.

- L'engagement est également source de **rétributions symboliques** qui peuvent aider à supporter les coûts de la mobilisation. Les militants bénéficient d'une valorisation sociale au sein de leur groupe. C'est aussi un lieu de sociabilité et il peut y avoir du plaisir à militer.

> **Mot-clé**
> **Rétribution symbolique** : avantage non monétaire.

- La **structure des opportunités politiques** joue aussi dans la décision de s'engager. Cela renvoie au contexte politique qui est plus ou moins propice à l'émergence d'un mouvement social. Le destin d'une action protestataire ne dépend pas que de la capacité mobilisatrice du groupe mais aussi du système politique qui est plus ou moins réceptif à la contestation.

> **Mot-clé**
> **Structure des opportunités politiques** : environnement politique au sein duquel évoluent les acteurs sociaux.

B Le poids des variables sociodémographiques

- En fonction de leurs caractéristiques sociales, tous les individus n'ont pas la même probabilité de s'engager. L'**intégration sociale** est un facteur important. Les personnes sans emploi, faiblement diplômées ont une participation politique plus faible. L'écart de participation électorale en fonction de la catégorie sociale s'est accru entre 2002 et 2017. Les cadres sont ceux qui participent le plus.

- Si **les jeunes ont tendance à moins voter que leurs aînés et à moins adhérer à un parti**, cela ne témoigne pas d'un désintérêt pour la politique. Ils ont tendance à opter pour d'autres formes de participation, notamment celles qui ont une dimension plus protestataire du fait d'une défiance vis-à-vis du politique. Cela s'explique par un effet d'âge mais aussi de génération. En vieillissant, il y a fort à parier que les jeunes d'aujourd'hui garderont un rapport plus méfiant au politique que les seniors d'aujourd'hui. Notons que les personnes très âgées (plus de 80 ans) ont tendance à peu participer politiquement. Si la participation croît avec l'âge, elle diminue ainsi à partir d'un certain âge.

> **Mots-clés**
> - **Effet d'âge :** existence d'une différenciation des pratiques en fonction de l'âge.
> - **Effet de génération :** existence d'une différenciation des pratiques en fonction de la génération d'appartenance.

- Les **femmes sont sous-représentées** dans les représentants politiques. Cela s'explique par leur sous-représentation dans le militantisme mais aussi par le fait que, quand elles sont engagées, elles ont moins tendance à postuler à des postes à responsabilité notamment pour se présenter à des élections.

3 L'action collective

A L'évolution des revendications

- De nombreuses actions collectives sont nées de l'existence de **conflits au sein du monde du travail**, notamment entre employeurs et employés. Les salariés luttent pour des améliorations de leurs salaires ou de leurs conditions de travail. On a pu qualifier ces conflits de conflits matérialistes car ils portent sur des questions de redistribution des richesses issues de la production.

- Du fait de l'existence d'un conflit d'intérêt entre les salariés et le patronat, les travailleurs se sont regroupés en groupes d'intérêt, les syndicats. Un tel collectif leur permet d'être plus efficaces dans les négociations et plus forts dans les rapports de force. Les **syndicats** ont joué un grand rôle dans la mobilisation des travailleurs. Si leur influence est moindre aujourd'hui, ils restent des acteurs incontournables dans ce type de conflits.

- Les mobilisations portent aussi sur des enjeux liés à la **lutte contre les discriminations**. Les femmes, les homosexuels, les minorités ethniques ou religieuses ont ainsi pu organiser des actions pour faire évoluer la société. À partir des années 1960, avec l'approfondissement de la modernité, on voit se développer de plus en plus ce type d'actions.
- Des mouvements sociaux apparaissent aussi en lien avec l'expression d'inquiétudes liées à la **dégradation de l'environnement** ou à la mondialisation. Ils ne sont pas portés par des partis ou des syndicats mais avant tout par des associations. Ce type de mouvement peut aussi porter sur des enjeux de santé publique (exemples : la lutte contre le sida ou l'utilisation de produits néfastes pour notre santé). Les revendications sont souvent plus larges que celles qu'on peut observer dans les conflits du travail et les actions visent à questionner la manière dont nos sociétés sont organisées de façon globale. Des préoccupations en termes de valeur et de qualité de vie sont ainsi mises en avant.

B L'évolution des formes de l'action

- La façon de mener des actions collectives a évolué au cours du temps. Le concept de **répertoire de l'action collective*** renvoie à l'ensemble des pratiques de participation politique auxquelles les membres d'un groupe font appel. Les moyens d'actions connus et utilisables dépendent de l'histoire du groupe et du contexte social.
- Avant la révolution industrielle, les actions s'inscrivent dans un espace local, sans que des liens se nouent entre des actions proches pouvant être menées à différents endroits. Les individus qui protestent cherchent souvent l'appui d'un notable local pour les appuyer. **La vie politique se nationalise** peu à peu à la suite de la révolution industrielle et du développement des usines au détriment de l'agriculture. La **grève** devient alors un mode d'action de plus en plus fréquent. Les différentes luttes des ouvriers sont considérées comme s'inscrivant dans une même logique, celle de la défense des travailleurs contre des patrons trop soucieux de leurs profits. Cela conduit au **développement des syndicats**.
- Les moyens traditionnels d'expression de son opinion (grèves, manifestations, participation électorale, etc.) sont toujours d'actualité comme nous pouvons le voir avec le mouvement actuel contre la réforme des retraites. On assiste, néanmoins, de plus en plus au développement de **nouveaux modes d'actions moins encadrés.** Des associations non syndicales, des groupements radicaux se développent et cherchent à agir différemment pour

bénéficier d'une visibilité plus grande. Ces actions sont rarement des actions de masse. La faiblesse du nombre est compensée par l'organisation d'actions originales qui permettent de bénéficier d'une bonne **couverture médiatique**.

Ex. : Les militants de Greenpeace vont ainsi s'attacher aux rails de chemins de fer pour bloquer les trains qui transportent des déchets nucléaires et attirer l'attention sur les dangers de l'utilisation de l'énergie nucléaire.

- Des actions naissent aujourd'hui sans qu'elles soient nécessairement coordonnées par un parti ou un syndicat. Des pétitions ou des campagnes de boycott peuvent ainsi être lancées par de simples individus qui, grâce aux réseaux sociaux, peuvent faire connaître leur initiative sans passer par une structure collective.

- L'évolution des formes d'actions conduit à questionner notre démocratie de type représentative. Les partis étant boudés et l'abstention augmentant, il existe une **crise de représentativité**. La question du lien entre ces nouveaux mouvements protestataires et le politique doit être repensée.

Ex. : Le mouvement des gilets jaunes affiche une forte défiance vis-à-vis des politiques et revendique le référendum d'initiative citoyenne pour que le peuple puisse imposer des décisions sans passer par ses représentants.

Document 4. *Évolution du vote aux élections nationales en France de 2002 à 2022*

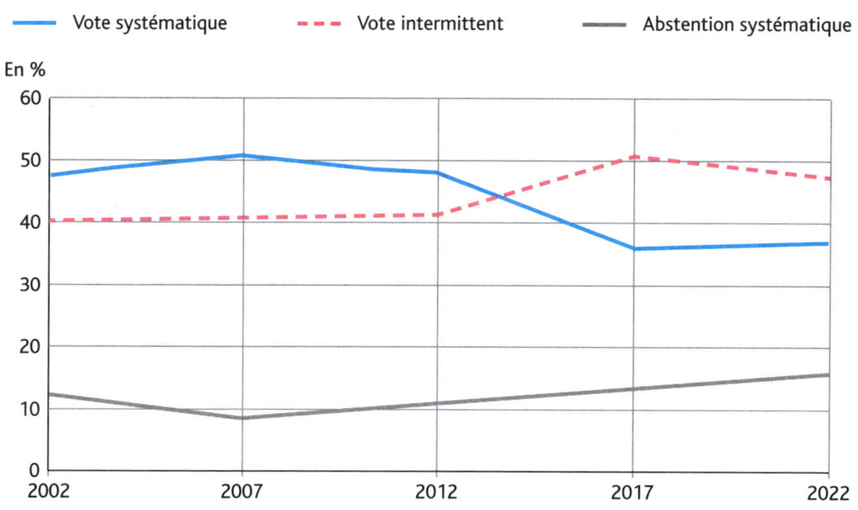

Lecture : en 2022, 47,2 % des inscrits ont voté à au moins un mais pas tous les tours des élections nationales cette année-là (vote intermittent).

Champ : personnes inscrites sur les listes électorales et résidant en France métropolitaine.

Insee, Enquêtes sur la participation électorale de 2002 à 2022.

COMMENT FAIRE ?

Distinguer corrélation et causalité

• Pour analyser les relations entre deux phénomènes A et B, il est important d'observer comment ils évoluent. On en tire ainsi des conclusions quant à leurs relations. Est-ce A qui entraîne B, B qui entraîne A, les deux phénomènes s'influencent-ils réciproquement ou dépendent-ils tous deux d'un troisième facteur ?

• L'observation permet de dégager des corrélations, c'est-à-dire des variations concomitantes. En observant les évolutions de deux phénomènes mesurables par deux variables A et B (dans le temps ou dans l'espace), on peut repérer **trois cas de figure** :

1 si A et B évoluent dans le même sens, on dit qu'il y a **une corrélation positive entre les deux variables** : quand l'une baisse, l'autre baisse ; quand l'une augmente, l'autre augmente.

Ex. : Quand l'âge augmente, le salaire moyen a aussi tendance en moyenne à augmenter.

2 si A et B évoluent dans le sens contraire, il y a **une corrélation négative** entre les deux variables : quand l'une baisse, l'autre augmente, et *vice versa*.

Ex. : Quand le niveau de diplôme des parents augmente, la réussite scolaire des enfants est en moyenne meilleure.

3 si A et B ont des évolutions indépendantes, il n'y a **pas de corrélation** entre les deux variables : quand l'une baisse, l'autre baisse ou augmente selon les cas, sans que l'on puisse dégager une tendance nette.

• Lorsqu'une corrélation a été repérée entre deux phénomènes, on peut s'interroger sur les liens logiques qui peuvent les unir. **Un lien de causalité est un lien de cause à effet** : un événement a un impact sur un autre.

Ex. : Augmentation de sa probabilité d'occurrence.

– Il peut, tout d'abord, y avoir **corrélation sans causalité.** Dans ce cas, la corrélation est le fruit d'une coïncidence ou implique d'autres facteurs explicatifs.

Ex. : On constate l'existence d'une corrélation positive entre le fait d'être à l'hôpital et le fait de décéder, mais il n'y a aucun lien de causalité entre ces deux phénomènes. Si la probabilité de mourir dans les établissements de santé est supérieure à celle de décéder chez soi dans son lit, ce n'est pas que les hôpitaux sont dangereux. La corrélation s'explique par l'existence d'une variable cachée – la maladie –, qui influence les deux variables considérées. Les personnes qui sont à l'hôpital sont en moins bonne santé que celles qui restent chez elles.

– **Lorsque la corrélation témoigne de l'existence d'un lien de causalité, il faut ensuite déterminer le sens de cette causalité** (A à B ou B à A).

***Ex.* :** Les enquêtes qui mesurent le degré d'optimisme des investisseurs sur les perspectives économiques (phénomène A) montrent que ce dernier est lié aux périodes de croissance économique (phénomène B). Mais est-ce cet optimisme qui stimule l'investissement productif et soutient la croissance (A à B) ? Ou bien la croissance qui permet d'augmenter les revenus distribués et incite les investisseurs à prendre davantage de risques (B à A) ? Les outils statistiques permettent d'identifier la variable explicative et la variable expliquée.

EXERCICES

Vérifier ses connaissances

1 Pourquoi s'engager ?

Complétez le texte suivant en utilisant les concepts appropriés figurant dans la liste suivante : *consommation engagée, engagement associatif, incitations sélectives, intérêt personnel, militantisme, paradoxe de l'action collective, rétributions symboliques, structure des opportunités politiques, vote*.

L'engagement politique prend des formes variées : du simple .... à un .... plus poussé, les degrés d'engagement sont divers. Il peut conduire à adhérer à des collectifs comme des syndicats, des partis ou à se tourner vers l'............ . Il peut aussi se traduire par une évolution des pratiques de consommation par une ....
Les raisons qui poussent les individus à agir peuvent tout d'abord s'analyser en termes d'............ . Les individus qui se mobilisent le font pour faire évoluer la situation dans un sens qui leur serait favorable. Néanmoins, si chacun détermine son comportement de façon à maximiser sa situation, il risque de ne pas y avoir de mobilisation collective : c'est le .... Pour éviter cela, des organisations (notamment syndicales) mettent en place des .... En se mobilisant, les individus bénéficient aussi de .... L'engagement d'un individu dépend de ses caractéristiques singulières (valeurs défendues, disponibilité plus ou moins grande, etc.) mais aussi de la .... qui rend le contexte plus ou moins propice à l'action.

→ *Corrigé p. 198*

2 La politisation de la jeunesse

Document 5. *Génération citoyenne, génération protestation*

On la dit désenchantée par la politique. Votant plus à droite que naguère, et surtout ne votant pas. Désintéressée des affaires publiques, méfiante à l'extrême vis-à-vis des élus. *« Dans les démocraties, chaque génération est un peuple nouveau »*, notait le philosophe Alexis de Tocqueville (1805-1859). Faut-il alors s'inquiéter des relations qu'entretient la jeunesse française avec la politique ? Craindre pour demain une démocratie sans citoyens ?

La réalité est plus nuancée. Contrairement à ce que l'on entend trop souvent, les jeunes ne sont pas dépolitisés. Globalement plus diplômés que jamais, ils sont au contraire très concernés par le sujet – particulièrement en France, où le débat politique s'invite volontiers dans les repas de famille et dans les cours de lycée. Simplement, ils n'ont pas de la citoyenneté la même conception que leurs aînés au même âge.

Catherine Vincent, « Les jeunes et la politique : génération citoyenne, génération protestation », *Le Monde*, 23 février 2017.

1. Pourquoi est-on inquiet de l'évolution politique de la jeunesse ?
2. Expliquez la phrase soulignée.

→ *Corrigé p. 198*

S'entraîner

3 La participation électorale

Document 6. *L'estimation de la non-participation électorale par groupe professionnel (en %)*

	Nationalité étrangère[1]	Non inscrits[2]	Abstention constante[3]	Total
Ensemble des employés (N = 5 963)	6	6,1	8,1	18,9
Ensemble des ouvriers (N = 4 600)	10,3	9,3	11,1	27,7
Ensemble des professions intermédiaires (N = 5 063)	3	3,8	5,9	12,2
Ensemble des cadres supérieurs (N = 2 544)	4,4	2,4	4,3	10,7
Ensemble des salariés (N = 18 170)	6,1	5,7	7,7	18,4

Données : enquête Emploi 2012 pour (1) et enquête Participation électorale pour (2) et (3).

Camille Peugny, « Pour une prise en compte des clivages au sein des classes populaires. La participation politique des ouvriers et des employés », *Revue française de science politique*, Volume 65, 2015.

1. Faites une phrase avec 11,1.
2. Proposez une phrase avec 7,7.
3. Analysez les corrélations présentes dans le tableau. *Corrigé p. 198*

4 L'évolution des pratiques électorales

Document 7. *Abstention : défaillance citoyenne ou expression démocratique ?*

Le nombre d'électeurs déclarant avoir fait leur choix dans les jours précédant l'élection, voire le jour même du scrutin, ne cesse d'augmenter. Lors du 1er tour de l'élection présidentielle de 2007, 27 % se sont décidés au cours même de la campagne et 22 % ont hésité jusqu'au dernier moment (Panel électoral français, 2007). La perplexité qui caractérise le choix électoral se retrouve aussi en ce qui concerne le choix de l'abstention. Et le passage du vote au non-vote est de plus en plus poreux et fluctuant. D'une élection à l'autre, et même d'un tour de scrutin à l'autre, les électeurs font de plus en plus un usage alterné et intermittent du vote et de l'abstention. Le vote systématique ne cesse de s'éroder au sein de la population électorale, et ce tout particulièrement au sein des jeunes générations. Mais l'abstention systématique est relativement faible et stable en France [...] C'est donc la part des abstentionnistes intermittents, tour à tour votants et non-votants, qui s'est accrue au fil du temps pour créer un déficit de participation. Entre 1995 et 2002, on observe une baisse assez nette de la participation régulière : dénombrés sur l'ensemble de la présidentielle et des législatives en 2002, seuls 47 % des inscrits ont voté systématiquement aux quatre tours de scrutins alors qu'en 1995, lors de la présidentielle et des élections municipales, ils étaient 55 % dans le même cas. [...] Cette intermittence de l'acte électoral est le signe d'un certain affaiblissement du devoir de voter et révèle des changements réels dans les représentations mêmes de la citoyenneté. [...] L'abstention est un outil qui s'est peu à peu imposé dans la palette des outils démocratiques à la disposition des électeurs. Elle n'est pas seulement le signe d'un retrait ou d'un désinvestissement de la scène électorale. Pour des électeurs de plus en plus nombreux et dans le jeu politique, elle est considérée et utilisée comme une réponse électorale à part entière. Elle peut servir à exprimer leur malaise à l'égard d'une offre politique jugée insatisfaisante ou encore une sanction à l'encontre des gouvernements sortants.

Anne Muxel, Dossier La citoyenneté, « Abstention : défaillance citoyenne ou expression démocratique ? », Conseil constitutionnel, *Cahiers du Conseil constitutionnel*, n° 23, février 2008.

1. Décrivez les évolutions des pratiques électorales.
2. Quels problèmes ces évolutions posent-elles à nos démocraties ?

→ *Corrigé p. 199*

5 L'évolution des conflits au travail

Document 8. *Nombre de jours de grève recensés par l'inspection du travail en France (1975-2005)*

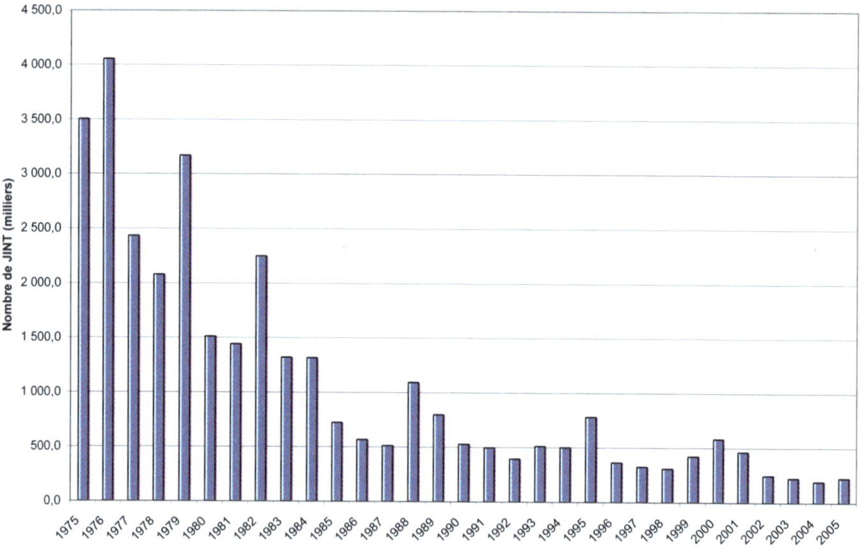

Note : conflits localisés, hors transports à partir de 1996.

Dares.

1. Décrivez l'évolution du nombre de jours de grève.
2. En mobilisant vos connaissances, quelle analyse pouvez-vous faire de l'évolution des conflits liés au travail ?

→ *Corrigé p. 199*

SUJET DU BAC

Épreuve composée – Parties 1 et 2

Partie 1 – Mobilisation des connaissances
Expliquez ce qu'est le paradoxe de l'action collective.

Partie 2 – Étude d'un document

Document.

« Selon vous, qu'est-ce qui permet aux citoyens d'exercer le plus d'influence sur les décisions prises en France ? »

Première réponse choisie :

Voter aux élections	46 %
Boycotter des entreprises ou des produits	14 %
Manifester dans la rue	12 %
Faire grève	7 %
Discuter sur Internet, sur un blog ou un forum	1 %
Rien de tout cela	8 %
Sans réponse	12 %

Bruno Cautrès, D'après « Démocratie furtive ou démocratie enchantée ? Les aspirations des Français à la prise de parole politique », CEVIPOF, 17 janvier 2017.

1. Listez les différentes formes d'engagement politique.
2. Analysez les données présentes dans le tableau.

CORRIGÉS

1 → *Énoncé p. 194*

L'engagement politique prend des formes variées : du simple **vote** à un **militantisme** plus poussé, les degrés d'engagement sont divers. Il peut conduire à adhérer à des collectifs comme des syndicats, des partis ou à se tourner vers l'**engagement associatif**. Il peut aussi se traduire par une évolution des pratiques de consommation par une **consommation engagée**.

Les raisons qui poussent les individus à agir peuvent tout d'abord s'analyser en termes d'**intérêt personnel**. Les individus qui se mobilisent le font pour faire évoluer la situation dans un sens qui leur serait favorable. Néanmoins, si chacun détermine son comportement de façon à maximiser sa situation, il risque de ne pas y avoir de mobilisation collective : c'est le **paradoxe de l'action collective**. Pour éviter cela, des organisations (notamment syndicales) mettent en place des **incitations sélectives**.

En se mobilisant, les individus peuvent réussir à obtenir des gains monétaires mais ils bénéficient aussi de **rétributions symboliques**.

L'engagement d'un individu dépend de ses caractéristiques singulières (valeurs défendues, disponibilité plus ou moins grande, etc.) mais aussi de la **structure des opportunités politiques** qui rend le contexte plus ou moins propice à l'action.

2 → *Énoncé p. 194*

1. On observe chez les jeunes une forte montée de l'abstention et une méfiance vis-à-vis de la classe politique.

2. Elle signifie que les jeunes ne sont pas dépolitisés mais expriment différemment leur engagement que le faisaient leurs aînés du temps de leur jeunesse.

3 → *Énoncé p. 195*

1. 11,1 % des ouvriers interrogés s'abstiennent systématiquement aux élections.

2. 7,7 % de l'ensemble des personnes interrogées s'abstiennent systématiquement aux élections.

3. On observe une corrélation entre le milieu social et la participation électorale. Les employés et les ouvriers participent moins que les cadres ou les professions intermédiaires. Cela est lié au fait qu'il y a relativement plus d'étrangers n'ayant pas le droit de vote dans ces groupes mais aussi qu'ils sont moins souvent inscrits sur les listes et vont moins souvent voter quand ils sont inscrits.

4 → *Énoncé p. 195*

1. Nous observons :
– une stabilité de l'abstention constante ;
– une montée de l'abstention intermittente ;
– une augmentation de la volatilité électorale avec des électeurs plus indécis que par le passé.

2. Nos démocraties sont des démocraties représentatives basées sur l'élection de représentants. La montée de l'abstention conduit à une plus faible représentativité des élus. La légitimité de ces derniers est, de fait, de plus en plus contestée, la méfiance vis-à-vis du personnel politique étant de plus en plus forte. Ils sont de moins en moins vus comme étant au service du peuple considéré dans son ensemble.

5 → *Énoncé p. 196*

1. Nous pouvons observer une très forte baisse du nombre de jours de grève de 1975 au milieu des années 1980. Depuis cette date, le nombre de jours de grève s'est stabilisé à un niveau relativement faible par rapport au passé.

2. Les conflits liés au travail n'ont pas disparu mais prennent des formes nouvelles, les salariés ont moins recours à la grève qu'avant.

SUJET DU BAC

Partie 1

Le paradoxe de l'action collective désigne une situation où il existe un intérêt commun à se mobiliser sans que pour autant une mobilisation émerge. En effet, certains individus peuvent adopter un comportement de passager clandestin : ils peuvent attendre que les autres individus se mobilisent pour bénéficier des avantages de la mobilisation sans avoir à en supporter les coûts. Si de nombreux individus tiennent le même raisonnement, la mobilisation n'aura pas lieu. On peut imaginer, par exemple, un groupe de salariés qui trouveraient avantage à voir leur salaire augmenter. La mobilisation a un coût : les salariés perdent des journées de salaire en cas de grève et seront mal vus par la direction. Chacun peut donc être tenté de ne pas faire grève et d'attendre que les autres fassent grève. Si tout le monde raisonne ainsi, il n'y a pas de mobilisation et pas d'augmentation de salaire. Les individus ont des intérêts communs, en ont conscience et, pourtant, il peut ne pas y avoir de mobilisation.

Partie 2

1. Nous pouvons citer la participation électorale, le militantisme (adhésion à un syndicat ou à un parti notamment), l'engagement associatif et la consommation engagée.

2. Les données présentes dans le document permettent de conclure à l'importance des formes traditionnelles d'engagement politique. Le vote est considéré comme étant l'instrument le plus efficace pour influencer les décisions politiques. Si d'autres formes classiques sont mises en avant (la grève, la manifestation), nous pouvons observer la mise en avant de nouvelles formes d'engagement avec la consommation engagée (à travers les campagnes de boycott) mais aussi avec l'utilisation d'Internet.

REGARDS CROISÉS

De trop fortes inégalités minent la cohésion sociale et sont à l'origine d'une ségrégation spatiale qui enferme les plus pauvres. Sans intervention de l'État, les inégalités ont tendance à se renforcer.

La compatibilité des inégalités avec la justice sociale

CHAPITRE 11

1 Mesurer les inégalités

A Définition

- Une **différence** renvoie à une répartition non uniforme d'une ressource ou d'un attribut.

  Ex. : Tout le monde n'a pas ainsi la même couleur de cheveux ou le même revenu.

- On parle d'**inégalité*** quand une différence conduit à des **phénomènes de hiérarchisation sociale**. Les différences de revenu sont ainsi qualifiées d'« inégalités » car les individus ayant un revenu élevé bénéficient d'un prestige social important et peuvent adopter un mode de vie considéré comme enviable selon les normes dominantes.

- La **mesure des inégalités** suppose de se doter d'indicateurs capables de **quantifier l'ampleur des inégalités**. De tels indicateurs sont indispensables pour pouvoir analyser l'évolution des inégalités dans le temps et mesurer de façon précise les variations observées.

- Il existe de **nombreux indicateurs** qui ont chacun leurs avantages mais aussi leurs limites. L'étude des inégalités suppose de considérer de façon simultanée plusieurs indicateurs afin d'avoir une vision la plus complète possible.

B Les indicateurs de disparité

- Les **indicateurs de disparité** mesurent l'écart entre des valeurs centrales qui caractérisent plusieurs populations statistiques. Les valeurs centrales sont la **moyenne** et la **médiane**.

  Ex. : La comparaison de la différence entre le revenu moyen des hommes et celui des femmes pour mesurer les inégalités existantes entre les hommes et les femmes.

- Ces indicateurs restent néanmoins limités car ils impliquent de comparer des groupes et ne peuvent s'appliquer au niveau individuel. Il est ainsi possible de comparer le revenu moyen ou médian des ouvriers avec celui des cadres mais pas de mesurer l'ampleur des inégalités entre l'ensemble des individus qui forment la population française.

Document 1. *Revenus salariaux annuels moyens en France en 2020 (en euros)*

Sexe	**Revenus annuels moyens**
Femmes	19 070
Hommes	24 040
Âge	
Moins de 25 ans	8 110
De 25 à 39 ans	19 670
De 40 à 49 ans	25 520
De 50 à 54 ans	26 780
55 ans ou plus	25 830
Diplôme	
Supérieur à Bac + 2	37 080
Bac + 2	26 120
Bac	20 360
CAP, BEP ou moins	17 570
Sans diplôme	14 800

Champ : France hors Mayotte, ensemble des salariés hors apprentis, stagiaires, salariés agricoles, élus et salariés des particuliers-employeurs.

Insee, panel Tous salariés, avril 2024.

C Les indicateurs de dispersion

- Les **indicateurs de dispersion** permettent de mesurer l'écart entre des valeurs extrêmes ou les écarts par rapport à la valeur centrale d'une même population statistique.

L'écart-type

- **L'écart-type**, en permettant d'apprécier les écarts à la moyenne, est un outil qui peut être utilisé pour mesurer les inégalités. En effet, on peut imaginer deux sociétés au sein desquelles le revenu moyen est le même, mais avec un écart-type des revenus très différent. En effet, il pourrait y avoir une société où tous les individus ont un revenu proche de la moyenne et une autre où il y aurait des personnes très pauvres et des personnes très riches. La société dans laquelle l'écart-type est plus élevé est une société plus inégalitaire.

  Ex. : La société 1 est moins inégalitaire que la société 2. Le revenu mensuel moyen est le même mais l'écart-type des revenus est plus élevé dans la société 2.

Document 2. *Deux exemples de distribution du revenu*

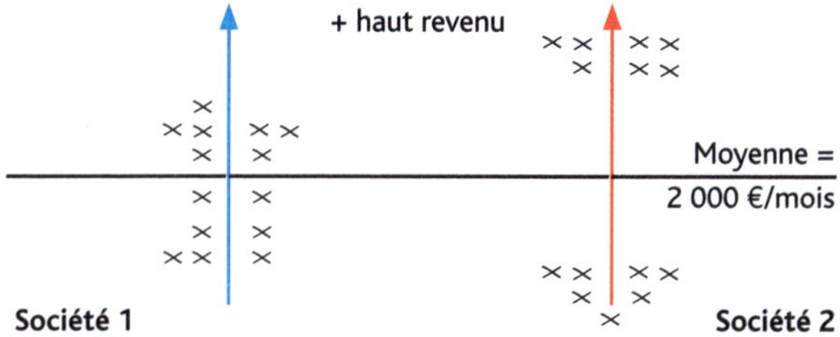

Les rapports inter-quantiles

- Il est aussi possible de s'intéresser aux **rapports inter-quantiles** comme le rapport interdécile. Cela permet d'apprécier les différences entre les plus hauts et les plus bas revenus. Très utiles, les rapports interdéciles sont toutefois insensibles à l'évolution de certaines inégalités. Imaginons que les 100 personnes les plus riches s'enrichissent et que les 100 les plus pauvres s'appauvrissent, cela ne va pas modifier la valeur du premier décile ni celle du neuvième décile. Le rapport interdécile ne va pas changer alors que les inégalités ont augmenté. Cet indicateur manque donc de précision.

Le top 1 %

- Sans calculer de rapport inter-quantile, on peut aussi tout simplement comparer l'évolution du dernier centile (**top 1 %**) par rapport à l'évolution du reste de la population (les 99 % autres). La mise en avant de la forte augmentation du revenu et du patrimoine des 1 % les plus riches a ainsi permis de saisir des dynamiques à l'œuvre qui n'étaient pas perceptibles par l'analyse des rapports inter-quantiles.

Document 3. *L'évolution de la répartition du revenu* national (en %)*

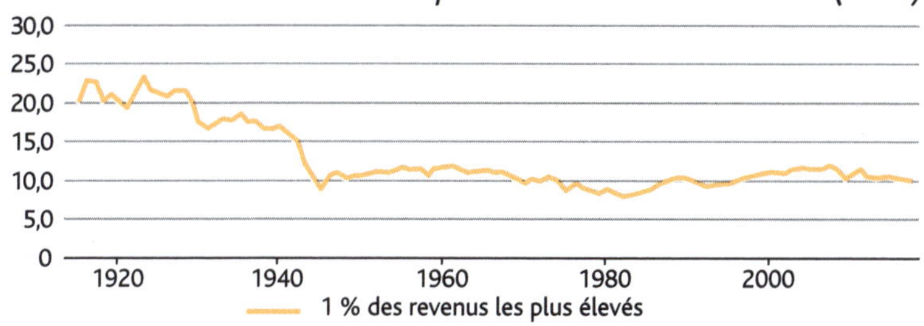

* Revenus avant impôts et prestations sociales. Le revenu des couples est divisé par deux, sans tenir compte du nombre d'enfants.

Lecture : en 2017, les 10 % les plus riches perçoivent 32 % de l'ensemble des revenus avant impôts. Le 1 % le plus riche perçoit 9,8 %.

World Inequality Database. Garbinti, Goupille et Piketty © Observatoire des inégalités.

Le coefficient de Gini

- Il est aussi possible de mesurer le **coefficient de Gini*** à partir de la **courbe de Lorenz*** (→ Comment faire ?, p. 214). En considérant l'ensemble des revenus, ce coefficient permet d'avoir une vision fine de la distribution des revenus ou du patrimoine. Néanmoins, de par son côté très synthétique, il ne va que faiblement varier si des évolutions ne concernent qu'une petite partie de la population. Ainsi, l'explosion du revenu des 1 % les plus riches n'a pas conduit à une forte augmentation de ce coefficient car les autres revenus ont peu varié. Certaines dynamiques sont ainsi peu perceptibles avec cet indicateur.

Document 4. *Les indicateurs d'inégalités de 1996 à 2018*

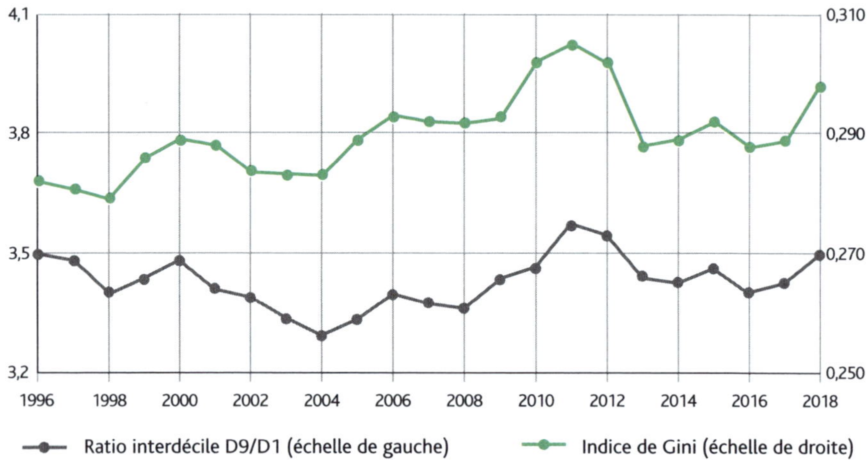

Champ : France métropolitaine, personnes vivant dans un ménage dont le revenu déclaré est positif ou nul et dont la personne de référence n'est pas étudiante.

Sources : Insee-DGI, enquêtes Revenus fiscaux et sociaux rétropolées de 1996 à 2004 ; Insee-DGFiP-Cnaf-Cnav-CCMSA enquêtes Revenus fiscaux et sociaux de 2005 à 2018.

D Les indicateurs de reproduction sociale

- Jusque-là, nous nous intéressions à la mesure des inégalités existantes au sein d'un groupe. Il peut aussi être intéressant de s'intéresser à la manière dont les **inégalités peuvent se transmettre d'une génération à l'autre** : la position de vos parents sur l'échelle des inégalités détermine-t-elle votre propre position sur l'échelle des inégalités dans votre génération ? Il s'agit ici d'adopter un point de vue dynamique et de définir des indicateurs de **reproduction sociale***.

- Un indicateur simple pouvant être utilisé est la **corrélation de revenu parents-enfants**. On cherche par cet indicateur à mesurer l'intensité du lien entre le revenu des enfants et celui de leurs parents. Plus le lien est fort, plus cela signifie que les inégalités ont tendance à se reproduire.

2 L'évolution des inégalités économiques

A Définitions

- Les **inégalités économiques** renvoient aux inégalités de revenus et de patrimoine. Il faut distinguer l'analyse de la **répartition primaire** des revenus (revenus primaires) de celle de la **répartition secondaire** des revenus qui se constate après impôts, cotisations sociales et transferts (**revenus disponibles***).

> **Mot-clé**
> **Revenu primaire :** revenu qui est la contrepartie de la participation à l'activité productive. Il se compose des revenus du travail et du patrimoine.

- L'action publique modifie, en effet, la répartition des revenus et permet une réduction significative des inégalités de revenus.

B La dynamique des inégalités

- Au cours du XXe siècle, les inégalités ont eu tendance à fortement décroître. On a pu parler de la « **grande compression** » des revenus et des patrimoines.

Document 5. *L'évolution de la répartition du revenu* national*

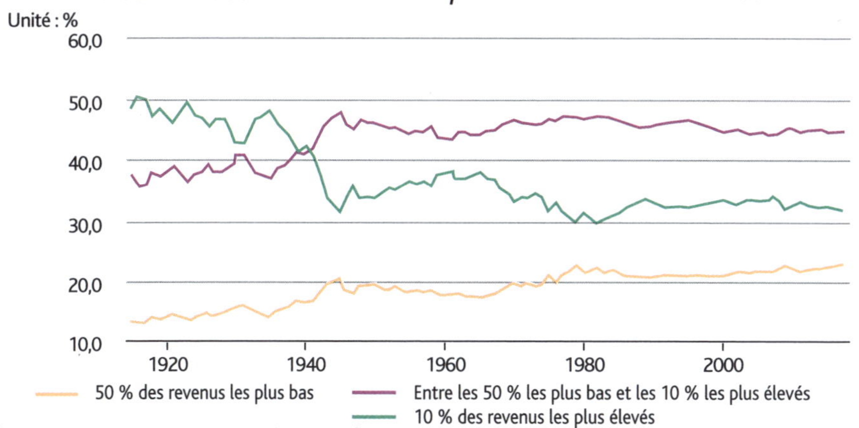

* Revenus avant impôts et prestations sociales. Le revenu des couples est divisé par deux, sans tenir compte du nombre d'enfants.

Lecture : en 2017, les 10 % les plus riches perçoivent 32 % de l'ensemble des revenus avant impôts. Le 1 % le plus riche en perçoit 9,8 %.

World income database. Garbinti, Goupille et Piketty © Observatoire des inégalités.

- Les écarts se sont fortement réduits en lien, notamment, avec la mise en place de politiques de redistribution mais aussi sous l'effet des guerres et de l'industrialisation qui ont fragilisé les rentiers.
- Les inégalités ont néanmoins tendance à se réouvrir sur une période récente. On constate, à la fois, une **augmentation des inégalités** au niveau du patrimoine et des revenus qui en sont issus mais aussi une augmentation des inégalités salariales. Ce phénomène touche les pays anglo-saxons depuis les années 1980 et la France depuis la fin des années 1990.

C Le cumul des inégalités

- Pour saisir l'ensemble des différences pouvant exister entre individus ou entre groupes sociaux au-delà des inégalités économiques, il faut aussi s'intéresser aux inégalités d'accès aux ressources valorisées par la société, comme les inégalités face à l'accès aux soins, à l'emploi, au logement, à l'école, etc. L'étude des inégalités entre hommes et femmes ne doit ainsi pas se limiter à l'étude des inégalités de revenus : elle doit aussi prendre en compte, par exemple, la répartition inégale des tâches domestiques. Les **inégalités sont multiformes** et ne se résument pas aux inégalités économiques.

Document 6. *La part de la population adulte obèse selon la catégorie sociale*

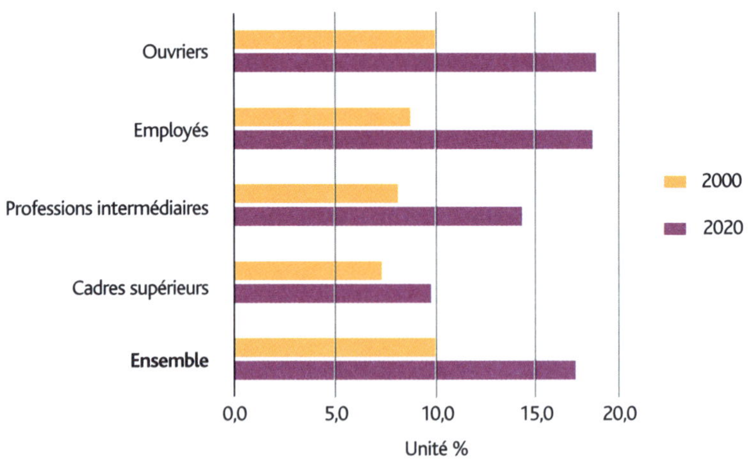

Champ : 9598 individus âgés de 18 ans et plus interrogés du 24 septembre au 5 octobre 2020 lors de l'enquête épidémiologique nationale sur le surpoids et l'obésité pour la Ligue contre l'Obésité.
Lecture : le taux d'obésité est de 18 % chez les ouvriers en 2020, contre 9,9 % chez les cadres supérieurs.

Étude Obépi-Roche © Observatoire des inégalités.

- Les **inégalités économiques et sociales tendent à se cumuler**. Par exemple, l'inégale répartition des tâches domestiques entre hommes et femmes a des conséquences sur le comportement de chacun sur le marché du travail, et explique en partie les inégalités de revenu entre ces deux groupes.
- On a ainsi pu parler de l'existence d'un « **système des inégalités** » pour désigner l'interdépendance existant entre les différentes formes d'inégalités.

3 La justice sociale

A L'égalité de quoi ?

- Affirmer l'existence d'inégalités relève d'un jugement de fait. Qualifier ces inégalités d'injustes renvoie en revanche à un jugement de valeur. Selon la conception de chacun de la justice sociale, des inégalités peuvent être considérées comme justes ou injustes.
- Les formes d'égalité que la société valorise peuvent se répartir en trois domaines :
  – l'**égalité des droits*** : les individus se voient appliquer les mêmes règles juridiques et sont traités de manière identique ;
  – l'**égalité des chances*** : les individus ont la même probabilité d'accès aux positions sociales les plus valorisées et cela, indépendamment de leur origine sociale ;
  – l'**égalité des situations*** : les individus possèdent de manière égale des ressources économiques ou sociales (***exemples*** : les revenus, le patrimoine, les diplômes).
- La justice est à associer à l'idée d'égalité, mais il faut préciser le **type d'égalité qui est valorisé**. Une situation inégalitaire n'est donc pas forcément inéquitable, cela dépend de la conception de la justice utilisée.

Ex. : Si on valorise le principe d'égalité suivant « À effort égal, salaire égal », on va qualifier d'injustes les inégalités liées à de la discrimination mais on va qualifier de juste le fait qu'un individu gagne deux fois plus qu'un autre s'il a fait deux fois plus d'efforts que lui.

B L'utilitarisme

- Fondé par **Jeremy Bentham** à la fin du XVIIIe siècle, l'utilitarisme est un courant de pensée qui refuse d'établir des principes qui définiraient le bien et le mal. Chacun est libre de valoriser les principes moraux qu'il trouve pertinents et, au niveau de la société, le seul critère qui permette de dire qu'une société est meilleure qu'une autre est celui du **bonheur**.

- Les réformes politiques à mener doivent ainsi être pensées dans cette optique. Les hommes politiques doivent chercher à maximiser la somme du bien-être des citoyens et des politiques redistributives sont légitimes si elles permettent d'augmenter le bonheur collectif.
- Séduisante en ce qu'elle n'impose aucun critère moral, cette théorie a soulevé de nombreuses critiques. Outre qu'il est complexe de mesurer le bonheur collectif et de voir comment il serait impacté par des mesures politiques, on peut aussi se demander s'il n'y a pas des principes de justice qui devraient être impérativement imposés. En effet, si la majorité prend du plaisir à maltraiter une minorité, selon le critère utilitariste, il faut autoriser cette pratique. Certains droits que l'on juge souvent comme fondamentaux sont ainsi amenés à être bafoués.

C Le libertarisme

- La pensée libertarienne valorise la liberté de chacun et place cette **liberté au fondement de la dignité des individus**. Un système juste est un système dans lequel les libertés individuelles sont préservées et les droits de propriété respectés par un système juridique cohérent.
- Chacun est libre d'adopter le comportement qu'il souhaite et a droit de préserver les richesses qu'il aura accumulées par son comportement.
- Les seules limites acceptées à l'exercice de la liberté d'une personne sont celles qui conduiraient à priver les autres de leur liberté. Il n'y a ainsi pas de liberté de tuer quelqu'un.
- Dans cette optique, les inégalités sont considérées comme justes si elles découlent de l'expression de la liberté des individus. L'égalité des droits est valorisée, les autres formes d'inégalités sont justifiées au nom du respect de la liberté des autres.

D L'égalitarisme strict

- Dans cette approche, l'**égalité de situations** est le type d'égalité qui est valorisée pour définir une société juste. La liberté est considérée comme une illusion si chacun ne dispose pas de moyens concrets pour la mettre en œuvre. En effet, quelle est la liberté réelle dont jouit un individu qui ne dispose que de très faibles revenus ? Quel projet peut-il réellement mettre en œuvre sans moyens pour le lancer ?
- Pour renforcer la justice sociale, il faut ainsi réduire les inégalités de situation par la mise en place de politiques de redistribution ou d'un système économique générant moins d'inégalités que le capitalisme.

E L'égalitarisme libéral

- L'**égalitarisme libéral** est une expression qui a pu être employée pour désigner la théorie de **John Rawls** publiée en 1971. Rawls cherche à définir une théorie de la justice qui valoriserait la liberté et l'égalité. Il part de l'idée que l'État n'a pas à imposer une certaine conception de la « vie bonne », chacun étant libre d'adopter le mode de vie qui lui convient. Mais l'État doit faire en sorte que chacun dispose des moyens généraux requis pour pouvoir réaliser sa conception de la vie bonne. Il appelle ces moyens les **biens premiers**.

- Il établit trois principes de justice :
  – le **principe d'égale liberté** : toute personne a un droit égal à l'ensemble le plus étendu de libertés fondamentales égales qui soit compatible avec un ensemble semblable de libertés pour tous ;
  – le **principe de différence** : les inégalités de situation sont justifiées si elles permettent d'améliorer la situation des plus pauvres ;
  – le **principe d'égalité des chances** : tout le monde doit avoir accès, à talents donnés, avec la même probabilité aux différents fonctions et positions existantes.

4 L'action des pouvoirs publics

A La redistribution

- Pour permettre plus de justice sociale, les pouvoirs publics peuvent mettre en œuvre des **politiques de redistribution**. Cela consiste à prélever des ressources auprès de certains acteurs pour financer le versement de prestations auprès d'autres acteurs.

- Deux logiques peuvent être à l'œuvre :
  – une logique de **redistribution verticale*** qui conduit à redistribuer des ressources des plus riches vers les plus pauvres. Cette redistribution s'opère par une fiscalité progressive et le versement d'aides sociales aux plus pauvres.
  – Une logique de **redistribution horizontale*** qui conduit à redistribuer des ressources entre des personnes impactées différemment par la réalisation d'un risque social (entre les bien-portants et les malades, les travailleurs et les chômeurs, les jeunes et les plus âgés, etc.).

> **Mot-clé**
> **Fiscalité progressive :** impôt dont le taux moyen augmente quand le revenu croît.

- La **protection sociale*** s'inscrit avant tout dans une logique de redistribution horizontale. Des cotisations sociales et des impôts sont prélevés pour financer des prestations sociales dont bénéficient les ménages concernés par une situation qui entraîne un surcroît de dépenses ou une baisse de ressource comme le fait d'avoir des enfants, la retraite, la maladie, le chômage, etc. Même les individus à hauts revenus bénéficient de cette protection s'ils sont concernés par l'une des situations couvertes par la protection sociale.

B Les services collectifs

- Les prestations fournies par l'État ne prennent pas qu'une forme monétaire. Il propose aussi des services gratuits en nature dans une **logique de service public**. On peut notamment penser à l'école, l'hôpital, etc. Les citoyens peuvent ainsi bénéficier de certains services offerts par l'État car ce dernier a jugé qu'ils étaient indispensables à la population dans une optique de justice sociale.

C La réglementation

- L'État œuvre aussi en faveur de la justice sociale en adoptant des lois qui interdisent des situations jugées injustes. La **discrimination** est ainsi interdite par la loi et des mesures sont prises pour lutter contre ces pratiques.

> **Mot-clé**
> **Discrimination** : différence de traitement entre deux individus sur la base d'un critère jugé illégitime.

Ex. : Les établissements publics sont aujourd'hui obligés d'être adaptés à l'accueil des personnes en situation de handicap.

- L'État a aussi, par exemple, mis en place un salaire minimum et plus largement un droit du travail pour limiter les phénomènes d'exploitation des travailleurs.

5 La crise de l'État-providence

A Des dépenses accrues

- Les dépenses publiques ont tendance à s'accroître depuis les années 1970 alors même, qu'avec le ralentissement de la croissance, il devient complexe d'augmenter les recettes au même rythme.
- La protection sociale connaît ainsi des **difficultés de financement**. La hausse des dépenses s'explique :
  – par une augmentation du chômage ;
  – par une augmentation de l'espérance de vie ;
  – par des innovations qui ont permis de développer de nouveaux traitements coûteux ;
  – par des choix politiques qui ont étendu le champ de la protection sociale (*ex. :* la création de la couverture maladie universelle qui a permis d'offrir une couverture santé à des personnes qui n'en bénéficiaient pas, notamment faute d'emploi).

B Une efficacité contestée

- La protection sociale est critiquée pour son **manque d'efficacité**. Si elle a permis de limiter la pauvreté et de réduire les injustices, elle assure mal la prise en charge de certaines situations car elle a été conçue à une époque où les divorces étaient peu nombreux et où le chômage était faible, avec une norme du CDI à temps plein.

Document 7. *Les taux de privation matérielle* et sociale selon la configuration familiale en 2022 (en %)*

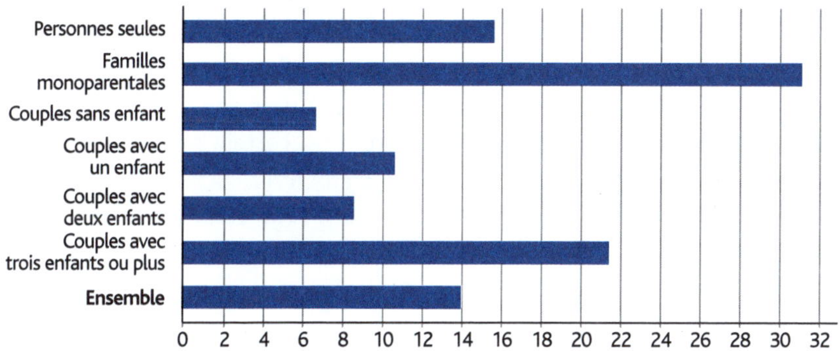

Note : les autres types de ménage n'apparaissent pas mais sont pris en compte dans l'agrégat « Ensemble ».
Lecture : en 2022, 31,1 % des personnes en famille monoparentale vivent en situation de privation matérielle et sociale.
Champ : France métropolitaine, population vivant en logement ordinaire.

* L'indicateur de privation matérielle et sociale de l'UE est défini comme la part de personnes vivant en logement ordinaire ne pouvant pas couvrir les dépenses liées à au moins cinq éléments de la vie courante sur treize considérés comme souhaitables, voire nécessaires, pour avoir un niveau de vie acceptable.

Insee, dispositif SRCV-Silc.

- Des risques d'**effets pervers** sont aussi pointés du doigt. On craint que des aides sociales trop élevées désincitent au retour à l'emploi.

C Une légitimité questionnée

- Par ailleurs, on observe une remise en cause croissante au sein des discours du principe même de la redistribution et de la protection sociale. Le **consentement à l'impôt s'étiole** et la légitimité des aides est contestée.
- Alors qu'ils ont le sentiment d'avoir mérité leur réussite, certains ne trouvent pas légitime que des impôts soient prélevés sur leur revenu ou leur patrimoine pour financer des aides à des personnes qui n'ont pas fait, selon eux, les efforts nécessaires pour améliorer leur situation.
- On assiste ainsi à une **stigmatisation croissante des personnes bénéficiant des aides sociales** qui sont dans cette optique qualifiés d'« assistés ».

COMMENT FAIRE ?

Lire et interpréter une courbe de Lorenz et un coefficient de Gini

• **La courbe de Lorenz (ou courbe de concentration)** est une représentation graphique qui permet **de visualiser le degré de concentration d'une variable statistique**. Il s'agit de visualiser la manière dont est réparti un certain ensemble. **La courbe de Lorenz sert souvent, en économie, à rendre compte de la répartition des revenus et des patrimoines à l'intérieur d'une population.**

• Pour la construire, il faut préalablement classer les observations par ordre croissant (**ex.** : du plus pauvre au plus riche) et calculer la part des observations pour lesquelles la valeur de la variable est inférieure à un certain niveau et ce, pour différents montants (**ex.** : la part des individus gagnant moins de 1 000 euros par mois, puis la part des individus gagnant moins de 1 500 euros par mois). Cette valeur définit la valeur de l'abscisse des différents points de la courbe.

• Pour déterminer la valeur de l'ordonnée des points, il faut calculer pour chaque groupe considéré (**ex.** : le groupe des personnes dont le revenu est inférieur à 1 000 euros par mois) la part de l'ensemble détenu par les membres du groupe (**ex.** : la part du revenu global dont dispose le groupe des personnes dont le revenu est inférieur à 1 000 euros par mois).

Application

Document 8. *Les courbes de Lorenz des revenus et du patrimoine en France (en 2018)*

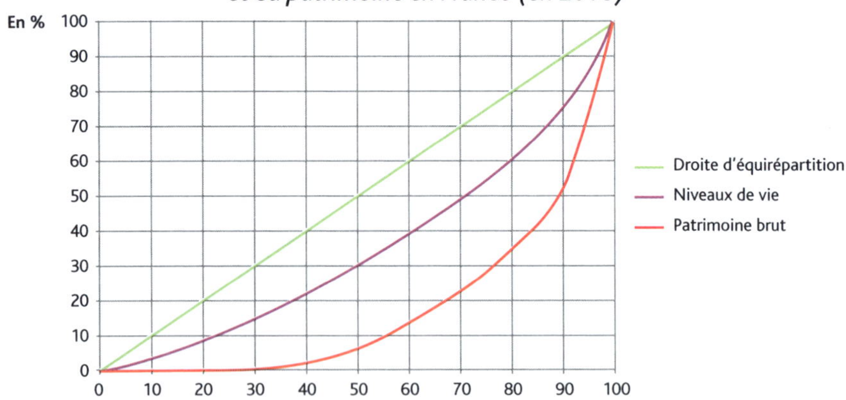

Note : en abscisse, cela renvoie au % cumulé de la population et en ordonnée au % de la masse des niveaux de vie et du patrimoine détenu.

Insee, enquête Revenus fiscaux et sociaux 2018, enquête Histoire de vie et Patrimoine, 2017-2018.

• **Lecture** : en France, d'après une étude de l'Insee, la moitié des ménages aux revenus les plus faibles dispose en 2018 de 30,4 % de la masse des revenus disponibles (donc les 50 % les plus aisés en possèdent 69,6 %) tandis que la moitié des ménages les moins bien dotés en patrimoine possède en 2018 environ 8 % de la masse totale du patrimoine (les 50 % les mieux dotés en possèdent donc 92 %). Les 90 % les moins dotés en patrimoine en possèdent environ 52,8 % (donc les 10 % les mieux dotés en possèdent 47,2 %).

• La bissectrice (ou diagonale, en vert) représente **la droite d'équirépartition**, illustrant une répartition parfaitement égalitaire. Si elle représentait la distribution des revenus, cela signifierait que chaque individu est exactement doté de la même manière que les autres et que donc les 10 % les plus pauvres possèdent 10 % du revenu total des ménages, les 40 % les plus pauvres, 40 %, les 60 % les plus pauvres, 60 %, etc. **Plus la courbe de Lorenz s'éloigne de cette droite, plus le degré d'inégalité dans la répartition est élevé (plus la variable est concentrée)**.

• Dans le cas de la France (comme pour les autres pays développés), la courbe du patrimoine est plus éloignée de la bissectrice que la courbe du revenu. Ainsi, les revenus sont distribués de manière moins inégalitaire que le patrimoine (ce dernier étant plus concentré).

• Le degré de concentration est mesuré par un coefficient, appelé **le coefficient de Gini**. Il se calcule en faisant le rapport entre l'aire de la surface entre la courbe de Lorenz et la bissectrice et l'aire du triangle sous la bissectrice (demi-aire du graphe).
– **Plus la surface entre la courbe de Lorenz et la diagonale est élevée, plus la distribution est inégalitaire et plus l'indice de Gini est proche de 1**.
– **Plus la distribution est égalitaire, plus l'indice de Gini est proche de 0**.
– Ainsi, dans l'exemple précédent : 0 < indice de Gini du revenu < indice de Gini du patrimoine < 1.

EXERCICES

Vérifier ses connaissances

1 Les différents types d'égalité

Pour chaque situation, indiquez le type d'égalité qui est promue (des droits, des chances ou des situations).

1. L'ouverture du mariage aux homosexuels
2. La mise en place de politiques de lutte contre les discriminations
3. L'ouverture du droit de vote aux femmes
4. La mise en place de politiques de redistribution
5. La gratuité de l'école

→ *Corrigé p. 221*

2 Le cumul des inégalités

Complétez le schéma ci-dessous à l'aide des termes suivants : *difficultés sur le marché du travail, éloignement des zones où les emplois sont situés, faible diplôme, faible revenu, habitation loin du centre-ville, métier manuel peu valorisé, peu d'activités culturelles, problèmes de santé, renonciation à des soins.*

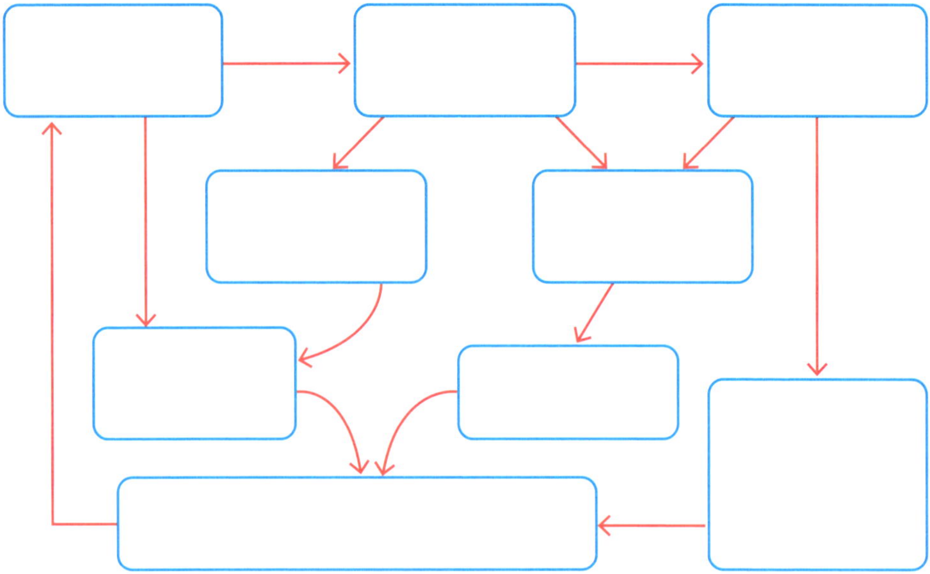

→ *Corrigé p. 221*

3 Les crises de l'État-providence

Associez chaque situation à une crise de l'État-providence.

Déficit des comptes de la protection sociale •	• Crise de financement
Existence d'une pauvreté importante dans les familles monoparentales •	
Critique des aides sociales versées aux personnes sans emploi •	• Crise de légitimité
Sentiment des classes moyennes et favorisées de payer trop d'impôts •	
Vieillissement de la population qui entraîne des dépenses supplémentaires •	• Crise d'efficacité

→ *Corrigé p. 221*

S'entraîner

4 Les inégalités de patrimoine

Document 9. *Le patrimoine moyen en 2021 en milliers d'euros*

Situation par rapport aux déciles du patrimoine moyen	Patrimoine net
Inférieur au 1er décile	– 4,7
Entre les 1er et 2e déciles	6,4
Entre les 2e et 3e déciles	17,3
Entre les 3e et 4e déciles	43,9
Entre les 4e et 5e déciles	97,4
Entre les 5e et 6e déciles	157,1
Entre les 6e et 7e déciles	231,5
Entre les 7e et 8e déciles	330,5
Entre les 8e et 9e déciles	493,7
Supérieur au 9e décile	1 366,3

Champ : France hors Mayotte, ménages vivant en logement ordinaire.

Insee, *Enquête Histoire de vie et patrimoine 2021.*

1. Faites une phrase avec 1 366,3.
2. Analysez les données présentes dans le tableau.
3. Quelle conséquence la répartition du patrimoine a-t-elle sur la répartition des revenus ?

→ *Corrigé p. 222*

5 La protection sociale

Document 10. *Les dépenses de protection sociale et ressources, hors transferts (en milliards d'euros courants)*

Dépenses	**2006**	**2012**	**2016**
Santé	**191,7**	**228,9**	**249,9**
Maladie	*157,0*	*187,0*	*204,1*
Invalidité et accidents de travail	*34,7*	*41,9*	*45,8*
Vieillesse-survie	**231,6**	**299**	**325,3**
Famille	**45,9**	**52,0**	**54,5**
Emploi	**31,7**	**40,7**	**44,5**
Logement	**14,4**	**17,2**	**18,4**
Pauvreté-exclusion sociale	**13,7**	**18,7**	**21,9**
Ensemble des prestations	**529,0**	**656,5**	**714,5**
Ressources			
Cotisations totales	**363,2**	**428,0**	**461,3**
Cotisations des employeurs	*201,4*	*235,3*	*250,5*
Cotisations des salariés	*74,0*	*84,0*	*96,9*
Cotisations des travailleurs indépendants	*18,8*	*23,6*	*23,7*
Autres cotisations	*69,0*	*82,1*	*90,2*
Impôts et taxes affectés	**129,8**	**172,7**	**184,1**
Contributions publiques[1]	**56,7**	**70,9**	**93,7**
Autres ressources	**18,9**	**19,4**	**19,6**
Ensemble des ressources	**568,6**	**691,0**	**758,7**

Versements de l'État et des collectivités locales aux régimes de la protection sociale ; ces contributions sont prélevées sur l'ensemble des recettes fiscales et neconstituent donc pas une recette affectée.
Champ : France.

Drees : comptes de la protection sociale (base 2010), édition 2018.

1. Analysez l'évolution des dépenses et des ressources.
2. Quels sont les risques couverts par la protection sociale ?

→ *Corrigé p. 222*

SUJET DU BAC

Épreuve composée

Partie 3 – Raisonnement s'appuyant sur un dossier documentaire

À l'aide de vos connaissances et du dossier documentaire, vous montrerez que la protection sociale contribue à la justice sociale.

Document 1. *La composition du revenu disponible des ménages selon le niveau de vie* en 2015 (en %)*

	Tranches de niveau de vie		
	Inférieur à D1	**Supérieur à D10**	**Ensemble**
Revenus d'activité	**41,1**	**79,9**	**73,1**
Pensions et retraites	**15,1**	**22,8**	**28,1**
Revenus du patrimoine	**2,8**	**24,5**	**10,2**
Prestations sociales dont	**47,6**	**0,5**	**5,8**
Prestations familiales	12,2	0,3	2,4
Prestations logement	16,7	0	1,6
Minima sociaux	18,7	0,1	1,8
Impôts directs	**– 7,2**	**– 27,7**	**– 17,3**
Ensemble	**100**	**100**	**100**
Revenu disponible annuel moyen (en euros)	**12 700**	**88 350**	**36 300**

* Le niveau de vie correspond au revenu disponible du ménage en tenant compte de sa taille.

Lecture : en 2015, les revenus d'activité représentent en moyenne 79,9 % du revenu disponible des 10 % des ménages dont le niveau de vie est le plus élevé.
Champ : France métropolitaine, ensemble des ménages dont le revenu déclaré au fisc est positif ou nul et dont la personne de référence n'est pas étudiante.

Insee, *Les revenus et le patrimoine des ménages*, 2018.

Document 2.

La loi de financement de la Sécurité sociale pour 2015 module le montant des allocations familiales en fonction des ressources des familles. Proposée par les députés en remplacement d'autres mesures réduisant les dépenses de la branche famille, cette modulation met fin à l'uniformité des allocations familiales : à nombre d'enfants égal, les familles ne perçoivent plus le même montant selon leur revenu. Pour les familles avec deux enfants à charge, les allocations familiales sont désormais réduites de moitié quand les ressources annuelles dépassent 67 140 euros (soit 5 595 euros par mois) et divisées par quatre au-delà de 89 490 euros (soit 7 458 euros par mois).

Au-delà de son aspect symbolique en termes d'évolution du système social, cette mesure est aussi, parmi les mesures portant sur les prestations, celle qui a eu l'effet le plus massif sur les ménages en 2015. En effet, considérée en année pleine, elle diminue le revenu disponible total des ménages de 800 millions d'euros, soit une perte annuelle moyenne de 1 370 euros pour les 590 000 ménages concernés. Les ménages affectés sont essentiellement les 20 % les plus aisés : du fait de cette mesure, le niveau de vie annuel des ménages du neuvième décile baisse en moyenne de 71 euros et celui du dixième décile de 147 euros. Cela explique la contribution majeure de cette mesure à la réduction des inégalités opérée en 2015.

Insee, *France portrait social*, 2016.

Document 3. *La structure des prestations par risque social en 2015 (en %)*

Risque social	**Structure**
Maladie	28,5
Invalidité	5,4
Accidents du travail – maladies professionnelles	1,0
Vieillesse – survie	45,6
Famille	7,7
Emploi	6,2
Logement	2,6
Pauvreté – exclusion sociale	3,0
Total	**100,0**

Drees, *La protection sociale en France et en Europe en 2015*, 2017.

CORRIGÉS

1 → *Énoncé p. 216*

1. Égalité des droits
2. Égalité des chances
3. Égalité des droits
4. Égalité des situations
5. Égalité des chances

2 → *Énoncé p. 216*

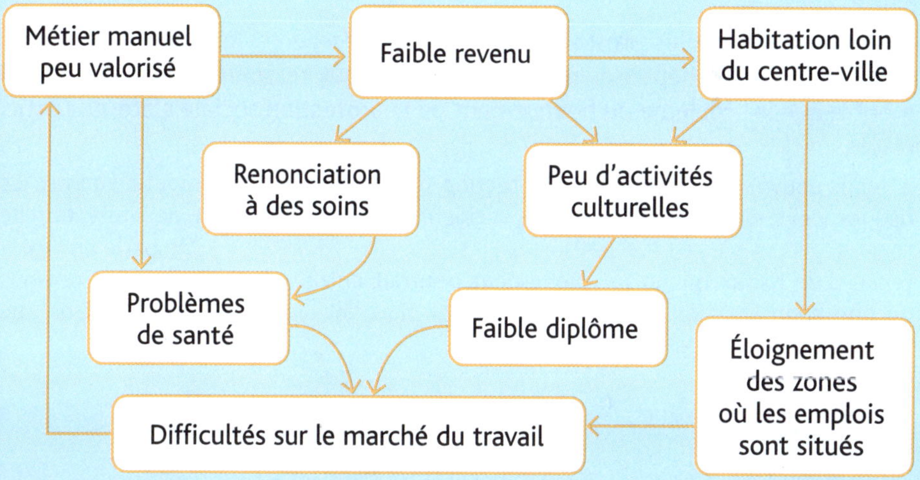

3 → *Énoncé p. 217*

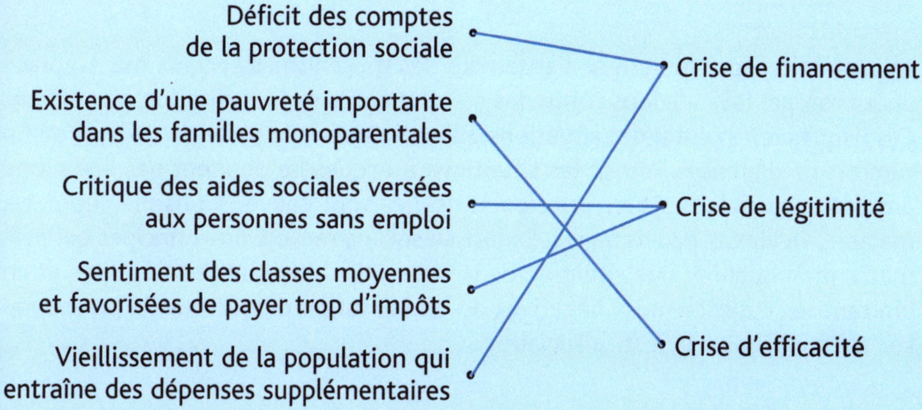

4 → *Énoncé p. 217*

1. En 2021, les 10 % des ménages aux patrimoines les plus élevés détiennent un patrimoine moyen de 1 366 300 euros en France.

2. On observe de très fortes inégalités de patrimoine. Alors que les 10 % des ménages les plus pauvres ont un patrimoine net négatif, ce qui signifie qu'ils sont endettés, le patrimoine net des 10 % les plus riches dépasse le million d'euros.

3. Cela alimente des inégalités de revenus. En effet, le patrimoine générant des revenus (loyers, dividendes, intérêts, etc.), ceux qui disposent d'un patrimoine élevé voient leur revenu fortement augmenter grâce à ce dernier.

5 → *Énoncé p. 218*

1. On observe que les prestations comme les ressources ont augmenté entre 2006 et 2016. Les dépenses restent inférieures aux ressources en 2016, ce qui montre que le problème du financement de la protection sociale a été, en partie, résolu.

2. Nous pouvons observer que la protection sociale permet une protection contre les risques vieillesse, chômage, maladie, accident du travail, logement, pauvreté, famille (***ex.*** *:* dépenses supplémentaires liées au fait d'avoir des enfants). On parle de l'existence d'un risque quand un événement pourrait entraîner une baisse des revenus ou une augmentation des dépenses, ce qui placerait l'individu concerné dans une situation difficile à gérer individuellement.

SUJET DU BAC

Introduction

La protection sociale désigne l'ensemble des mécanismes sociaux mis en place pour protéger les individus contre les conséquences de la réalisation d'un risque. Ces risques renvoient à des situations qui entraînent une perte de revenus ou un surcroît de dépenses. Toutes les situations à risques ne donnent pas lieu à une protection sociale mais les principaux risques sont couverts : risque chômage, maladie, vieillesse, pauvreté, etc. La justice sociale renvoie aux principes qui permettent de qualifier une situation de « juste ». En réduisant les inégalités et en limitant les conséquences négatives de la réalisation d'un risque, la protection sociale contribue à la justice sociale.

Développement

• Idée n° 1 : la protection sociale permet une redistribution horizontale.

La redistribution horizontale désigne les mécanismes qui permettent un transfert de revenu entre des personnes différemment affectées par un risque. Elle renvoie ainsi, par exemple, à la redistribution entre les bien-portants et les malades, les actifs et les retraités, les personnes en emploi et les chômeurs, etc. La protection sociale permet une telle redistribution. Nous pouvons voir, dans le document 3, la liste des risques couverts par notre système de protection sociale. Les risques maladie et vieillesse conduisent à une redistribution de grande ampleur. Nous constatons également dans le document 2 que l'ensemble des prestations sociales fait augmenter en moyenne de 28,1 % le revenu disponible des ménages. Cela contribue à la justice sociale car on considère que les individus ne sont pas responsables de leurs situations et qu'il est injuste qu'ils aient à gérer seuls les conséquences de la réalisation d'un risque. Une solidarité s'organise ainsi au sein de la société pour aider ceux qui seraient concernés.

• Idée n° 2 : la protection sociale permet une redistribution verticale.

La redistribution verticale renvoie à la redistribution qui s'opère entre les plus riches et les plus pauvres. La protection sociale permet de réduire les inégalités de revenus. En effet, nous pouvons voir dans le document 1 que les ménages à bas revenus reçoivent relativement plus d'aides que les plus riches. Les prestations sociales représentent une part plus importante du revenu disponible alors que les impôts à payer sont plus faibles.

Conclusion

La protection sociale contribue ainsi à la justice sociale. On parle, néanmoins, de l'existence d'une crise de la protection sociale car son financement pose problème et que sa légitimité et son efficacité sont de plus en plus contestées.

CHAPITRE 12

L'action publique pour l'environnement

1 Protéger l'environnement

A L'environnement, un problème public

- **La dégradation de l'environnement** devient un **problème public** à partir du moment où des acteurs sociaux estiment que la puissance publique doit intervenir pour changer la situation et que cela entraîne des discussions dans l'espace public.

- **Un problème public** est une **construction sociale** dans laquelle interviennent plusieurs acteurs. En effet, la dégradation de l'environnement ne devient un problème public que parce que des acteurs se sont mobilisés pour mettre en avant la responsabilité de l'homme dans ce phénomène et la possibilité de faire évoluer la situation par des décisions politiques.

- Le problème public devient un **problème politique** quand l'autorité publique s'en empare et l'intègre à son agenda politique. Cela signifie que les politiques entendent prendre des mesures pour faire évoluer la situation et planifient des prises de décision. La **mise à l'agenda** dépend de **fenêtres d'opportunité** : il existe des moments où il est plus facile que d'autres d'introduire un problème public dans les politiques publiques. La publication de rapports scientifiques alarmants sur l'évolution du climat crée, ainsi, par exemple, un climat propice à une mobilisation du politique.

B Des acteurs multiples

- **Les acteurs** qui interviennent dans l'émergence d'un problème public **sont nombreux**. On distingue notamment **les acteurs de la société civile** (organisations non gouvernementales, mouvements citoyens, experts, entreprises, etc.) et les acteurs politico-administratifs (pouvoirs publics, partis politiques, etc.). Ces groupes peuvent **coopérer**, mais aussi entrer en concurrence pour imposer leur représentation du problème public. Les acteurs en **conflit** sont dans une arène, et le vainqueur est celui qui impose son approche du problème en éliminant des approches alternatives.

> **Mot-clé**
> Arène : espace où sont débattues les idées relatives à l'action publique.

Ex. : Pour lutter contre la déréglementation du climat, faut-il arrêter une consommation de masse et sortir du capitalisme ou chercher à développer un capitalisme vert en jouant sur des innovations qui nous permettent de continuer à produire mais d'une façon moins polluante ?

- **L'action publique pour l'environnement** articule **différentes échelles** (locale, nationale, européenne, mondiale), ce qui rend complexe la prise de décision. En effet, si certains problèmes ont des causes locales et peuvent être gérés à cette échelle, de nombreux problèmes locaux ont des causes globales. Une ville qui subit la montée des eaux ne peut, en effet, gérer seule ce problème car la cause est le réchauffement climatique qui trouve son origine dans l'action d'acteurs situés partout dans le monde.

2 Les instruments de la lutte contre le changement climatique

- Les **politiques climatiques*** désignent l'ensemble des mesures prises par un État ou plusieurs, afin de lutter contre le changement climatique entraîné par les activités humaines. Les politiques climatiques s'appuient sur des **instruments « réglementaires »** et sur des **instruments « incitatifs »**. Les premiers imposent des règles contraignantes qui portent soit directement sur les volumes des pollutions tolérées, soit sur les procédés de fabrication. Les seconds sanctionnent financièrement les émissions entraînant la dégradation de l'environnement ou subventionnent les comportements qui contribuent à sa préservation.

A Les instruments réglementaires

- La réglementation peut consister à interdire certaines émissions, à les limiter via des quotas ou à réguler certains comportements ayant des effets néfastes sur le climat. La puissance publique peut, par exemple, contrôler l'utilisation de certains produits.

> **Mot-clé**
> **Quota :** quantité maximale autorisée.

Ex. : L'utilisation des fluides frigorigènes qui sont des gaz à effet de serre est de plus en plus encadrée.

- Il est aussi possible, au contraire, d'obliger les acteurs à adopter un comportement qui préserve le climat.

Ex. : Depuis 2015 les entreprises ayant plus de 100 salariés sur un même site sont tenues d'élaborer un plan de déplacements d'entreprise (PDE) afin de rationaliser tous les déplacements liés à l'activité d'une entreprise (déplacements domicile-travail, déplacements professionnels et déplacements des visiteurs) pour réduire les émissions de gaz à effet de serre.

- Les mesures réglementaires sont très importantes dans la préservation du climat. Elles permettent une évolution rapide des comportements en jouant sur la contrainte. Elles peuvent néanmoins mettre en difficulté certains acteurs en imposant un même effort à tous. Certaines interdictions ou limitations ont, en effet, des impacts plus ou moins complexes à gérer selon les acteurs (notamment pour les petites entreprises ou les particuliers). On peut se demander s'il ne serait pas opportun dans certains cas de ne pas exiger le même effort pour tous en fonction des coûts liés à la modification de son comportement.

B Les taxes et subventions

- Les taxes et subventions visent à désinciter ou à encourager certains comportements. On va identifier les activités qui génèrent des **externalités** négatives ou positives sur le climat. Une valeur va être donnée à ces dommages/bienfaits environnementaux et la taxe/subvention va être calibrée en fonction de cette valeur. Si on estime que l'émission d'une tonne de carbone génère des dommages équivalents à 80 euros, les acteurs devront payer 80 euros à chaque fois qu'ils émettent une tonne de carbone. Dans cette optique, on va subventionner les innovations qui ont un effet positif sur l'environnement (**innovations vertes**).

> **Mot-clé**
> **Externalité :** conséquence d'une activité économique qui n'est pas prise en compte par le prix de marché.

- Il s'agit que l'acteur à l'origine de l'activité ait conscience des **coûts ou gains externes** générés par son activité. Les effets sur le climat vont être internalisés, c'est-à-dire qu'ils vont être pris en compte par les acteurs dans leur calcul privé. Les activités dégradant l'environnement seront moins effectuées car plus coûteuses et, à l'inverse, les activités générant des gains seront développées car, grâce aux subventions, elles rapporteront plus qu'avant.

> **Mot-clé**
> **Coût/gain externe :** coût/gain affectant un acteur en lien avec la mise en place d'une activité dont il n'est pas à l'origine.

Ex. : Pendant de nombreuses années, on a pensé que le gazole (diesel) était moins polluant que l'essence et la taxation de ces deux carburants n'était ainsi pas la même. La plus faible taxation du gazole l'a rendu moins cher que l'essence et a conduit à ce que de nombreux acteurs choisissent des véhicules qui fonctionnent au gazole. Plus récemment, on a réalisé que le diesel était au moins aussi polluant que l'essence et la taxation du diesel a augmenté, ce qui a conduit à une baisse de la part des voitures fonctionnant avec ce carburant et à une remontée de la part des voitures fonctionnant à l'essence.

- L'avantage d'un système de taxes/subventions est qu'il conduit à ce que les individus ayant la plus grande facilité d'évolution de leur comportement vont changer le plus. Un acteur économique qui émet beaucoup de gaz à effet de serre et qui peut faire évoluer sa technologie va, ainsi, chercher à réduire ses émissions plutôt que de payer la taxe alors que celui pour qui la réduction des émissions est trop coûteuse ne modifiera pas son comportement et préférera payer. L'effort n'est pas réparti de manière uniforme. En France, une taxe carbone a été mise en place en 2014. Elle concerne les particuliers et les entreprises, notamment les petites entreprises. Certains secteurs d'activité en sont exonérés (les transports aérien, maritime, routier et public, les taxis, la fabrication de ciment ou de verre). Lors de sa mise en place en 2014, son montant était de 7 euros la tonne de CO_2 et de 44,60 euros fin 2018.
- Pour qu'un tel système soit efficace, il faut que la puissance publique puisse évaluer avec pertinence la valeur des externalités sur l'environnement, ce qui n'est pas évident. Par ailleurs, cela pose des **problèmes redistributifs** comme l'a montré le mouvement des gilets jaunes qui s'est formé à la suite de la volonté de l'État de mettre en place une taxe carbone. En effet, ceux qui n'ont pas la possibilité de faire évoluer leur comportement vont devoir payer une taxe, ce qui va dégrader leur situation économique. Des mécanismes compensatoires doivent ainsi être pensés pour que de telles mesures puissent être acceptées socialement.

Document 1. *Le degré d'acceptation de cinq contreparties socio-économiques ou environnementales à une hausse de la taxe carbone (en %)*

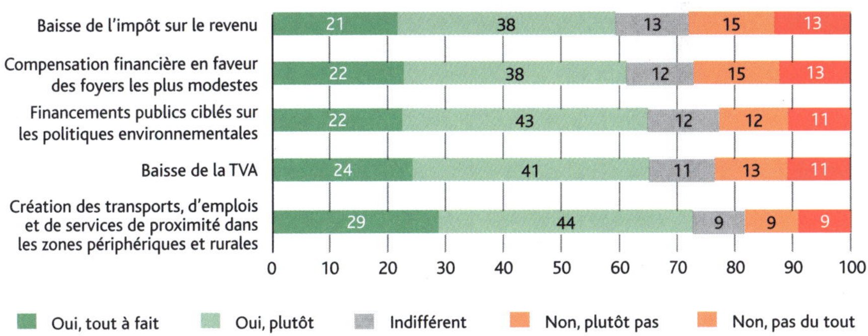

Lecture : en 2022, 29 % des Français seraient tout à fait favorables et 44 % plutôt favorables à une hausse de la taxe carbone en échange de la création de transports, d'emplois et de services de proximité dans les zones périphériques et rurales.

Champ : personnes âgées de 18 ans ou plus résidant en France métropolitaine.

Source : DREES, Baromètre d'opinion 2022.

Études et Résultats n° 1296 © DRESS.

C Les marchés de quotas

- La puissance publique peut créer des **marchés de quotas***. Il s'agit, dans une zone géographique donnée et pour une période donnée, de fixer un volume d'émission maximal (une quantité d'émissions de tonnes de CO_2). Les pouvoirs publics distribuent alors des quotas d'émissions aux différentes entreprises concernées par le dispositif de sorte que la somme des quotas alloués corresponde au volume maximal souhaité. Les entreprises ne peuvent pas émettre plus de CO_2 que ce que les quotas qu'elles détiennent leur permettent.

- Les quotas d'émission peuvent ensuite être vendus ou achetés selon que l'entreprise ne les utilise pas complètement ou, au contraire, les dépasse. Il s'institue ainsi un marché des quotas d'émissions où **le prix de la tonne de CO_2 résulte de l'offre et de la demande** de quotas. Les entreprises qui peuvent réduire facilement leurs émissions vont vendre leurs quotas à celles pour qui il est plus coûteux de réduire leurs émissions. Le mécanisme permet une répartition efficace de l'effort de réduction de la pollution.

Document 2. *Le marché du carbone*

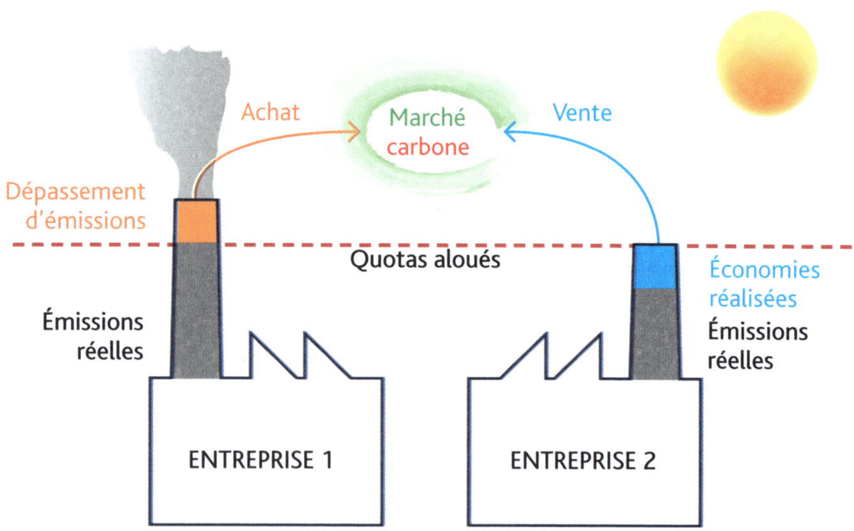

Caisse des dépôts.

- Un tel marché a, par exemple, été mis en place en Europe. Il fonctionne depuis 2005. Il a, néanmoins, connu des dysfonctionnements importants du fait d'un nombre de quotas alloués trop important et du développement de pratiques spéculatives qui ont conduit à des variations importantes de prix déstabilisantes pour les entreprises.

Document 3. *L'évolution du prix de la tonne de CO_2 dans l'Union européenne*

Refinitiv, ICE Endex, BNP Paribas.

3 Préserver les biens communs

A Les stratégies de passager clandestin

- Un **bien commun*** est un bien rival mais non excluable. Cela signifie qu'une fois produit, on ne peut empêcher sa consommation par un acteur mais que sa consommation par un acteur diminue les quantités disponibles pour les autres. Les ressources en poissons, en arbres, en énergie fossile en sont des exemples. Les biens communs ont tendance à être surexploités. De ce fait, ils ont, dans certains cas, été privatisés pour en limiter l'utilisation.

  Ex. : En France, les forêts appartiennent toutes à des acteurs (privés ou publics) et seuls les propriétaires ont le droit d'y couper des arbres. Ces ressources sont devenues excluables par décision politique.

- Certains biens communs ne sont pas associés à un territoire spécifique (comme les poissons dans la mer) et des **accords internationaux sont nécessaires** pour en réguler l'usage. Les négociations sont complexes car chaque pays a intérêt à laisser les acteurs des autres pays faire des efforts pour bénéficier de la préservation du bien commun tout en laissant les acteurs de son pays continuer à l'utiliser intensivement. Dans le langage des économistes, ce type de comportement s'appelle un **comportement de passager clandestin.**

- Il en est de même des actions pour limiter le réchauffement climatique. Chaque pays peut être tenté de laisser les autres faire des efforts, et donc d'assumer les coûts de la transition énergétique, sans faire aucun effort soi-même pour bénéficier d'un climat préservé. Ce type de comportement rend complexes les négociations et conduit à une inaction si tous les pays font de même. C'est le **paradoxe de l'action collective**. Il y a un intérêt collectif à agir mais la poursuite de son intérêt individuel conduit à ce que chacun adopte un comportement de passager clandestin et il n'y a, de ce fait, aucune action collective pour défendre la qualité du climat.

B Les inégalités de développement

- **Les inégalités de développement** rendent aussi complexe le fait de trouver des accords internationaux. **Les pays en développement** voient d'un mauvais œil les restrictions qu'on cherche à leur imposer pour préserver l'environnement car ils craignent que cela limite leur développement. Ces restrictions sont d'autant plus mal acceptées que les pays développés ont fortement dégradé l'environnement dans leur phase de développement économique. Les pays en développement estiment que c'est aux pays développés de faire les principaux efforts, à la fois car ils ont été les principaux responsables de la dégradation de l'environnement mais aussi car l'imposition de contraintes aurait des effets moins néfastes sur la population de ces pays, étant donné le niveau de confort déjà atteint.

- **Les pays développés** jugent, de leur côté, que des efforts des pays en développement sont absolument nécessaires au vu de leur expansion démographique et économique. Ils contribuent fortement à la pollution, et ce de plus en plus, et au vu de l'urgence climatique, il n'est pas possible d'attendre la fin de leur développement pour qu'ils mettent en place des mesures de préservation de l'environnement. La question se pose alors de mettre en place des transferts de fonds pour aider financièrement les pays en développement à réaliser la transition énergétique.

COMMENT FAIRE ?

Lire et interpréter la représentation graphique d'une fonction

LA FONCTION D'OFFRE

• La fonction d'offre représente, pour différents niveaux de prix, les quantités offertes par les producteurs. On peut la représenter graphiquement par une courbe. Si l'on considère la courbe d'offre de pommes, on pourra ainsi lire sur cette courbe combien de pommes seront proposées à la vente pour différents niveaux de prix. On considère généralement que les quantités offertes sont plus importantes quand le prix d'un bien augmente.

• Il est d'usage de placer le prix en ordonnées et la quantité en abscisses. Or, les quantités offertes découlent du prix (et non l'inverse). La variable expliquée est donc la quantité, tandis que la variable explicative est le prix. Cela a une conséquence importante lorsque l'on doit lire une courbe d'offre : il faut d'abord considérer le prix (sur l'axe des ordonnées) pour ensuite en déduire la quantité (sur l'axe des abscisses).

• La pente de la courbe traduit la sensibilité de l'offre au prix. Plus la pente est forte (plus la courbe tend donc à être verticale), moins cela signifie que les vendeurs sont sensibles aux variations de prix. Quand la courbe d'offre est presque plate (pente faible), une petite variation du prix conduit à une forte variation des quantités offertes.

Application

Document 4. *Un exemple de courbe d'offre*

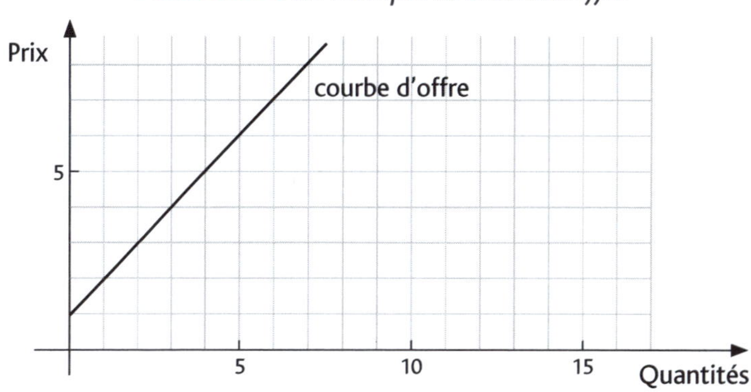

Nous pouvons ainsi observer sur ce document que pour un prix de 5 euros les quantités offertes sont de 4 unités.

LA FONCTION DE DEMANDE

• La fonction de demande représente, pour différents niveaux de prix, les quantités demandées par les acheteurs. On peut la représenter graphiquement par une courbe. La courbe de demande permet de lire quelles quantités d'un bien seront demandées pour différents niveaux de prix. On considère généralement que les quantités demandées baissent quand le prix d'un bien augmente.

• La pente de la courbe traduit la sensibilité de la demande au prix. Plus la pente est forte (plus la courbe tend donc à être verticale), moins cela signifie que les acheteurs sont sensibles aux variations de prix. Quand la courbe de demande est presque plate, une petite variation du prix conduit à une forte variation des quantités demandées.

Application

Document 5. *Deux types de courbes de demande*

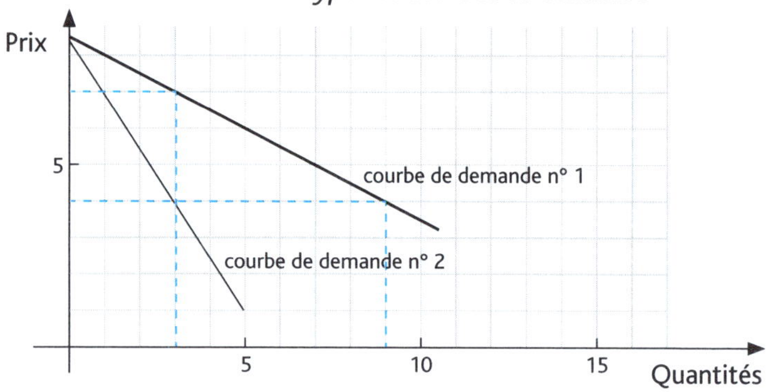

• La courbe de demande n° 1 témoigne d'une plus forte sensibilité au prix que la courbe n° 2. En effet, pour une même variation de prix, les quantités demandées varient plus fortement dans le cas n° 1 que dans le cas n° 2. Quand le prix passe de 4 euros à 7 euros, les quantités demandées baissent de 3 à 1 unité dans le cas n° 2 alors qu'elles passent de 9 à 3 unités dans le cas n° 1.

• Il faut distinguer le déplacement d'une courbe du déplacement le long de la courbe.

– Quand une courbe se déplace, cela signifie que les caractéristiques de l'offre ou de la demande selon la courbe considérée ont changé. Pour un même niveau de prix, les quantités offertes ou demandées ne sont plus les mêmes.

– Un déplacement le long de la courbe signifie simplement que l'on regarde comment les quantités offertes ou demandées varient quand on change le prix.

LA FONCTION DE COÛT

• La fonction de coût permet d'exprimer la manière dont le coût de production évolue en fonction du volume de production. La fonction de coût peut être représentée graphiquement par une courbe. Sa forme peut varier selon le processus productif considéré car la façon dont les coûts évoluent en fonction du volume de production n'est pas toujours la même.

Application

Document 6. *Un exemple de fonctions de coûts*

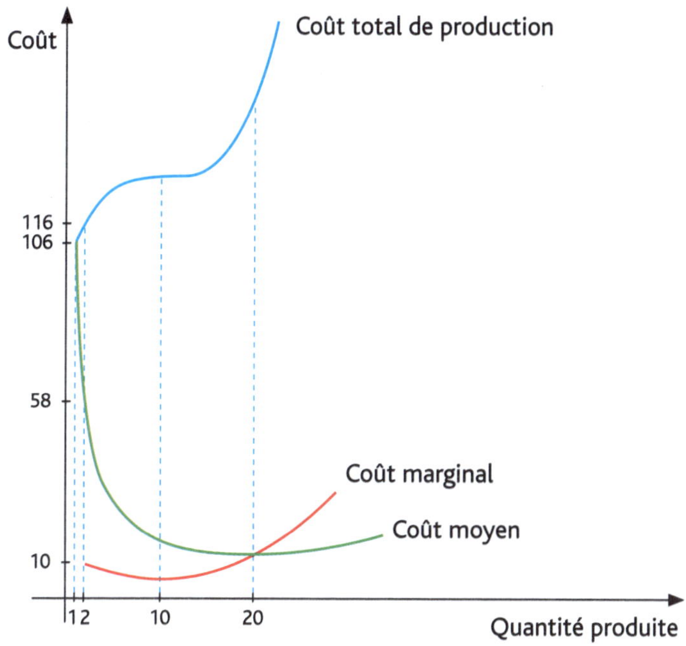

• Son représentées ici trois courbes de coûts : la courbe du coût total, la courbe du coût moyen et la courbe du coût marginal.

• Nous pouvons ainsi lire que le coût total de production de 2 unités est de 116 euros, le coût moyen 58 et que le coût marginal de la seconde unité est de 10 euros.

EXERCICES

Vérifier ses connaissances

1 L'offre et la demande

Pour chacune des affirmations suivantes, déterminez si c'est l'offre ou la demande qui varie, et si elle varie à la hausse ou à la baisse. Représentez graphiquement la variation considérée.

1. L'organisation des pays exportateurs de pétrole (OPEP) a augmenté la production de pétrole.

Document 7. *Le marché du pétrole*

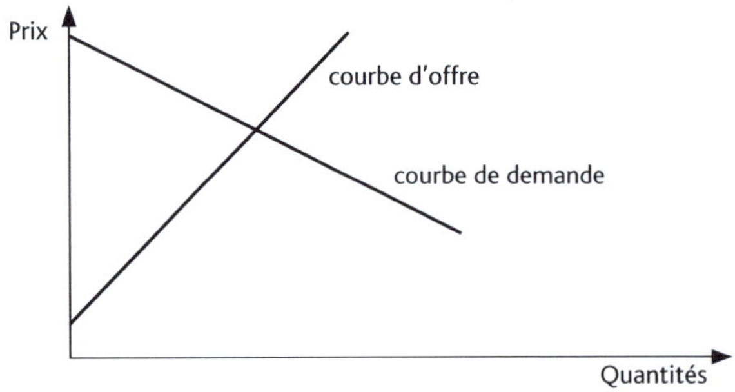

2. Des inondations en Australie réduisent la production de charbon ; la région touchée par les inondations répond à la moitié des besoins mondiaux en coke de charbon.

Document 8. *Le marché du charbon*

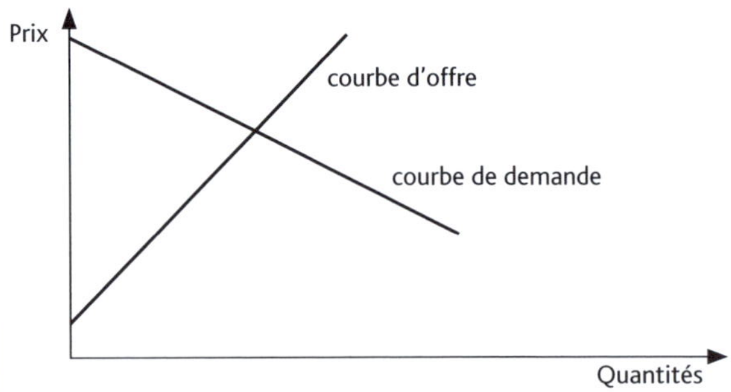

3. On observe une augmentation du nombre de consommateurs de sushis à base de thon dans le monde.

Document 9. *Le marché du thon*

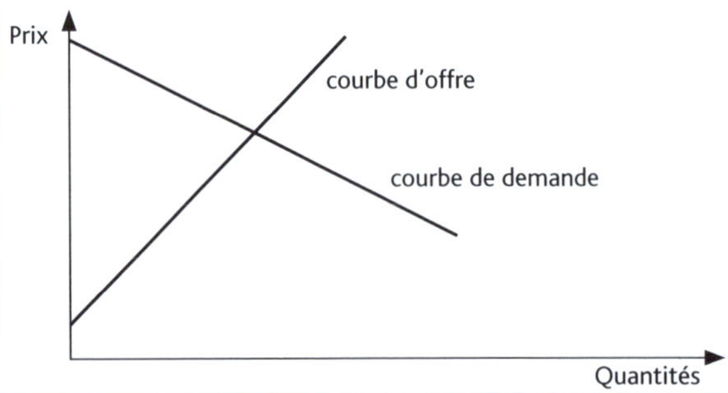

→ *Corrigé p. 239*

2 Les biens communs

Considérons le cas du thon rouge en Méditerranée.

1. Comment appelle-t-on ce type de ressource ?
2. Pourquoi le thon rouge risque-t-il de disparaître sans intervention de l'État ?
3. Pourquoi est-il complexe de trouver un accord au niveau international pour limiter certaines pratiques de pêche ?

→ *Corrigé p. 240*

S'entraîner

3 Les mesures réglementaires

Document 10. *Instruments et acteurs. Normes, écotaxes, marchés de permis : quelle combinaison optimale ?*

Le maniement des normes fait également partie de la panoplie des instruments utilisés dans le cadre des politiques européennes. C'est par exemple le choix qui a été fait par l'Union européenne (UE) dans son paquet énergie-climat[1] de 2009 pour réguler les émissions de CO_2 des véhicules routiers nouvellement produits : ceux-ci ne devront pas émettre plus de 130 grammes de CO_2 par kilomètre à compter de 2015, contre 160 environ à l'heure actuelle. Une régulation par une norme est ici appropriée : le périmètre des émissions concernées est relativement limité, puisqu'il est restreint aux véhicules neufs ; de plus, la mesure des émissions de CO_2 est d'un coût relativement faible puisqu'elle est effectuée pour chaque modèle de voiture et non pas pour chaque véhicule. [...]

Il se trouve que la réglementation par la norme, bien qu'adaptée à certaines problématiques environnementales, n'est pas la solution la plus judicieuse en toute circonstance. Une première difficulté réside dans la définition du niveau de la norme, dans un contexte d'information imparfaite. [...] Enfin, la norme n'a pas de caractère incitatif. Les agents économiques ne sont pas encouragés à faire mieux que ce qu'elle prescrit, contrairement à certains instruments économiques, tels que la taxe.

1. **Paquet énergie-climat** : il comprend quatre textes pour la mise en place d'une politique européenne commune de l'énergie plus soutenable et durable ainsi que pour la lutte contre le changement climatique.

Christian De Perthuis, « I. Normes, écotaxes, marchés de permis : quelle combinaison optimale ? », *Cahiers français* n° 355 « L'économie verte », 2010, La Documentation française © DILA.

1. Quels sont les avantages des normes réglementaires ?
2. Pourquoi est-il parfois préférable d'utiliser des instruments incitatifs ?

→ *Corrigé p. 240*

4 La fiscalité environnementale

En 1992, la Suède a mis en place une taxe sur les émissions de NO_x (oxydes d'azote) des grandes installations de combustion. Le taux de taxe retenu est très élevé (de l'ordre de 5 500 €/t actuellement, soit plus de 30 fois le taux en vigueur en France.

Document 11. *La taxation des émissions de SO_2 et de NO_x d'origine industrielle dans quelques pays européens (taux 2014)*

En €/t	Dioxyde de soufre (SO_2)	Oxydes d'azote (NO_x)
Suède	3 300	5 490
Norvège	4 100 en moyenne (taux variable en fonction du type de combustible)	2 300
Danemark	1 540	670
Hongrie	185	444
France	**136**	**161**
Italie	106	209
République tchèque	36	29

Ce dispositif a prouvé son efficacité environnementale : les émissions de NO_x ont baissé de plus de 50 % depuis 1990 et la production d'énergie a augmenté de 77 %, ce qui représente une baisse substantielle de l'intensité polluante de la production. De fait, 62 % des entreprises ont investi dès 1993 dans des solutions techniques de réduction des émissions (alors qu'elles n'étaient que 7 % à l'avoir fait en 1992). Au-delà, les entreprises ont amélioré le suivi et le contrôle de leurs émissions de NO_x et optimisé l'utilisation de leurs équipements.

Théma, *Fiscalité environnementale : un état des lieux*, janvier 2017.

1. Comment une taxe doit-elle être déterminée en présence d'externalités négatives ?
2. Comment une taxe peut-elle conduire à réduire les émissions polluantes ?

→ *Corrigé p. 240*

SUJET DU BAC

Sujet de dissertation

Quelles sont les politiques climatiques qui peuvent être mises en œuvre pour préserver l'environnement ?

Document 1. *Carte des marchés carbone et autres mécanismes de tarification du carbone existants ou à l'étude dans le monde*

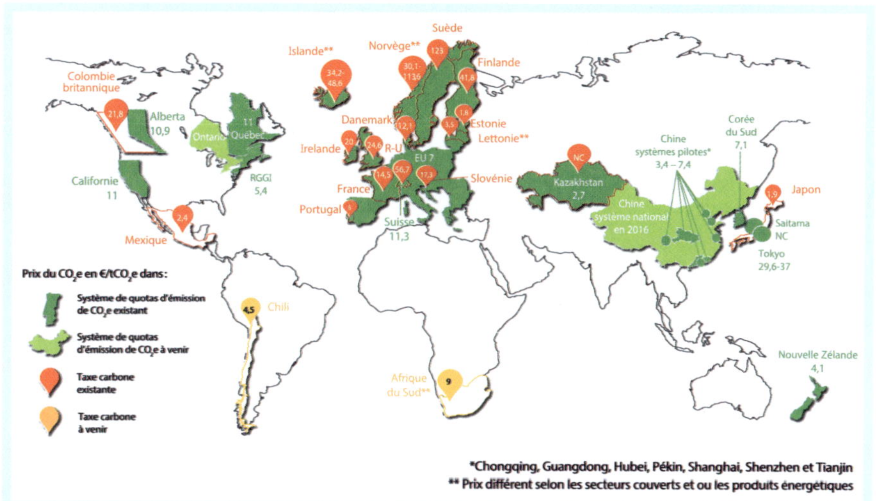

Ministère de l'environnement, de l'énergie et de la mer, 2016.

Document 2. *Évolution du taux moyen d'émissions de CO_2 en France (pour les véhicules particuliers neufs vendus en France)*

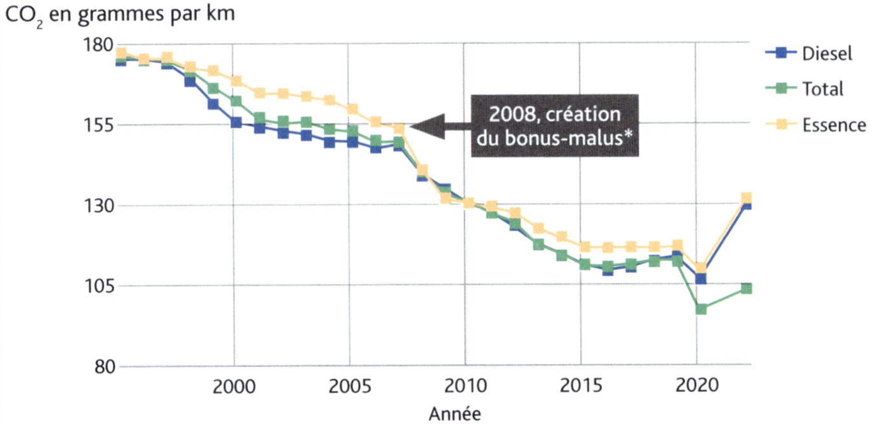

*Le système bonus-malus vise à récompenser, *via* un bonus (diminution du prix à l'achat), les acquéreurs de voitures neuves émettant le moins de CO_2, et à pénaliser, *via* un malus (augmentation du prix d'achat), ceux qui optent pour des modèles plus polluants.

Note : dans le total sont incluses les voitures hybrides et électriques.

carlabelling.ademe.fr/chiffrescles2024

Document 3. *Évolution prévue de la taxe carbone en France*

La taxe carbone en France (ou la composante carbone des taxes intérieures sur la consommation des produits énergétiques d'origine fossile) n'aboutira globalement pas à un alourdissement de la fiscalité. Elle s'élevait en 2015 à 14,50 euros la tonne et elle est de 22 euros en 2016. La loi de transition énergétique pour la croissance verte prévoit une trajectoire de taxe croissante : 56 euros en 2020 et enfin 100 euros en 2030.

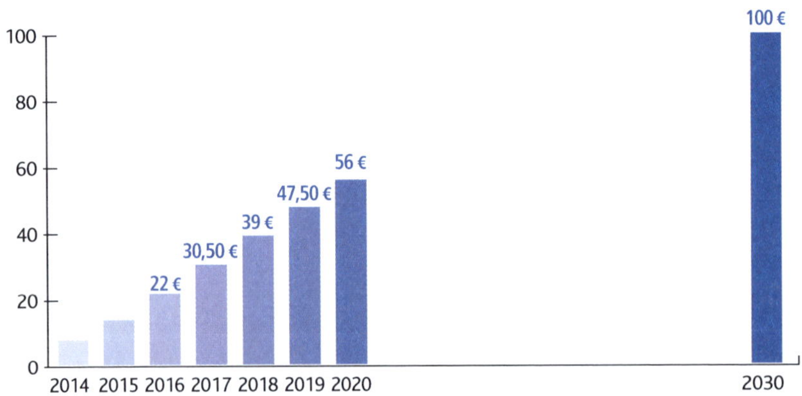

Ministère de l'Environnement, de l'Énergie et de la Mer, *Le prix du carbone*, 2016.

CORRIGÉS

1 → *Énoncé p. 234*

1. Il s'agit d'une augmentation de l'offre. Cela conduit à un déplacement de la courbe d'offre le long de la droite de la demande. Le prix du pétrole baisse et les quantités échangées augmentent.

Document 7. *Le marché du pétrole*

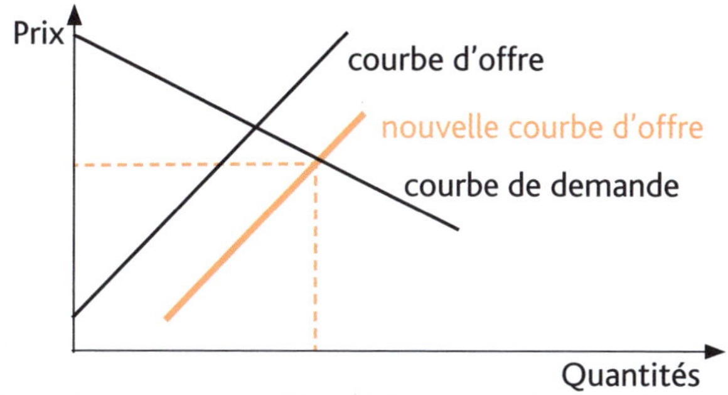

2. Il s'agit d'une baisse de l'offre. Cela conduit à un déplacement de la courbe d'offre le long de la droite de la demande. Le prix du charbon augmente et les quantités échangées baissent.

Document 8. *Le marché du charbon*

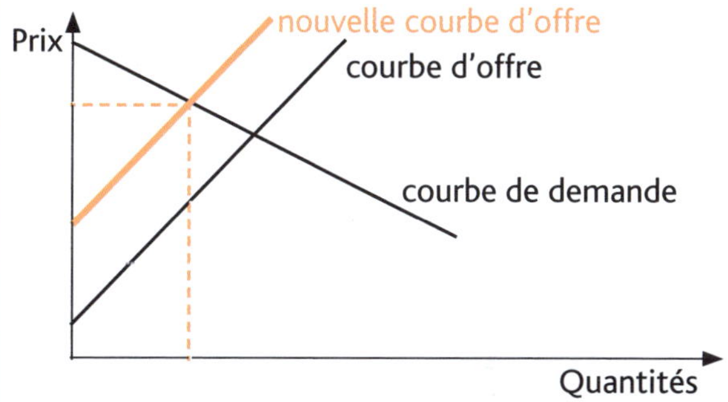

3. Il s'agit d'une augmentation de la demande. Cela conduit à un déplacement de la courbe de demande le long de la droite d'offre. Le prix du thon augmente et les quantités échangées augmentent.

Document 9. *Le marché du thon*

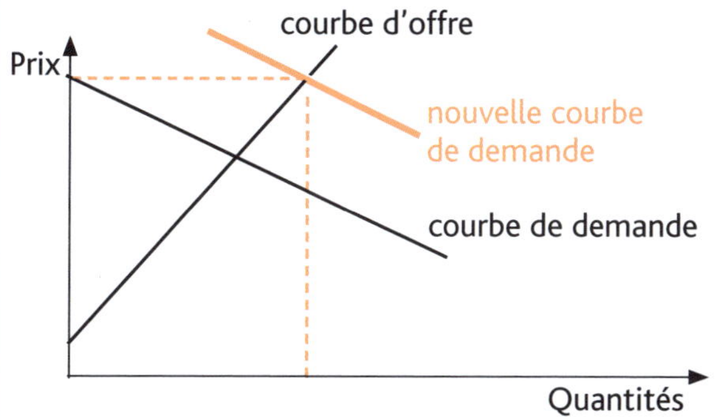

2 → *Énoncé p. 235*

1. Le thon est un bien commun. Le thon est rival (le poisson pêché ne peut l'être par un autre) et non excluable (la mer est en libre accès).

2. Chaque pêcheur a intérêt individuellement à pêcher le plus de poisson possible car cela fait augmenter son revenu. Chacun se dit qu'il est inutile de limiter sa pêche pour préserver la ressource car si les autres ne le font pas aussi, elle disparaîtra de toutes façons et le pêcheur aura perdu du revenu pour rien. La poursuite de son intérêt personnel conduit à une situation inefficace au niveau collectif.

3. Chaque État a intérêt à ce que les autres pays prennent des mesures pour préserver la ressource sans en prendre lui-même pour que les pêcheurs du pays soient avantagés. Chacun a intérêt à adopter une attitude de passager clandestin et personne ne fait donc rien, c'est le paradoxe de l'action collective.

3 → *Énoncé p. 235*

1. L'existence d'une norme permet de contrôler parfaitement les émissions en interdisant certaines pratiques. Il faut toutefois que la puissance publique puisse vérifier facilement son respect par les acteurs concernés. C'est le cas ici puisqu'il est facile de mesurer les émissions d'un véhicule.

2. Comme indiqué dans le texte, les agents économiques ne sont pas encouragés à faire mieux que ce que la norme prescrit. S'il y avait une taxe sur les émissions, les individus seraient encouragés à émettre le moins possible. Par ailleurs, la puissance publique n'a pas toujours toute l'information nécessaire pour bien définir les normes réglementaires. En instaurant une taxe, ce sont les acteurs qui vont déterminer la meilleure façon pour eux de réduire leurs émissions et non l'État qui leur indique comment faire à travers des règles à respecter.

4 → *Énoncé p. 236*

1. Une taxe doit être fixée en fonction de la valeur des effets externes générés pour que les acteurs tiennent compte dans leur calcul économique du coût de leurs actions sur les autres.

2. Comme les acteurs doivent payer le prix de leurs émissions, ils sont incités à réduire leurs émissions et à utiliser des technologies plus propres pour réduire leurs coûts. Ils sont aussi incités à investir dans la recherche pour concevoir de nouvelles techniques de production moins polluantes.

SUJET DU BAC

Introduction

Accroche

Les émissions de gaz à effet de serre (GES) générées par l'activité économique sont responsables du changement climatique. En tant qu'externalités négatives, elles constituent des défaillances du marché et justifient l'intervention des pouvoirs publics afin de modifier l'allocation des ressources. Il semble crucial de réduire nos émissions afin de préserver la qualité du climat.

Définition des termes du sujet

Les autorités disposent pour remplir cet objectif de différents instruments complémentaires qui forment la politique climatique.

Problématisation

Quels sont les outils dont disposent les pouvoirs publics pour améliorer la qualité du climat ?

Annonce du plan

Nous verrons, dans un premier temps, que la puissance publique peut mobiliser des outils réglementaires, puis qu'elle peut aussi mettre en œuvre un système de marchés de quotas et enfin, dans une troisième partie, nous constaterons qu'il est possible d'avoir recours aux taxes.

Développement

Partie 1

→ Objectif : montrer que la réglementation est un outil important mais insuffisant.

Première sous-partie : la présentation de l'outil.

La réglementation consiste pour les pouvoirs publics à instaurer des normes qui limitent les quantités d'émission de GES par les agents économiques, ces derniers s'exposant à des sanctions financières en cas de non-respect de cette réglementation.

Seconde sous-partie : la présentation des limites de l'outil.

Outil relativement simple à mettre en œuvre et au faible coût pour les pouvoirs publics, la réglementation présente toutefois des limites. Elle est parfois difficile à définir quand l'information sur le processus de production n'est pas transparente. De plus, constituée simplement de normes à respecter par les agents producteurs, elle ne les incite pas à modifier leur comportement de la manière la plus efficace possible.

Transition

La réglementation doit donc être complétée par d'autres outils plus incitatifs et plus contraignants qui permettent d'internaliser les externalités en attribuant un coût à des effets externes qui n'étaient jusque-là pas pris en compte par le marché.

Partie 2

→ Objectif : montrer que les marchés de quotas sont l'un des instruments possibles.

Première sous-partie : l'explication du principe.

Les marchés des permis d'émissions négociables octroient aux entreprises le droit d'émettre une quantité de GES calculée par rapport à ce qu'elles ont émis au cours d'une année de référence. Si l'entreprise n'utilise pas tous ses droits, elle peut les vendre à un autre agent aux besoins en permis supérieurs à ceux dont ils disposent. Ce dispositif a été adopté à la conférence de Kyoto en 1997 et est appliqué en Europe depuis 2005. Ce mécanisme peut avoir un effet incitatif positif pour les entreprises puisqu'elles sont maîtresses de la gestion de leurs droits et donc des éventuelles recettes qu'elles peuvent retirer de leurs ventes. Nous pouvons voir dans le document 1 que de nombreux pays ont mis en place un tel dispositif ou prévoient de le faire.

Seconde sous-partie : la présentation des limites de cet outil.

Ces marchés fonctionnent selon les principes de la loi de l'offre et de la demande qui aboutissent à la fixation d'un prix d'équilibre. Cependant, si ce prix est fixé trop bas, en raison d'une croissance faible, par exemple, ou d'une allocation initiale trop généreuse en quotas, cet outil perd son aspect coercitif et les industriels ne sont donc pas engagés à modifier leur combinaison productive. Ce mécanisme est, par ailleurs, complexe et n'est pas adapté pour encadrer les émissions de GES des particuliers.

Transition

Afin de limiter les variations du prix des émissions carbone, un système de taxe peut être mis en place.

Partie 3

→ Objectif : présenter le principe d'une taxe carbone.

Première sous-partie : la présentation du principe.

La taxation (écotaxe) est une mesure fiscale qui vise à faire payer aux acteurs qui sont à l'origine des émissions polluantes le coût de leurs émissions. Ainsi, si une entreprise pollue en produisant, elle aurait à payer une taxe dont le montant serait égal aux dommages qu'elle génère. De la même façon, les consommateurs auront à payer une taxe si leurs activités sont polluantes. Dans cette optique, on peut faire payer aux individus une taxe sur leur consommation d'essence. Nous pouvons voir dans le document 3 que la France a de plus en plus recours à un système de type taxe carbone. Les données du document 1 nous indiquent que de nombreux autres pays ont aussi recours à ce type de dispositif.

Il est possible d'associer aux taxes des subventions pour encourager les comportements qui conduisent à réduire les émissions de GES. Le document 2 nous montre que la France a mis en place un système de bonus/malus pour encourager les ménages à acheter des véhicules moins polluants.

Seconde sous-partie : les limites de la taxe carbone.

La mise en œuvre de cet outil dans un contexte d'économie mondialisée peut soulever des problèmes en matière de compétitivité vis-à-vis des entreprises étrangères concurrentes si elles sont situées dans des pays dans lesquels il n'existe pas de telles taxes. Par ailleurs, la taxe carbone soulève des enjeux de justice sociale. En effet, les ménages qui n'ont pas la possibilité de faire évoluer leur consommation auront à faire face à des dépenses plus élevées sans que cela n'améliore la qualité du climat. Il faut donc aussi simultanément proposer des dispositifs qui rendent possible un changement de comportement.

Conclusion

Résumé de l'argumentation

Les pouvoirs publics sont donc amenés à jongler avec trois types d'outils (réglementaires, incitatifs, fiscaux), qui présentent chacun des avantages et des inconvénients, pour les combiner de manière complémentaire et efficace afin d'obtenir un résultat optimal dans le cadre de la lutte contre les émissions de gaz à effet de serre.

Ouverture

Si les outils existent, ils sont encore trop peu mis en œuvre et nos émissions de GES restent trop fortes. Notre manque de volontarisme est, en partie, lié à une difficulté à définir des accords au niveau international pour protéger la qualité du climat. Comment peut-on améliorer la gouvernance mondiale pour gagner en efficacité dans notre lutte pour la préservation du climat ?

LEXIQUE

Les mots signalés par un astérisque (*) dans les chapitres sont définis dans ce lexique. Vous y trouverez également les définitions des mots-clés.

A

Abus de position dominante : domination d'un marché par une entreprise qui utilise cette situation favorable pour imposer des conditions de vente déloyales.

Aide d'État : subvention publique accordée à une entreprise.

Aléa moral : risque d'adoption de comportements opportunistes des agents du fait de l'existence d'une asymétrie d'information qui empêche de contrôler pleinement leurs actions.

Arène : espace où sont débattues les idées relatives à l'action publique.

Asymétrie d'information : situation dans laquelle tous les acteurs ne disposent pas de la même information.

Avantage comparatif : activité dans laquelle un agent est relativement le meilleur.

B

Balance commerciale : différence entre les exportations et les importations de biens d'un pays.

Banque centrale : institution financière qui assure la fonction de prêteur en dernier ressort, gère le système bancaire (banque des banques), conduit la politique monétaire et exerce des fonctions de régulation du système financier.

Base monétaire : quantité de monnaie centrale émise.

Bien commun : bien rival mais non excluable.

Bulle spéculative : situation se produisant sur un marché lorsque le prix augmente de plus en plus rapidement en lien avec l'existence de pratiques spéculatives du fait d'anticipations optimistes sur l'évolution du cours.

C

Capital culturel : ensemble des ressources et dispositions culturelles qu'un individu peut mobiliser pour se distinguer.

Capital économique : au sens large, ensemble des ressources économiques (patrimoine, revenus).

Capital fixe : ensemble des actifs issus de processus de production et utilisés de façon répétée ou continue dans d'autres processus de production pendant au moins un an.

Capital humain : stock de caractéristiques physiques et intellectuelles qui permettent à un individu de participer à l'activité productive.

Capital naturel : ensemble des ressources naturelles mobilisables dans les processus productifs.

Capital social : ensemble des relations sociales qu'un individu peut mobiliser pour améliorer sa situation sociale ou celle de ses proches.

Capital symbolique : ensemble des signes distinctifs et des symboles de pouvoir associés à un individu (*exemple* : la légion d'honneur).

Capital technologique : ensemble d'actifs immatériels constitué de savoirs et de savoir-faire.

Cartel (ou entente) : partage de marché, fixation de quotas de production ou accord sur les prix entre plusieurs entreprises.

Chaîne de valeur : décomposition de l'activité d'une entreprise en un ensemble de sous-opérations qui conduisent à de la création de valeur à travers la production d'un bien ou d'un service.

Chocs asymétriques : perturbation économique qui n'affecte pas tous les agents économiques de la même façon selon leur secteur d'activité, leur localisation géographique, etc.

Chômage : situation dans laquelle un individu n'a pas d'emploi mais cherche à en obtenir un.

Chômage frictionnel : chômage qui découle d'une difficulté de rencontre entre l'offre et la demande de travail.

Chômage structurel : chômage qui découle de structures économiques inefficaces.

Classe en soi : ensemble d'individus qui partagent une situation objective commune (niveau de revenu, position dans le système productif, etc.) et qui ont donc des intérêts communs.

Classe pour soi : ensemble d'individus qui forment une classe en soi et qui ont conscience d'appartenir à un ensemble commun et mettent en œuvre des actions pour défendre leurs intérêts.

Coefficient de Gini : indicateur de concentration qui se calcule à partir de la courbe de Lorenz. Il peut être utilisé par exemple pour mesurer l'ampleur des inégalités de revenu.

Collatéral : garantie servant à couvrir le risque de crédit.

Commerce international : ensemble des achats et ventes de biens et services entre des acteurs situés dans des espaces économiques différents.

Commerce intra-firme : échanges entre une société-mère et une ou plusieurs de ses filiales ou entre les filiales d'une même entreprise.

Compétitivité : capacité d'une entreprise à gagner des parts de marché.

Compétitivité-prix : capacité d'une entreprise à gagner des parts de marché du fait d'un prix de vente inférieur à celui de ses concurrents.

Compétitivité d'un pays : aptitude d'un pays à exporter.

Compétitivité hors prix : capacité d'une entreprise à gagner des parts de marché sur la base d'un autre critère que le prix (comme la qualité de ses produits).

Concentration : fusion de plusieurs entreprises donnant naissance à une nouvelle société ou acquisition d'une entreprise par une autre.

Consommation intermédiaire : bien utilisé au cours du processus productif, qui ne peut être réutilisé durablement, soit parce qu'il est détruit par son utilisation, soit parce que son usure est rapide (*exemple* : la farine utilisée par un boulanger).

Coût/gain externe : coût/gain affectant un acteur en lien avec la mise en place d'une activité dont il n'est pas à l'origine.

Coûts de transaction : coûts de recours au marché.

Croissance économique : augmentation du volume de production au cours d'une période donnée.

D

Déclassement (intergénérationnel) : fait d'avoir une position sociale moins valorisée que celle de ses parents (mobilité sociale descendante).

Délocalisation : changements de localisations d'unités de production d'un pays (pays d'origine) vers un autre (pays d'accueil), que ce soit dans le but d'importer dans le pays d'origine les biens produits à l'étranger ou de les vendre sur place ou dans d'autres pays.

Demande globale : ensemble des achats de biens et services au cours d'une année donnée dans une économie donnée. Elle comprend la consommation, l'investissement et les exportations.

Démocratisation qualitative (égalisatrice) : augmentation des taux de scolarisation qui s'accompagne d'une réduction des inégalités sociales d'accès aux différentes formations.

Destruction créatrice : processus qui conduit à ce que la structure économique évolue en fonction des innovations, certains secteurs se développant grâce à ces dernières et entraînant dans le même temps le déclin d'autres secteurs devenus obsolètes.

Développement durable : croissance qui est compatible avec la préservation de l'environnement et qui est donc fondée sur un modèle viable à long terme.

Discrimination : traitement différencié d'un individu en fonction d'un critère jugé illégitime et interdit par la loi.

Dotation factorielle : quantité de facteurs de production disponible dans un pays.

***Dumping* social :** stratégie consistant pour un pays à réduire la protection sociale et les droits sociaux afin de diminuer le coût de la main-d'œuvre et d'améliorer sa compétitivité-prix.

E

Effet d'âge : existence d'une différenciation des pratiques en fonction de l'âge.

Effet de génération : existence d'une différenciation des pratiques en fonction de la génération d'appartenance.

Égalité des chances : situation dans laquelle tous les individus ont la même probabilité d'accès aux positions sociales les plus valorisées et cela, indépendamment de leur origine sociale.

Égalité des droits : situation dans laquelle tous les individus ont les mêmes droits.

Égalité des situations : situation dans laquelle tous les individus partagent une même condition.

Emploi : travail rémunéré.

Engagement politique : ensemble des comportements individuels qui aspirent à faire évoluer la société.

Euro : monnaie unique de la zone euro. Créée par le traité de Maastricht (1992), elle n'est réellement entrée en vigueur qu'en 2002 (mais son lancement officiel date de 1999).

Externalité : conséquence d'une activité économique qui n'est pas prise en compte par le prix de marché.

F

Facteurs de production : moyens mis en œuvre pour produire (capital et travail).

Fédéralisme : mouvement qui consiste à transférer des compétences à une instance de niveau supranational.

Firme multinationale : entreprise possédant au moins une unité de production à l'étranger.

Fiscalité progressive : impôt dont le taux moyen augmente quand le revenu croît.

Fluidité sociale : mesure de l'intensité du lien entre la position sociale d'un individu et son milieu d'origine. Plus une société est fluide, plus il y a égalité des chances.

Frontière technologique : situation dans laquelle toutes les connaissances sont mobilisées et où l'innovation est nécessaire pour améliorer les techniques de production ou diffuser de nouveaux produits.

H

Halo du chômage : ensemble des personnes qui ne sont pas officiellement considérées comme chômeuses mais qui ont des situations proches du chômage.

Hérédité sociale : processus qui conduit les individus à occuper une position sociale identique à leur origine sociale.

Hiérarchie sociale : situation dans laquelle les positions sociales sont subordonnées les unes par rapport aux autres.

I

Incitations sélectives : dispositif qui avantage des personnes sélectionnées afin de les pousser à agir dans un certain sens pour pouvoir bénéficier de cet avantage.

Inégalité : situation dans laquelle une ressource ou l'accès à un dispositif n'est pas répartie de façon uniforme.

Inflation scolaire : augmentation de la part des diplômés dans la population ce qui, pour un niveau donné de diplôme, fait perdre de la valeur au diplôme sur le marché du travail car il est moins rare.

Innovation : changement introduit dans le processus de production.

Institutions : ensemble des règles formelles ou informelles qui contraignent le comportement des acteurs.

Intégration économique : processus qui conduit à ce que des espaces économiques initialement différents forment progressivement un espace économique unique. L'intégration résulte, à la fois, de mécanismes de marché et de décisions politiques.

Intensité capitalistique : volume de capital rapporté au volume de travail.

Investissement : flux qui permet une augmentation du stock de capital.

L

Libre-échange : politique commerciale qui vise à supprimer tous les obstacles à la circulation des biens et services.

M

Marché contestable : marché ouvert à l'arrivée de nouveaux concurrents.

Marché de quotas : marché sur lequel les acteurs offrent ou achètent des quotas d'émission. En Europe, il existe, par exemple, un marché de quotas d'émissions carbone.

Marché unique : suppression des barrières entre les marchés de biens et services des différents pays membres de l'Union européenne.

Masse monétaire : quantité de monnaie en circulation dans une économie donnée.

Massification scolaire : augmentation des taux de scolarisation, des taux d'accès aux diplômes (quel que soit le diplôme considéré) et aux différents types de formations.

Mobilité sociale : changement de position sociale.

Monnaie unique : monnaie qui remplace les monnaies jusque-là propres à chaque pays dans un espace économique donné.

O

Odds ratio : rapport de chances relatives.

P

Politique industrielle : ensemble des mesures qui visent à accroître la compétitivité de l'économie nationale en orientant la spécialisation productive.

Politique monétaire : ensemble des actions visant à agir sur la situation économique par l'intermédiaire de la quantité de monnaie en circulation et/ou des taux d'intérêt.

Politiques budgétaires : ensemble des actions visant à agir sur la situation économique par l'intermédiaire du budget de l'État.

Politiques climatiques : ensemble des mesures prises par les pouvoirs publics pour préserver et améliorer la qualité du climat.

Politiques conjoncturelles : ensemble des mesures mises en œuvre pour lisser les fluctuations économiques.

Politiques de rigueur : ensemble des mesures visant à freiner la demande globale afin, notamment, de limiter l'inflation.

Population active : ensemble des individus qui occupent un emploi ou qui sont au chômage.

Prêteur en dernier ressort : caractéristique de la banque centrale qui a le pouvoir d'éteindre toutes les dettes par sa capacité à créer une monnaie acceptée par tous.

Productivité : indicateur d'efficacité de la combinaison productive (rapport entre le volume de production et la quantité de facteurs de production utilisés pour l'atteindre).

Productivité globale des facteurs (PGF) : mesure de l'efficacité globale de la combinaison productive.

Productivité moyenne : efficacité d'un facteur. Rapport entre le volume de production et la quantité de facteur utilisée.

Produit intérieur brut (PIB) : mesure de la production. Le PIB est calculé en sommant les valeurs ajoutées des organisations productives.

Progrès technique : accroissement des connaissances qui permet l'amélioration des produits, des procédés de production ou des procédés commerciaux.

Protection sociale : ensemble des mécanismes sociaux mis en place pour protéger les individus contre les conséquences de la réalisation d'un risque.

Protectionnisme : ensemble des mesures prises par un gouvernement qui visent à empêcher ou limiter les importations de biens et services.

Q

Quota : quantité maximale autorisée.

R

Ratio de solvabilité : règle qui impose aux banques de détenir un certain niveau de fonds propres compte tenu des risques encourus.

Redistribution horizontale : redistribution des ressources entre des personnes impactées différemment par la réalisation d'un risque social.

Redistribution verticale : redistribution des ressources des personnes les plus favorisées vers les personnes les plus pauvres.

Rendement d'échelle : variation de la production entraînée par la variation de la quantité des facteurs de production (les facteurs variant tous dans la même proportion). Lorsque la quantité produite augmente dans la même proportion que les quantités de facteurs, on est en présence de rendements d'échelle constants.

Rendement marginal d'un facteur : variation du volume de production entraînée par l'augmentation d'une unité du facteur.

Répertoire de l'action collective : ensemble des moyens mobilisés pour protester à une période donnée dans un contexte donné.

Reproduction sociale : mécanisme qui conduit une société à maintenir ses caractéristiques essentielles de générations en générations. On parle, notamment, de reproduction sociale pour désigner une situation de forte hérédité sociale.

Rétribution symbolique : avantage non monétaire.

Revenu primaire : revenu qui est la contrepartie de la participation à l'activité productive. Il se compose des revenus du travail et du patrimoine.

Revenu disponible : revenu primaire auquel on a retranché les cotisations sociales et les impôts directs et auquel on a ajouté les revenus de transfert.

Risque de crédit : risque qu'un agent économique ne rembourse pas son crédit.

S

Salaire d'efficience : salaire qui maximise la productivité des travailleurs.

Salarisation : hausse de la part des salariés dans l'ensemble de la population active.

Sélection adverse : situation dans laquelle un acteur ne sélectionne pas un produit ou une personne ayant les caractéristiques désirées du fait de l'existence d'une asymétrie d'information.

Sous-emploi : situation dans laquelle une personne effectue un nombre d'heures inférieur à ce qu'elle souhaite (temps partiel contraint) ou à ce qui est prévu dans son contrat (*ex.* : pour cause de chômage technique).

Spéculation : achat ou vente d'un actif (réel, financier ou monétaire) dans le but de réaliser un gain lié aux variations des prix de l'actif.

Sphère réelle : sphère de la production.

Stabilisateurs automatiques : mécanisme par lequel une variable a un effet spontanément contracyclique sans qu'aucune politique ne soit mise en œuvre.

Statut d'emploi : type d'emploi occupé (salarié ou non salarié, secteur privé, public ou semi-public).

Structure des opportunités politiques : environnement politique au sein duquel évoluent les acteurs sociaux.

***Subprimes* :** prêts hypothécaires accordés à des agents économiques peu solvables.

T

Taux d'accès aux différents diplômes : pourcentage d'une génération qui atteint un certain niveau de diplôme.

Taux d'emploi : proportion de personnes disposant d'un emploi dans une catégorie donnée (*ex.* : les 15-64 ans).

Taux de chômage : proportion de personnes sans emploi au sein de la population active.

Taux de marge : rapport entre l'excédent brut d'exploitation (EBE) et la valeur ajoutée.

Taux de scolarisation : total des inscriptions dans un niveau spécifique d'éducation, sans distinction d'âge, exprimé en pourcentage de la population officiellement scolarisable au même niveau pour une année scolaire donnée.

Travail : activité humaine conduisant à la production de biens et de services.

V

Valeur ajoutée : valeur créée au cours du processus productif.

Valeur fondamentale : valeur qu'un actif devrait avoir si son prix dépendait de paramètres relatifs à l'économie réelle.

Z

Zone monétaire optimale (ZMO) : espace au sein duquel il est possible d'instaurer une monnaie unique (de créer un espace monétaire intégré).

INDEX

Crédits iconographiques

P. 11 : © Cozyta/Shutterstock.com ; **p. 101 :** © Rawpixel.com/Shutterstock.com ; **p. 195 :** Andrew V Marcus/Shutterstock.com.